U0617806

权威·前沿·原创

皮书系列为
"十二五""十三五""十四五"时期国家重点出版物出版专项规划项目

BLUE BOOK

智 库 成 果 出 版 与 传 播 平 台

英国蓝皮书

BLUE BOOK OF THE UNITED KINGDOM

英国发展报告
（2023~2024）

ANNUAL REPORT ON DEVELOPMENT OF THE UNITED KINGDOM
(2023-2024)

组织编写／北京外国语大学区域与全球治理高等研究院
　　　　　北京外国语大学英国研究中心
　　　　　中国欧洲学会英国研究分会
主　　编／王展鹏
副 主 编／徐瑞珂

社会科学文献出版社
SOCIAL SCIENCES ACADEMIC PRESS（CHINA）

图书在版编目（CIP）数据

英国发展报告 . 2023~2024 / 王展鹏主编；徐瑞珂
副主编 . --北京：社会科学文献出版社，2025.5.
（英国蓝皮书）. --ISBN 978-7-5228-5374-1

Ⅰ . F156.14

中国国家版本馆 CIP 数据核字第 2025K3S421 号

英国蓝皮书
英国发展报告（2023~2024）

主　　编／王展鹏
副 主 编／徐瑞珂

出 版 人／冀祥德
责任编辑／仇　扬
责任印制／岳　阳

出　　版／社会科学文献出版社（010）59367156
　　　　　地址：北京市北三环中路甲 29 号院华龙大厦　邮编：100029
　　　　　网址：www.ssap.com.cn
发　　行／社会科学文献出版社（010）59367028
印　　装／三河市东方印刷有限公司

规　　格／开　本：787mm×1092mm　1/16
　　　　　印　张：21.5　字　数：321 千字
版　　次／2025 年 5 月第 1 版　2025 年 5 月第 1 次印刷
书　　号／ISBN 978-7-5228-5374-1
定　　价／168.00 元

读者服务电话：4008918866

本报告是北京外国语大学"双一流"重大标志性项目"国别区域研究发展报告（2024）"研究成果（项目号：2024SYLZD007），研究和出版还得到了教育部国别和区域研究培育基地经费的支持

北京外国语大学区域与全球治理高等研究院
"区域和国别研究蓝皮书系列"

主编简介

王展鹏 法学博士，北京外国语大学英语学院教授、博士生导师，区域与全球治理高等研究院常务副院长，教育部国别和区域研究培育基地英国研究中心主任，北京外国语大学校学术委员会委员、学位委员会委员，全国国际事务专业学位研究生教育指导委员会委员，中国欧洲学会理事、英国研究分会副会长、爱尔兰研究学术网络协调人，《区域国别学刊》副主编，《欧洲研究》《加拿大爱尔兰研究》《英国研究》等国内外学术刊物编委或学术委员会委员，社会科学文献出版社皮书研究院高级研究员。近年来，主要从事欧洲一体化研究和英国/爱尔兰问题研究，在《外语教学与研究》《欧洲研究》《武汉大学学报》《教学与研究》《国际论坛》等刊物发表中英文学术论文80多篇；著有《英国发展报告》（主编，社会科学文献出版社，2013、2015、2016、2017、2018、2019、2020、2021、2022、2023）、《21世纪以来欧盟贸易政策的演变及影响研究》（合著，社会科学文献出版社，2021）、《解析英国及其国际地位的演变》（主编之一，世界知识出版社，2013）、《中爱关系：跨文化视角》（主编，世界知识出版社，2011）、《跨国民主及其限度：欧盟制宪进程研究》（人民出版社，2010）、《认识爱尔兰：历史遗产与当代经验》（主编之一，外语教学与研究出版社，2009）、《国家权力与世界市场：国际政治经济学》（译著，北京大学出版社，2008）、《爱尔兰人与中国》（合译，人民出版社，2010）、《关贸总协定法律及实务指南》（合译，上海人民出版社，2004）等，主编、参编英语教材及工具书十余部（册）。主持中英关系、欧盟一体化、爱尔兰研究等领域的国家级、省部级和国际合作课题十多项。

摘　要

2023~2024 年，苏纳克政府试图在内外政策上推进一些务实改革，但难挽保守党的颓势，保守党政府步入执政末期。在 2024 年 7 月英国大选中，保守党遭遇其建党以来的最大惨败，基尔·斯塔默领导的工党大获全胜，结束了 14 年的在野党经历，英国政党政治格局迎来新一轮洗牌。斯塔默政府提出了雄心勃勃的改革方案，但由于英国长期积累的经济与社会问题的多重复杂性，其政策措施在短期内难见成效。

在国内政治层面，英国政党政治格局发生剧烈动荡。保守党政府在经济与社会改革方面成效有限，同时内部派系纷争不断，导致其民意支持率持续下滑，最终失去了执政地位。相较之下，工党在斯塔默的领导下，以更为务实的政策纲领赢得了民众的广泛支持，并在 2024 年大选后成为议会中的主导力量。自由民主党呈现明显的复苏势头，进一步巩固了其作为第三大党的地位。同时，英国改革党的崛起重塑了右翼政治版图，吸引了部分保守党选民的支持。苏格兰民族党因丑闻缠身及内部派系分裂逐渐边缘化，其推动独立公投的目标被迫搁置，苏格兰的政治格局重新回归多党竞争的状态。

在外交与安全层面，苏纳克政府通过深化英美特殊关系、加强与欧盟的协作以及推进"印太倾斜"战略，试图巩固英国的国际影响力。然而，其对华政策呈现明显的安全化和意识形态化倾向，给中英关系的稳定发展带来了诸多困难。在全球热点问题上，英国高度配合美国立场，例如在俄乌冲突中充当"援乌急先锋"，并积极扩大在中东和印太地区的军事存在。2024年，工党政府上台后，虽然对部分具体政策做出调整，但在战略方向上延续

了保守党政府的基本主线，并试图在更广泛的多边合作框架中强化英国的国际角色。

在经济层面，在内外双重压力下，英国经济不稳定性和脆弱性明显，充满挑战。英国经济在2023年下半年连续两个季度陷入"技术性衰退"，投资不足和生产率增长停滞等结构性问题未见显著改善。苏纳克政府虽然致力于稳定通胀，但在解决英国经济社会深层次问题上进展有限。2024年7月，工党政府上台后推出了一系列旨在提振经济的措施，包括增加公共服务支出以及加大对地方发展的支持力度。然而，这些政策效果如何尚需时间检验。英国的产业政策在2023～2024年呈现"调整与延续"并存的特征。苏纳克政府在半导体等关键领域实施了一系列产业发展计划，但绿色转型的推进显著放缓。斯塔默政府则在政策方向上尝试扩大政府干预的范围，重点在技术创新与产业安全之间寻求平衡。人工智能领域继续成为英国技术发展的核心之一，工党政府对AI产业的支持进一步倾向于强调技术监管与国际合作，以确保技术发展与安全之间的协调。

在社会文化层面，英国依然面临多重挑战，短期内难以缓解。国家医疗服务体系长期受资源不足与效率低下问题的困扰，导致医疗服务质量难以满足公众需求。生活成本和移民问题继续成为社会矛盾的主要焦点，对社会稳定构成挑战。同时，刑事司法系统因警力短缺和监狱超负荷运作而广受批评，公众的不满情绪持续发酵。在文化与教育领域，英国电影行业呈向好之势，高等教育体系展现出较强的创新能力，英国大学在全球就业力排名中表现突出。然而，随着科研安全政策的日益收紧以及对中英学术合作的限制增加，英国国际学术合作的广度和深度受到一定影响，这可能对其国际声誉产生潜在负面影响。

关键词： 英国政治　英国经济　英国社会　英国外交　中英关系

目 录 ⤵

I 总报告

II 分报告

III 社会文化篇

英国蓝皮书

Ⅳ 政治外交篇

皮书数据库阅读使用指南

总 报 告

B.1

2023~2024年英国总体形势报告

"2023~2024英国总体形势报告"课题组*

摘　要：　2023年下半年以后，苏纳克政府事实上已成为"跛脚鸭"政府。在公共政策方面，保守党政府受制于财政制约和党内右翼的压力，在紧迫的经济、社会问题领域取得的进展有限，在气候变化、移民等问题上不断向右翼妥协。在经济方面，英国总体上保持缓慢增长的态势，表现出脆弱性与韧性并存的特点。在对外关系方面，面对变乱交织的世界，英国处于被动应付的局面，受制于自身实力与大选临近的现实，英国外交的主动性、积极性降低。在中英关系方面，英国内部务实与激进派相互博弈，两国关系在困境中艰难推进。2024年7月，工党在大选中取得压倒性胜利，给英国政党政治格局带来了新变化，也为英国的内外政策调整开辟了空间。然而，受英国长期积累的经济社会问题的制约，工党政府的执政前景不容乐观。

关键词：　内外政策　政治形势　经济社会形势　大选　政策调整

＊　本报告由"2023~2024英国总体形势报告"课题组集体完成。王展鹏负责报告设计和统筹；各部分撰稿人依次为王展鹏、李靖堃、杨成玉、曲兵、杨芳。

2023 年，保守党政府面临诸多政治、经济、社会问题，民众支持率大幅落后于工党，苏纳克上台之初提出的实用主义、长期主义已难有施展的空间。英国经济在 2023 年下半年出现"技术性衰退"，但随后出现温和增长与停滞交替的局面，诸多社会问题加剧。

2024 年，英国大选终结了保守党连续执政 14 年的局面，给英国的发展提供了新的窗口期，但面对国际环境和英国内部的制约，斯塔默领导的工党新政府提出的国家复兴经济增长和社会变革的目标仍面临诸多问题和挑战。

2024年英国大选：政府更迭与政策影响*

王展鹏**

7 月 4 日，英国大选落下帷幕，基尔·斯塔默（Keir Starmer）领导的工党获得议会下院 650 个席位中的 412 席，取得了议会绝对多数。而保守党仅获 121 席，相比 2019 年大选失去 251 个席位，自由民主党在此次选举中取得进展，重回第三大党位置。同时，极右翼英国改革党在此次选举中创造历史，获得 5 个席位。①

（一）工党14年后重回执政地位

工党时隔 14 年重获执政地位的原因主要归结如下。

第一，工党的选举胜利是该党经过反复的党内争论与政策调整后重回中间道路的结果。2010 年大选失败后，工党经历了前任领导人米利班德的"全民国家党"尝试和科尔宾时期的激进左翼转向，连续四次大选失利，最终在意识形态和政策主张上转向中间地带。自斯塔默接任领导人以来，工党

* 本报告为北京外国语大学 2022 年度"双一流"建设重大（点）标志性项目（2022SYLA004）"大变局下欧盟在全球治理中的角色研究"阶段性成果。

** 王展鹏，博士，北京外国语大学英语学院英国研究中心教授，主要研究领域为英国政治与外交、爱尔兰研究、欧洲一体化。

① "UK General Election 2024 Results"，BBC，https：//www.bbc.com/news/election/2024/uk/results.

通过"意识形态沉默"与务实政策回应民众关切，[①] 旨在超越意识形态的分歧，寻求社会共识最大化。

在意识形态层面，工党试图回避传统左右翼政治对立，将传统的社会民主主义价值观与国家复兴目标结合，提出强调劳工权益、保护弱势群体、包容多元身份认知、实现社会公平等一系列主张。在经济社会政策层面，工党提出"安全经济学"概念，在传统凯恩斯主义支持国家的直接干预与过度强调市场调节的"第三条道路"之间寻求中间道路。"安全经济学"融合了传统国家治理理念、现代供给侧经济学与生产主义理念，[②] 主张改革政府角色，积极但有限度地引导市场、塑造投资环境，并统筹公共投资、产业战略与基础设施规划，从而使政府在促进增长和再分配过程中发挥更大、更积极的作用，同时严格财政纪律，限制政府支出，重视私人投资对财政缺口的补充作用。在对外政策方面，工党提出"进步现实主义"原则，主张用"现实主义手段实现进步主义目标"，强调基于"中等强国"定位的务实对外政策和价值观外交并重，弱化保守党提出的不切实际的"全球英国"战略，积极修复英欧关系、参与全球化和全球治理，在维护西方主导的国际秩序的前提下，注重与全球南方开展合作，改善对华关系，试图塑造有利于自身发展的国际环境。

第二，工党的选举胜利得益于保守党近年来在国家治理政策上的失败。在选民心态的"钟摆效应"影响下，对执政党的不满转化为对在野党的支持。14年来，英国两次出现无多数议会，六易首相，政治动荡不断，民主衰退成为英国政治的显性话题，民众对主要政党和政府的不信任感不断积累。与此同时，保守党在政治上不断右转，经济上左右摇摆，在脱欧问题上立场强硬但并未兑现夺回国家自主权、实现经济增长与繁荣的承诺。尽管苏纳克接任首相后宣称回归务实主义，但面临党内右翼掣肘，加之执政时间较

---

① Eunice Goes, "The Labour Party Under Keir Starmer: 'Thanks, But No "isms" Please!'", *Political Quarterly*, Vol. 92, No. 2, June 2021, p.176.

② 杨芳、曲兵、董一凡、刘晨：《试析英国工党新政府的"安全经济学"》，《国家安全研究》2024年第4期，第130~133页。

短，政策调整未获明显成效。这样，保守党不但无法赢得左翼选民的支持，而且有相当数量的中右翼选民因对保守党治理国家的表现不满，转而支持走上中间道路的工党。

第三，工党的选举胜利也得益于其提出的经济增长和国家复兴的目标迎合了选民的紧迫诉求。英国选民希望新政府解决国家积重难返的经济增长、公共政策、社会保障等难题。英国近年来持续遭受增长问题困扰，GDP 增长率自 2021 年以来处于 G7 国家末位，经合组织（OECD）大选前也预计英国 2025 年仍是 G7 中经济表现最差的国家。[1] 长期疲软的经济表现使民众对经济增长的关切日益增加，成为选民关注的头号议题。[2] 2024 年大选前，持续三年多的高通胀虽有所缓和，但能源和食品开支高企，中下层劳动者仍面临严重的生活成本危机。[3] 医疗、住房等传统问题相互影响叠加，地方政府财政破产，学校等基础设施破败不堪，加剧了选民的不安和怀疑情绪，移民和族群矛盾也随之加剧。为此，工党提出了增加收治病患、缩短等待时间等改革目标，主张增加住房建设，改善公共服务设施。

（二）大选后政党政治格局的变化

在工党取得下院压倒性多数席位的表象下，英国政党政治的分歧与矛盾并未有效弥合，极化、碎片化现象依旧存在，并表现出不典型性特征。2010 年和 2017 年英国大选产生两次悬浮议会，而在 2019 年、2024 年大选中，保守党、工党分别取得稳定的议会多数组建政府，看似英国政党政治又回归

---

① James Fitzgerald, "UK will be Worst-Performing G7 Economy in 2025, OECD Forecasts", Politico, 2 May 2024, https：//www. politico. eu/article/uk – will – be – worst – performing – g7 – economy-in-2025-oecd-forecasts/.

② "Which of the Following do You Think are the Most Important Issues Facing the Country at This Time?", Statista, 4 December 2024, https：//www. statista. com/statistics/886366/issues – facing-britain/.

③ "TUC：UK Suffered the Highest Inflation and Lowest Growth in the G7 in the Last Two Years", Trades Union Congress, 17 May 2024, https：//www. tuc. org. uk/news/tuc – uk – suffered – highest-inflation-and-lowest-growth-g7-last-two-years#：~：text = The%20UK%20suffered% 20the%20highest, economy%20grew%20by%20just%200. 4%25.

两党制稳定政府的传统。但 2019 年保守党的胜利有一定的偶然性，很大程度上得益于英国改革党的策略性投票：在脱欧白热化的情况下，改革党为保证英国顺利脱欧在选举中采取了为保守党让路的策略。而 2024 年大选工党和保守党两大党选民支持率之和为 57.4%，创下 1918 年以来的新低，工党得票率仅为 33.7%，相比 2019 年大选只提高了 1.6 个百分点，也创下了有史以来英国执政党得票率最低水平，选民支持率与所获席位的背离程度超过历史上的历次大选。此次选举中间派政党自由民主党获得 12.2% 的选民支持票，赢得下院 72 个席位；极右翼的改革党虽仅获 5 个席位，但创造了该党在英国议会下院选举中的最好表现，选民支持率也达到了 14.3%。

英国政党政治格局的另一变化是保守党惨败后右翼政治的走向。本次大选保守党得票率仅为 23.7%，是该党历史上最差的大选表现，给这一英国"天然执政党"带来了生存危机。有学者认为，长期以来保守党通过保守主义凝聚了右翼和中间派中不同立场的政治群体，但脱欧以来，保守党不断右转，迎合右翼激进选民，切断了其与温和的传统保守精英和中产阶级的联系，导致长期主导英国政治的保守党面临"终极危机"，不排除因进一步右转走向分裂，未来英国政治也会向"后保守党时代"的政治格局漂移。① 大选后代表保守党右翼的凯米·巴德诺赫（Kemi Badenoch）当选新党魁，她的竞争对手罗伯特·詹里克（Robert Jenrick）也属党内强硬右派。巴德诺赫声称将重建保守党，带来"真正的保守主义"，重新执政，并激烈批评约翰逊、苏纳克等前任领导人言行不一，"嘴上说右，实际向左"。② 这表明保守党右转的趋势短期内难以扭转，前任首相苏纳克时期的务实主义转向遭到失败，其执政后期逐步形成的苏纳克-斯塔默共识也宣告破裂。

保守党面临的困境是，在右翼在党内已居主导地位的情况下，回归中右

① Alexander Clarkson, "The Tories' Demise will Reconfigure U. K. Politics", World Politics Review, 12 June 2024, https：//www. worldpoliticsreview. com/uk-election-tory-party-sunak/.

② Elizabeth Piper and Andrew Macaskill, "Who is Kemi Badenoch, the UK Conservatives' New Leader?", Reuters, 2 November 2024, https：//www. reuters. com/world/uk/combative-badenoch-steer-uk-conservatives-towards-populist-right-2024-11-02/.

传统阻力重重，甚至导致党的分裂；但继续右转，也面临寻求主流化的改革党的竞争。从目前的情况看，保守党选择了进一步右转的路径，强调右翼价值观和自由主义的经济社会政策，特别是在移民政策上向改革党看齐。而改革党在一定程度上弱化极端立场争取进入英国主流政治，保守党内也出现了向改革党妥协甚至寻求合并的声音。随着工党胜选后执政表现不佳，英国社会的极化进一步加剧，民调显示，工党、保守党、改革党的民意支持率趋于接近，英国政治呈现新的分化重组的态势。

（三）经济社会政策变革面临制约

工党执政四个月后推出了一系列经济社会改革政策，但面临英国诸多痼疾和财政资金的限制举步维艰。为此，工党一方面渲染保守党执政 14 年来的失败为自身开脱，强调保守党留下的高达 1200 亿英镑的预算缺口，为提高税收寻求理由；① 另一方面强化长期主义叙事，强调通过经济社会变革、权力下放等手段提高政府效率为自己争取时间。然而，工党长期主义政策理念也面临威斯敏斯特政治传统中根深蒂固的精英主义与短期行为的制约而困难重重。②

工党在 2024 年大选中将增长视作"一切发展的基石"，③ 将增长置于其经济社会政策的核心地位，主张通过政府有限度的干预统筹协调产业战略、投资与公共开支，依靠经济增长解决长期困扰英国的增加公共开支、平衡赤字与降低税收这一"不可能三角"。执政以来，工党先后出台了一系列产业战略文件和上任后的首份政府预算。

---

① Matthew Keep, "The Budget Deficit：A Short Guide", House of Commons Library, Research Briefing, 4 September 2024, https：//commonslibrary. parliament. uk/research － briefings/sn06167/, https：//researchbriefings. files. parliament. uk/documents/SN06167/SN06167. pdf.

② Paul Cairney, John Boswell, Sarah Ayres, Catherine Durose, Ian Elliott, Matt Flinders, Steve Martin and Liz Richardson, "The State of British Policymaking：How can UK Government Become More Effective?", *Parliamentary Affairs* (2024) XX, pp. 1－28.

③ Keir Starmer（Transcript）, "Sir Keir Starmer on 'Starmerism'：An Interview with the Leader of Britain's Labour Party", *The Economist*, 26 April 2023, https：//www. economist. com/britain/ 2023/04/26/sir-keir-starmer-on-starmerism.

2024 年 10 月，工党政府发布了题为《投资 2035：英国现代产业战略》的产业战略绿皮书，以落实英国"以增长为第一要务的政府目标"。该战略提出要通过提高英国优势产业人才、技术和竞争力带动经济发展，并对八类英国优势产业提供政策、融资以及人才培养便利。这些产业包括高端制造业、清洁能源、创意产业、防务、数字技术、金融、生命科学和商务与专业服务业。另外，为了避免短期行为，产业战略也提议成立产业战略委员会，协助政府制定和落实该战略，确保国家战略的长期性。[①]

然而，工党也面临过度依赖产业政策、背离英国经济传统的质疑。首先，工党将英国具有传统优势的金融、商务等服务业纳入产业战略，体现了其统筹产业促进增长的观念，但服务业增长难以通过产业战略进行规划，其增长逻辑也与传统产业存在差异。其次，工党为摆脱短期主义而设置的产业战略委员会权责界定仍不清楚，考虑到此前保守党政府出台相关战略时也曾设立此类机构，但其对战略的落实成效有限，未来工党的产业战略委员会需要进一步明确权责范围。再次，产业战略需要跨部门共同协调落实，尤其是财政部的长期支持尤为重要，尽管当下财政部对产业战略表现出了极高的热情，但未来该战略的效果取决于财政部门长期的支持。最后，2010 年至今，英国历届政府已经发布了多个与数字、绿色、能源产业相关的长期战略，但从结果上看并未达到预期，此次工党出台的产业战略实际效果同样存疑。

面对当前英国窘迫的财政状况，工党政府在 11 月出台的秋季预算中做出了大幅调整，包括公共开支、政府借贷与税收的增加。预算案提出了自 1993 年以来力度最大的针对企业和富人的 400 亿英镑增税计划，[②] 以及未来每年 322 亿

---

① The UK Government, "Invest 2035: UK's Modern Industrial Strategy (Green Paper)", October 2024, https://assets.publishing.service.gov.uk/media/6711176c386bf0964853d747/industrial-strategy-green-paper.pdf.

② David Milliken, Sachin Ravikumar and Andy Bruce, "UK Chancellor Rachel Reeves Raises Taxes by Most since 1993 in First Labour Budget", Reuters, 31 October 2024, https://www.reuters.com/world/uk/uks-new-finance-minister-reeves-lines-up-tax-hikes-borrowing-first-budget-2024-10-29/.

英镑的政府借贷计划。① 总体而言，工党基本兑现了不对劳动阶层增税的承诺，增税对象主要是企业主和富人。具体包括上调雇主的国民保险（NI）税率，并下调起征点，预计将带来 250 亿英镑税收；取消外籍人士海外收入的税收豁免，未来英国不再为海外富豪提供税收优惠。预算案还规定从 2025 年 4 月起，现有的商业税收优惠力度将从 75% 降低到 40%，届时许多企业税收将实际增加近一倍。这些增加的财政收入将用于教育、医疗等公共服务并提高劳动者的薪资待遇和养老保障。据估计，英国经济将在 2025 年实现 2% 的增长，2026 年为 1.8%。而通货膨胀率也将从当前的 2.5% 回落至 2.3%。②

然而，这一相对激进的预算调整也面临诸多问题。首先，针对雇主和富人的税收增加带来了一系列连锁反应：一方面，支付高昂的国民保险费用会影响投资者的信心，与工党吸引投资的计划相背离；另一方面，雇主也势必会通过其他方式平衡高昂的国民保险支出，最终同样会影响底层劳工的可支配收入。其次，政府对社会服务的投资具有滞后性，社会服务优化的效果在短期内难以被感知。最后，从长期看，大幅度增税计划的经济刺激效果并不明朗。工党政府承认，大幅增税手段"不可复制"。未来工党还会根据经济增长情况降低税收和政府借贷水平。但根据国家预算责任办公室的估计，通过当前措施实现的增长仅能维持两年，未来刺激政策的效果减退后，英国经济增长可能又要回到 1.5% 左右的水平。③ 本轮激进的预算案只是给工党争取了时间，未来工党能否利用这一窗口期，通过其绿色战略与产业战略实现长期增长进而从根源上缓解社会分裂仍面临诸多阻力。

在经济增长与社会政策的成效需要更多时间检验的情况下，英国社会的极化却在不断加强。2024 年 7 月，英国绍斯波特儿童遇袭案，极右翼势力利用虚假信息激化族裔和社会矛盾，引发大规模排外与反移民骚乱，蔓延至

---

① Paul Seddon, "UK 2024 Budget in Nine Key Points", BBC, 31 October 2024, https：//www.bbc.com/pidgin/articles/cz0ml5prdgmo.

② Paul Seddon, "Budget 2024：Key Points at a Glance", BBC, 31 October 2024, https：//www.bbc.com/news/articles/cdxl1zd07l1o.

③ Lucy Hooker, "Budget Boost to UK Economy Forecast to Fade After Two Years", BBC, 30 October 2024, https：//www.bbc.com/news/articles/c5yge6knpzdo.

全国各地，其背后的族群对立与身份政治之争愈演愈烈，而深层次根源仍是英国长期难以走出增长困境，公共服务短缺，引发底层民众不满，为极右翼势力和民粹主义发展提供了空间。自 2010 年以来，英国 GDP 增长长期低于 2%，14 年来以美元计价的经济累计增长不足 10%。从总量看，英国直到 2023 年才勉强超过 2007 年的 GDP 总量，而人均 GDP 则在 2008 年金融危机后就再也没能恢复之前的水平，2023 年的人均 48866 美元已经是 2010 年以来的最高值，然而相比 2007 年的人均 50397 万美元仍有明显缩水。① 考虑通货膨胀因素，英国经济情况可能会更加糟糕。

考虑到近年来英国政府和各政党的信任赤字不断增加，② 斯塔默政府如不能在经济增长、医疗服务、教育发展、移民问题、通胀和住房等民众最为关切的问题上取得进展，其赢得选举后的"蜜月期"难以持久。事实上，工党执政后，首相斯塔默的支持率已呈现迅速下降态势。2024 年 9 月的益普索民调显示，超过半数英国人对工党执政不满，在工党支持者中也有 1/4 表达失望态度。③ 斯塔默执政两个月后相比大选时的支持率下降了 11 个百分点，认为其表现不佳的民众比例从大选时的 14% 上升至 42%，这一增长幅度甚至略高于特拉斯执政同期。④ 工党执政 100 天后的民调显示，超过 52% 的受访民众对斯塔默的执政表现表示不满。⑤ 英国国家社会研究中心的

---

① World Bank，"GDP per capita（current US＄）-United Kingdom"，https：//data. worldbank. org/indicator/NY. GDP. PCAP. CD？locations＝GB.

② 英国国家统计局报告显示，2023 年，英国 57% 的民众对政府表现出不信任，完全相信政府的民众仅占 27%，同时对政党的不信任比例更高达 68%，仅 12% 的民众对政党表现出信任。参见 Office for National Statistics，"Trust in Government，UK：2023"，1 May 2024，https：//www. ons. gov. uk/peoplepopulationandcommunity/wellbeing/bulletins/trustingovernmentuk/2023。

③ "Half of Britons Disappointed in Labour Government So Far-Including 1 in 4 Labour Voters"，IPSOS，20 September 2024，https：//www. ipsos. com/en－uk/half－britons－disappointed－labour－government－so－far－including－1－4－labour－voters.

④ "Ipsos Labour Party Polling"，IPSOS，20 September 2024，https：//www. ipsos. com/sites/default/files/ct/news/documents/2024－09/ipsos－poll－labour－party－performance－september－2024. pdf，pp. 2-3.

⑤ "Labour and Starmer Approval Ratings Continue to Drop as Government Nears 100 Days in Power"，IPSOS，11 October 2024，https：//www. ipsos. com/en－uk/labour－and－starmer－approval－ratings－continue－drop－government－nears－100－days－power.

调查也显示，45%的民众表示"无论哪一政党执政都不会信任政府"，58%的民众表示"不相信任何政党的任何政客说实话"。比例均创历史新高。[1]

（四）对外政策的调整与困境

工党政府将"进步现实主义"作为英国外交的基本原则，批评保守党政府不切实际、充满短期行为和自相矛盾的对外政策，提出重新连接世界，将英国对外政策与服务国家经济增长、实现复兴的目标联系起来。但总体来看，工党政府面对变乱交织的国际环境、积重难返的国内问题，在执政四个多月后，对外政策成效有限。英国对外政策仍受制于旧的帝国主义传统与自身实力下降、维护西方主导的国际秩序目标与变化的国际力量格局之间的矛盾。英国战后长期存在的寻找自身在世界中位置的身份困惑依然存在，特朗普赢得美国大选后，英国对外战略选择面临新的困境。

首先，维持全球大国地位和西方主导的国际秩序仍是英国对外战略的首要目标。这一战略雄心与英国自身实力现实的背离仍在拉大。工党政府不顾英国的财政困境，提出尽快实现国防预算提升至占 GDP 2.5% 的目标；英国政府继续高调介入乌克兰危机，在 G7 峰会、北约峰会积极发声；加快在亚太地区的安全和经贸布局。一些批评者认为，斯塔默上任后在外交问题上投入的时间超过近年来的任何一位英国首相。在乌克兰危机问题上，同乌克兰缔结"百年伙伴关系协议"，使人们看到了英国实力过度伸展的帝国传统，也给英国的安全带来了风险；在巴以冲突上，英国一方面坚持支持传统盟友以色列的立场，另一方面对以色列军队过度使用武力的行为提出批评，引发国内外矛盾。

其次，重置英欧关系是工党政府对外关系的重点突破口，但非欧盟成员国的身份加大了英欧深度合作的难度。斯塔默出任首相后访问欧盟以及德、法等欧盟成员国，在落实温莎框架协议、加强英欧安全防务对话等多个维度深化合作，在边检、标准互认、金融合作等具体领域制度化取得一定进展，

---

[1] National Center for Social Research, "Trust and Confidence in Britain's System of Government at Record Low", 12 June 2024, https：//natcen. ac. uk/news/trust－and－confidence－britains－system-government-record-low.

并着手推进拟议中的英欧双边峰会、英欧防务协定。但在英国民意已转向支持重新考虑欧盟成员国身份问题的情况下，工党政府为避免引发新的政治纷争和社会分裂，仍回避回归欧盟或关税同盟问题，英欧经贸和安全防务领域的深度合作还面临制度上的障碍，例如，欧盟仍未同意英国加入欧洲防务基金与欧洲和平设施等欧盟内部机制。

再次，在"特朗普2.0"成为现实的情况下，英美关系面临新的不确定性。工党政府在政治上无意摆脱其长期以来的对美依赖，希望维持英美特殊关系，继续在西方联盟中扮演"副盟主"的角色，并提出重启特朗普第一任期内已提上日程的英美自贸协定谈判。但是，美国对英国内部经济政治制度的干预、援乌问题上可能出现的后退、对北约政策的不确定性，以及可预见的美国退出诸多国际机制、增加关税等单边主义与保守主义的激进政策也增加了英国与欧盟等西方盟友寻求战略自主的动力。

最后，相比保守党政府后期，工党政府的对华政策呈现回暖态势，但不稳定因素依然存在。工党在竞选期间批评保守党对华政策缺乏连贯性，但仍坚持对华"竞争、合作、挑战"的三重定位，并提出需要在进一步明确对华政策前完成政策评估。工党执政四个多月来，英国对华政策出现了积极发展。2024年11月，斯塔默首相在G20峰会与习近平主席会面时承诺在两国间建立"一贯、持久、相互尊重"的关系，"牢固的英中关系对两国和更广泛的国际社会都很重要"。外长戴维·拉米（David Lammy）于10月访问中国。财政大臣蕾切尔·里夫斯（Rachel Reeves）多次强调中英务实合作对促进英国经济增长的重要性。在电动车问题上，英国也未追随美国、欧盟对华加征反补贴税。但在涉港、涉疆、乌克兰危机等问题上，英国仍与美欧协调立场，对华发出不和谐声音；英国国内一些政客、媒体和智库仍在渲染中国在价值观、高新技术、产业链等方面的"威胁论"。英国对华政策能否展现创新思维与独立性，考验着工党政府。

"特朗普2.0"下英国如何在变化的世界格局中找到自己的位置不仅在很大程度上决定了英国能否在世界事务中真正扮演大国角色，而且也在很大程度上影响着英国外交能否真正实现服务经济增长、国家复兴的目标。

英国政治：大选前的相对平静期*

李靖堃**

2023年7月至2024年6月，是英国大选前的相对"平静期"：苏纳克接任首相后做出了一些政策调整，英国的政治局势逐渐恢复平稳，但保守党日渐失去民意支持，它在2024年5月的英格兰地方议会选举以及多次议会下院补选中均落败，其民调支持率也一直远远落后于工党。2024年5月，苏纳克宣布于7月提前举行大选，各政党随之进入"政治角力"期，并就民众最关心的民生问题提出相应的竞选纲领。工党获胜毫无悬念，改革党则成为"搅局者"。而从地区局势来看，北爱尔兰政府在"停摆"两年后恢复运作，但苏格兰民族党则陷入困境。

（一）政局趋于稳定，但保守党日渐失去民意支持

在2022年10月至2024年6月的将近两年任期内，苏纳克在各个领域采取了多项措施，使英国国内形势趋于平稳。

苏纳克接任首相时接手的是一个处于"后脱欧"与"后疫情"时代的英国，其特征是经济增长缓慢甚至陷入衰退、持续的高通胀与生活成本危机引发大规模罢工与深刻的社会矛盾，再加上首相频繁更迭、保守党政治丑闻频发等导致的政治混乱。苏纳克任首相后做出了相应的政策调整，并于2023年1月提出了"五项承诺"。到2024年6月底，这些"任务"有些已经完成，特别是摆脱了技术性衰退，实现了经济稳步增长，甚至在2024年初英国一度成为七国集团增长速度第二快的国家，① 降低通胀的目标也逐步

---

* 本报告由国家社会科学基金资助，项目批准号为20VGQ010。

** 李靖堃，法学博士，中国社会科学院欧洲研究所研究员，中国欧洲学会英国研究分会会长，主要研究领域为欧盟政治、英国政治与外交。

① Resolution Foundation, "UK Continues to Bounce back from Recession—But the Bigger Picture Remains Bleak", 15 August 2024, https://www.resolutionfoundation.org/press-releases/uk-continues-to-bounce-back-from-recession-but-the-bigger-picture-remains-bleak/.

实现。

但是，由于保守党执政 14 年来留下的问题积重难返，苏纳克仅能做到"暂时"稳住局面，而不可能彻底扭转经济社会形势。从他的"五项承诺"来看，虽然英国经济摆脱了衰退，但增长仍然十分缓慢，特别是生产率低下等长期问题并未解决；公共债务并未减少，财政状况严重失衡；从社会政策来看，苏纳克并未解决民众最关切的民生问题，生活成本危机长期持续，一方面导致民众实际生活水平下降，另一方面导致贫富差距加大。从公共服务来看，苏纳克没有实现减少英国国家医疗服务体系（NHS）等候患者数量的承诺，2024 年 4 月，英格兰非急诊患者的等候人数比 2023 年 1 月还多了 35 万人。[1] 在移民问题上，尽管非法移民数量大幅减少，但仍然造成英国财政系统不堪重负。为应对这一问题，苏纳克政府不顾欧洲人权法院的反对以及英国上诉法院和高等法院的否决，仍推动议会通过了《卢旺达法案》，拟将非法移民遣送至卢旺达。此举遭到包括联合国在内的众多国际组织以及人权机构的强烈谴责，使其在国际国内失分不少。

由于各项政策的效果都不尽如人意，保守党日渐失去民意支持。根据舆观、益普索等多家民调机构的数据，自 2022 年底以来，保守党的支持率一直远远落后于工党。保守党的表现导致民众对政府、政党和政治家的信任崩塌，根据 2024 年的《社会态度调查》，经过 2019~2024 年的议会期，公众对政党、政府和政治的信任已经降至有记录以来的最低点：45%的受访者"几乎从不相信"任何执政党会将国家需求置于政党利益之上；58%的受访者"几乎从不相信"任何政治家会在面临困境时说实话。其中，在 2016 年公投中支持脱欧的民众对政府和政党的信任度下降幅度更大。[2] 从对苏纳克个人的支持率来看，2024 年 6 月，有 72%的受访者认为他的首相工作做得

---

[1] Anthony Reuben, "Rishi Sunak's Five Promises: What Progress Has He Made?", 17 June 2024, https://www.bbc.com/news/65647308.

[2] John Curtice, Ian Montagu and Chujan Sivathasan, "Damaged Politics? The Impact of the 2019-24 Parliament on Political Trust and Confidence", June 2024, https://natcen.ac.uk/sites/default/files/2024-06/BSA%2041%20Damaged%20Politics.pdf.

很糟糕，只有 20% 肯定了他的政绩。①

民众对保守党和苏纳克本人的负面评价直接导致了保守党在议会补选与地方议会选举中的失败。

在 2023 年 7 月至 2024 年 6 月举行的议会下院议席补选中，保守党失去了原有 7 个议席中的 6 个，只保住了前首相约翰逊所在选区的议席。而在 2024 年 5 月举行的英格兰地方议会选举中，工党表现强劲，巩固了作为英格兰地方议会第一大党的地位；自由民主党位列第二，保守党则位列第三，失去了原来掌握的将近一半地方议会的控制权，是其 40 年来最差的地方议会选举结果。此外，工党还赢得了 10 个大区市长中的 9 个。此次地方选举在很大程度上被视为 2024 年 7 月大选的"试金石"，也是大选前对保守党的最后一次"民意测验"。

保守党之所以失去民意支持，并非苏纳克个人之过，而是保守党治理失败甚至是整个英国政治的长期弊端造成的。保守党执政 14 年间最大的"成就"是"脱欧"，但"脱欧"不仅给英国经济造成了不可逆转的负面影响，而且造成向来以"稳定"和"渐进"著称的英国政治陷入动荡；"脱欧"、新冠疫情和俄乌冲突等多重危机叠加，致使高通胀与生活成本危机愈演愈烈，也再次证明保守党长期奉行的新自由主义并非解决问题的良方，这也引发了关于保守党治理能力与未来发展方向的辩论。

此外，保守党近年来内部纷争不断，短短几年中多次更换领导人，特拉斯在位甚至只有短短的 45 天，而频繁的领袖选举凸显甚至激化了温和派与强硬右翼之间的矛盾，这不可避免地损害了其公信力。苏纳克的当选虽然代表着保守党一定程度上从强硬路线转向较为温和的路线，但他在保守党内处于较为弱势的地位，再加上其印度裔的身份，其党内的支持力量严重不足，有些派别特别是约翰逊和特拉斯的拥趸并不支持苏纳克，例如，在是否减税以及关于住房目标等问题上，保守党内部存在严重分歧。再如在"禁烟法

---

① "How Well is Rishi Sunak Doing as Prime Minister?", YouGov, 17 June 2024, https://yougov.co.uk/topics/politics/trackers/rishi-sunak-prime-minister-approval.

案"问题上，有将近半数的保守党议员或反对或弃权，只是由于工党的支持该法案才得以通过。

鉴于保守党内强硬派特别是后座议员的压力，苏纳克的部分政策也在向更"右"的方向转变，尤其是在移民政策与气候政策方面。在移民政策上，如前所述，苏纳克将控制非法移民作为优先议题，强行通过《卢旺达法案》。而在气候政策上，苏纳克打破了自撒切尔时期就已经形成的"绿色共识"，转而采用"去绿色"叙事，2023 年 9 月宣布重新反思净零排放政策，其中包括将禁止销售新的燃油汽车的起始时间从 2030 年推迟到 2035 年，其他一些绿色政策也被推迟或取消。然而，苏纳克的"右转"政策并未能够"取悦"选民，或许只会进一步加强后座议员的影响力，同时加剧了保守党的内部分歧，也进一步表明了苏纳克个人与保守党治理能力的不足，这或许才是英国政治体系中更深层次的问题所在。

（二）大选进入"倒计时"，"变革"成为工党的"关键词"

2024 年 5 月 22 日，苏纳克出人意料地突然宣布于 7 月 4 日提前举行大选。由于保守党的民调数据一直大幅落后，此前曾普遍预测大选将于秋季举行，以便保守党有更多时间争取选民。因此，这一决定令很多人感到意外和不解，也招致了保守党部分议员的质疑。有分析认为这是苏纳克的"赌博"，目的是在形势变得更糟糕之前通过出人意料的方式，打乱工党的节奏，夺回对政治议程的控制权。[①]

2024 年 5 月 30 日，英国议会正式解散，随即进入为期 5 周的竞选期，各政党相继推出了自己的竞选纲领。根据民调，英国民众最关切的三个问题是经济、医疗与移民，[②] 各政党的竞选纲领也相应地聚焦这些领域。

---

① Rosa Prince, "UK Election: Why Rishi Sunak Pulled the Trigger", 22 May 2024, https://www.politico.eu/article/uk-election-rishi-sunak-prime-minister-tories-july-polls-labour-party/.

② "The Most Important Issues Facing the Country", YouGov, https://yougov.co.uk/topics/society/trackers/the-most-important-issues-facing-the-country.

6月11日，保守党率先公布竞选纲领，以"清晰的规划""勇敢的行动""安全的未来"为"关键词"，将减税作为推动经济增长的核心政策，此外还包括降低国民保险费用、削减公共开支，以及在医疗、住房和教育等领域的相关政策，并承诺严格控制移民。在环境政策方面，承诺到2050年实现净零排放，但不会增加新的绿色税收，而且会继续为北海的油气开采发放许可证。①

工党于2024年6月13日正式公布竞选纲领，将"变革""重构"等作为"关键词"，以突出与保守党的区别，这充分迎合了民众希望变革的心理。早在苏纳克刚刚宣布提前大选之时，工党领袖斯塔默即在其声明中提出了"选择工党的三个理由"："停止混乱""改变的时刻""重建英国"。他还提出"重新为劳动人民服务"这一口号。② 工党在竞选纲领中提出要建立一个"使命驱动型政府"（Mission-driven government），其核心是斯塔默2023年2月提出的"五项使命"：经济实现快速增长，将英国建成清洁能源大国，减少犯罪，创造平等机遇以及打造面向未来的英国国家医疗服务体系。③ 相较于保守党，工党将"创造财富"作为"头等要务"，计划引入新的产业战略以替代短期经济政策。在具体政策方面，工党更注重增加税收以支持公共服务，但承诺不会提高针对"劳动人口"的税收，包括个人所得税、国民保险费用等；在环境政策上，工党更注重绿色投资，计划设立"国家财富基金"投资绿色产业，此外还拟成立"大不列颠能源公司"，对能源生产实行国有化。

然而，面对英国前所未有的高税收、高额债务以及糟糕的公共服务状况，不管是保守党还是工党都没有就如何改变税收、公共支出以及福利待遇

---

① "The Conservative and Unionist Party 2024 Manifesto", The Conservatives, June 2024, https：//public. conservatives. com/static/documents/GE2024/Conservative-Manifesto-GE2024. pdf.

② "In Full：Rishi Sunak's and Keir Starmer's Elections Statements", BBC, 23 May 2024, https：//www. bbc. com/news/uk-politics-69050409.

③ "Mission-driven Government", The Labour, https：//labour. org. uk/change/mission - driven - government/.

等问题给出具体可行的政策措施。① 其中最明显的是在改善医疗服务方面。保守党和工党都提出了雄心勃勃的目标，但对具体措施则模棱两可、乏善可陈。工党民意支持率领先，并不是工党提出的竞选纲领有多么吸引人，很大程度上是"政治钟摆效应"，特别是民众对保守党执政 14 年的表现十分失望，才导致"政治钟摆"明显向有利于工党的方向发展。

当然，必须承认，在斯塔默任领袖之后，工党自身的确做出了很多改变，特别是在思想上和组织上与科尔宾所代表的激进左翼彻底"切割"，在意识形态和政策纲领上回归了中间道路，从而赢得了中间选民的支持。但是，为了赢得选举，工党甚至做出了一些迎合右翼选民的姿态，特别是在脱欧和移民问题上。在脱欧问题上，斯塔默彻底改变了原来支持留欧的立场，明确提出不重新加入欧盟，也不会加入单一市场。在移民政策上，工党也与保守党一样承诺减少移民数量、打击非法移民，但并未就如何减少移民数量提出明确可行的措施，只泛泛提出加强边境安全、打击人口贩运。上述立场不仅遭到了工党内部一些成员的批评，而且使工党失去了部分左翼选民的支持。在巴以冲突问题上同样如此。尽管由于内部压力，工党在 2023 年 10 月以后的立场有所软化，斯塔默也明确提出支持巴勒斯坦建国，但他的立场基本上与美国政府保持一致，这使其失去了大量少数族裔特别是穆斯林群体的支持，而且也再次引发了工党内部的分歧。上述所有问题都暴露了工党面临的最大困境，即无论其政策向"左"还是向"右"转，都会损失另一侧的支持，这也是其支持率很难超过 40%的原因所在。

尽管除工党与保守党以外的其他政党赢得大选的可能性几乎不存在，但这些政党的竞选纲领也能在一定程度上反映选民的诉求，并且有可能影响执政党的政策纲领。例如，自由民主党以"公平"为"关键词"，② 与工党一

---

① Paul Johnson, "General Election 2024: IFS Manifesto Analysis", 24 June 2024, https://ifs.org.uk/events/general-election-2024-ifs-manifesto-analysis.

② "For a Fair Deal", Liberal Democrats, 10 June 2024, https://www.libdems.org.uk/fileadmin/groups/2_Federal_Party/Documents/PolicyPapers/Manifesto_2024/For_a_Fair_Deal_-_Liberal_Democrat_Manifesto_2024.pdf.

样提出国家需要"变革"；绿党的竞选纲领则以"更公平、更绿色"为口号。① 各政党均在经济增长、医疗、移民等问题上提出了具体的政策主张。

而改革党的参选成为2024年选举的最大"变数"。2024年6月3日，法拉奇宣布参加竞选，并重新担任改革党领袖，而且改革党不再像2019年大选一样放弃在保守党拥有议席的选区参与竞选。改革党的民调支持率一路攀升，甚至曾一度超过保守党居第二位。② 尽管英国的简单多数选举制度导致改革党很难将支持率转化成为有效的议席数，但能够分散右翼选民特别是保守党选民的选票，使本已虚弱不堪的保守党的选情更加不利。与此同时，改革党的影响力上升也反映了英国社会面临着与欧洲大陆国家一样的撕裂与深刻矛盾。

（三）北爱尔兰政府恢复运行，但苏格兰民族党陷入困境

从英国内部各地区的局势来看，北爱尔兰政府在"停摆"两年后终于恢复正常运行，但苏格兰民族党则陷入了困境。

民主统一党自2022年2月一直抵制与新芬党联合执政，连续七次组阁努力均告失败，导致北爱尔兰政府在长达两年的时间内无法正常运转。直到2024年1月底，民主统一党与英国政府就北爱尔兰贸易问题达成协议，为北爱尔兰在英国内部市场的地位提供了保证，从而为民主统一党加入北爱尔兰政府铺平了道路。

2024年2月，北爱尔兰议会任命新芬党副主席米歇尔·奥尼尔（Michelle O'Neill）为首席部长，民主统一党成员埃玛·利特尔-彭杰利（Emma Little-Pengelly）为副首席部长，北爱尔兰政府"停摆"长达两年之后终于正式恢复运转。尽管首席部长和副首席部长具有平等权力，但这是有史以来首次由爱

---

① "Our 2024 General Election Manifesto", Green Party, June 2024, https：//greenparty. org. uk/about/our-manifesto/.

② "Reform Now 1pt Ahead of the Tories, Although This Is Still within the Margin of Error", YouGov, 14 June 2024, https：//yougov. co. uk/politics/articles/49735 - reform - now - 1pt - ahead-of-the-tories-although-this-is-still-within-the-margin-of-error.

尔兰民族主义政党成员担任首席部长，仍具有一定的象征意义。

北爱尔兰政府恢复运作无疑有助于地区局势的稳定。此前民主统一党的抵制不仅造成了政治紧张，而且地方政府不能正常运行也造成了严重的社会问题，特别是公共服务几近瘫痪，罢工游行频仍。2024年1月，16家工会发起了北爱尔兰地区半个世纪以来的首次联合大规模罢工行动，参加罢工的劳动者超过17万人，要求增加薪酬。随着北爱尔兰政府恢复运作，英国中央政府将向其提供38亿英镑的一揽子财政支持，以解决包括增加薪酬、改善公共服务等在内的一系列问题。当然，北爱尔兰面临的问题并未也不可能由于政府恢复运行而得到一劳永逸的解决。自1998年实行权力下放以来，北爱尔兰地方政府出于各种原因曾多次停摆，本届地方政府执政时间仍很难预料。与此同时，随着新芬党在北爱尔兰和爱尔兰共和国的影响力越来越大，关于爱尔兰统一的议题更是随时都有可能引发政治争议。新芬党领袖麦克唐纳（Mary Lou McDonald）在北爱尔兰政府恢复运作后就强调说，新芬党首次成为北爱尔兰最大的政党意味着爱尔兰的统一"指日可待"。[1]

相较于北爱尔兰的恢复平静，苏格兰民族党则自2023年初以来遭遇多重困境。首先，领袖两次更迭，政府出现危机。2023年3月底，优素福（Humza Yousaf）接任苏格兰民族党领袖，但他的威望显然比斯特金弱得多。2024年4月，由于在碳排放目标上出现分歧，苏格兰绿党与苏格兰民族党的权力分享协议终结。苏格兰民族党在议会中占有的议席不到半数，其执政变得更加困难。随后，苏格兰保守党拟提起对优素福的不信任动议，优素福于2024年5月辞职，约翰·斯温尼（John Swinney）成为苏格兰民族党领袖及第七任苏格兰首席部长。优素福也成为任期第二短的苏格兰首席部长。其次，苏格兰民族党内针对一系列问题分歧严重，包括社会改革以及性别认同等问题。而在独立问题上，尽管该党的独立目标始终未发生变化，但在如何实现第二次公投的路径问题上，党内分歧尤其严重。再次，党内频繁曝出丑

---

① Rory Carroll, "Sinn Féin Says United Ireland 'within Touching Distance' as Stormont Deal Agreed", *The Guardian*, 30 January 2024, https://www.theguardian.com/politics/2024/jan/30/sinn-fein-united-ireland-within-touching-distance-stormont-deal.

闻，特别是与财务和腐败有关的问题，这不可避免地损害了公众对该党的信任。最后，政策不力，未能解决民众关切的民生问题。特别是，与英国其他地区一样，苏格兰民众也饱受生活成本危机的困扰，再加上病患等候治疗时间过长以及教育水平下降等问题，导致了民众对苏格兰民族党的强烈不满。2024年4月以后，苏格兰民族党的民调支持率一直落后于苏格兰工党。①

苏格兰民族党接连遭遇挫折，这无疑将对其寻求独立的努力造成一定障碍，然而，它在2024年的竞选纲领中仍将独立作为最重要的诉求。与此同时，支持苏格兰独立的民众比例并没有下降。民调显示，反对独立与支持独立的比例为56%：44%，② 与2014年独立公投时相差无几。这一方面说明对独立的支持与对苏格兰民族党的支持并不必然"挂钩"，另一方面也说明反对英国中央政府的苏格兰人仍然不在少数。因此，对英国而言，苏格兰将始终是个"问题"。

英国经济形势与展望*

杨成玉**

（一）英国经济形势

在政坛更迭、新任政府上台背景下，英国经济形势不容乐观。当前，英国宏观经济处于复苏尾期，乌克兰危机影响持续下降，通货膨胀基本得到控制，但劳动力市场供给不足依然是困扰英国经济的重要因素之一。同时，英

---

① "General Election 2024: Labour Leads SNP in Scotland by Six Points", YouGov, 29 June 2024, https://yougov.co.uk/politics/articles/49880-general-election-2024-labour-leads-snp-in-scotland-by-six-points.

② "Scottish Independence: 10 Years on", YouGov, 17 September 2024, https://yougov.co.uk/politics/articles/50536-scottish-independence-10-years-on.

* 本报告由国家社会科学基金资助，项目批准号为20VGQ010。

** 杨成玉，经济学博士，中国社会科学院欧洲研究所副研究员，主要研究领域为欧洲经济、中欧经贸关系。

国经济还面临着产业国际竞争力下降、经常账户失衡和财政状况恶化等风险。

1. 宏观经济处于复苏尾期

近年来，新冠疫情、乌克兰危机延宕对英国经济造成较大的负面冲击。同时，在以上连续外部冲击下，英国经济内部存在的结构性问题逐渐显现，宏观经济运行中通货膨胀加剧、劳动力市场供给不足、产业国际竞争力下滑等隐患风险持续显现。因此，与其他发达经济体相比，英国经济呈现较为疲软的增长态势。

从英国经济纵向发展历程看，第二次世界大战结束以来英国经济经历了中高速增长的30年，年均经济增速保持在3%以上；在此期间工业化与基础设施高速发展，奠定了英国跻身发达国家之列的经济基础。随后，如图1所示，英国共经历4次经济衰退。第一次是1973~1983年，受两次石油危机影响，英国难以有效控制通货膨胀，工业品及服务业价格持续上涨，工业产出受重创。第二次是20世纪90年代，受美国互联网泡沫影响，英国金融业受冲击，资产价格波动剧烈，经济大幅衰退。此外，自20世纪90年代起，欧洲各国为响应欧洲一体化，产业纷纷渐进式融入单一市场。英国交通运

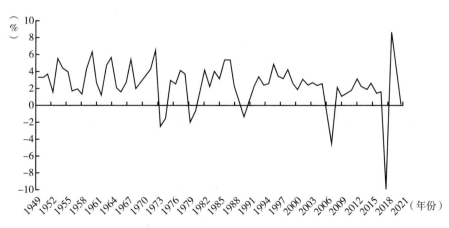

图1　1949~2023年英国经济增速

资料来源：英国国家统计局，"GDP Data Tables"，https://www.ons.gov.uk/economy/grossdomesticproductgdp/timeseries/ihyq/pn2。

输、制造业和物流等原本国际竞争力不足的产业对外开放，对部分相关领域造成较大冲击，是造成经济衰退的因素之一。第三次是美国次贷危机以及欧洲主权债务危机时期，英国经济因国际金融危机遭受重创，从 2009 年开始出现衰退，2012 年企稳复苏。第四次是 2020 年起的新冠疫情，2020 年英国经济增长出现 70 年以来的最大跌幅，但 2021 年英国经济实现 GDP 增长 8.7%，创下 74 年来最大涨幅。其实，英国经济在 2022 年便恢复到了疫情前的水平。2022 年英国 GDP 达 2.27 万亿英镑，已超过疫情前 2019 年 2.23 万亿英镑的水平。

但从 2023 年以来，英国经济增长势头明显放缓。如图 2 所示，自 2023 年第一季度，英国经济增速不及预期。2023 年第一季度至第四季度英国经济环比增速依次为 0.2%、0%、-0.1%、-0.3%，成为七国集团中与德国一道出现经济衰退的国家。① 2024 年英国经济略有回暖，第一季度和第二季度环比经济增速均为 0.6%（同比增速为 0.3% 和 0.9%），普遍高于预期。结合图 1 和图 2 整体分析，当前英国经济处于复苏的尾期，经济增速回归以往零增长区间的"常态"，且波动明显减少。同时，从四轮经济衰退持续时间看，英国经济衰退及复苏呈现周期不断缩短的特点。第一轮的通货膨胀危机周期最长，大致持续 10 年，第二轮周期约 8 年，第三轮约 4 年，本轮周期约 3 年。

2. 乌克兰危机对英国经济的影响持续下降

虽然与德国等欧盟成员国相比，英国与俄罗斯之间的经贸联系较少，乌克兰危机主要是以间接方式对英国经济体系构成风险，能源和商品价格上涨、全球供应链中断恐将继续对英国经济正常运行造成持续干扰，② 但乌克兰危机带来的次生影响还是对英国经济构成一定程度的冲击，首先反映在通

---

① "UK Economy Makes Stronger Recovery from Pandemic than Previously Estimated", *Financial Times*, 29 September 2023, https://www.ft.com/content/9de96bf8 - 1ca2 - 4937 - 9ef7 - 44a44d44e0b9.

② "Financial Policy Summary and Record - March 2022", Bank of England, 24 March 2022, https://www.bankofengland.co.uk/financial-policy-summary-and-record/2022/march-2022.

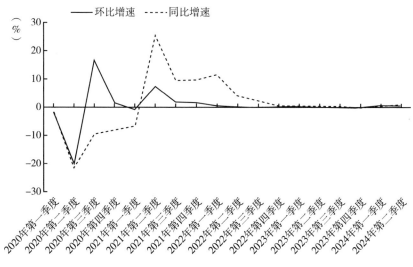

图 2　2020 年第一季度至 2024 年第二季度英国经济增速

资料来源：英国国家统计局，"GDP Data Tables"，https：//www.ons.gov.uk/economy/grossdomesticproductgdp/timeseries/ihyq/pn2。

货膨胀方面。由物价上涨引起的通货膨胀也成为观察乌克兰危机对英国经济影响的重要窗口。

如图 3 所示，20 世纪 80 年代末英国经济出现恶性通货膨胀后，随着经济复苏通胀水平得到了有效控制，基本控制在英国央行长期设定的 2%合理区间范围（仅国际金融危机及欧洲主权债务危机期间出现较大波动）。然而，乌克兰危机导致国际大宗商品价格上涨进一步向英国国内传导，英国能源、农产品、工业中间产品等方面的进口成本暴涨，造成 2022 年第二季度至 2023 年第二季度英国季度通胀率一直在 8%以上。从 2023 年第三季度开始，英国通胀率下降，通货膨胀势头得到有效控制。截至 2024 年第二季度，英国 CPI 增长率降至 2.1%，已接近英国央行设定的 2%理想水平。

截至 2024 年第三季度，从英国通胀结构看，乌克兰危机对英国通货膨胀的影响极为有限。由表 1 所示，乌克兰危机主要通过商品渠道影响英国通胀水平，但结合 2024 年 7 月和 8 月的数据看，商品价格对通胀增长的影响为负（分别为-0.5%和-0.9%），反映出商品价格并未上涨反而下跌的事实。

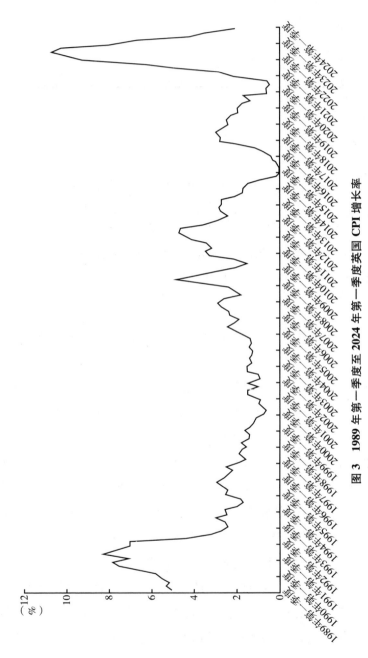

图 3 1989 年第一季度至 2024 年第一季度英国 CPI 增长率

资料来源：英国国家统计局，"Consumer Price Inflation Time Series"，https：//www. ons. gov. uk/economy/inflationandpriceindices/datasets/consumerpriceindices。

此外，商品价格中的食品（不含酒精饮料），服装、鞋，家具和家庭用品等主要成分增长率非常有限（流入，2024 年 8 月分别实现同比增长 1.3%、1.6%和-1.3%）。相对而言，服务业通胀成为英国通胀的主要来源。2024 年 8 月，健康、通信、文化娱乐、教育和餐饮住宿等服务价格均出现 4%以上的涨幅，造成所有服务通胀增速高于核心通胀。因此，目前英国通货膨胀主要源于服务业价格的上涨，受到乌克兰危机实质性影响的食品、能源等价格因素并非通胀的主要来源。

表 1 英国通胀结构组成

单位：%

	同比增长率		环比增长率	
	2024 年 7 月	2024 年 8 月	2023 年 8 月	2024 年 8 月
综合 CPI	3.1	3.1	0.4	0.4
食品(不含酒精饮料)	1.5	1.3	0.3	0.2
酒类、烟草	7.2	5.7	1.5	0.0
服装、鞋	2.0	1.6	1.4	1.0
住房及服务	3.7	3.7	0.4	0.4
其中的业主住房开销	7.0	7.1	0.6	0.6
家具和家庭用品	-1.6	-1.3	0.2	0.6
健康	5.9	5.6	0.7	0.5
交通	0.1	1.2	0.2	1.3
通信	4.5	4.1	0.4	0.0
文化娱乐	3.8	4.1	0.2	0.4
教育	4.5	4.5	0.0	0.0
餐饮住宿	4.9	4.4	-0.1	-0.7
杂项商品和服务	3.4	3.2	0.4	0.3
所有商品	-0.5	-0.9	0.6	0.2
所有服务	5.7	5.9	0.2	0.4
核心通胀(不含食品、能源、酒类和烟草)	4.1	4.3	0.2	0.5

资料来源：英国国家统计局，"Consumer Price Inflation，UK：August 2024"，https：//www.ons. gov. uk/economy/inflationandpriceindices/bulletins/consumerpriceinflation/august2024 #：~：text = The% 20Consumer%20Prices%20Index%20（CPI，rate%20as%20in%20August%202023。

3. 劳动力市场供给不足依然是困扰英国经济的重要因素之一

长期以来，劳动力市场用工紧缺问题是拖累英国劳动生产率提升进而抑制经济增长的重要因素之一。因此，在评估英国经济形势的过程中，跟踪英国劳动力市场的动态变化，能够较好地反映英国经济的深层面发展现状。如图4所示，自2021年以来，英国劳动生产率增长大幅下降，2022年和2023年出现零增长，进一步反映出英国劳动力市场供给与产出两重困境。与此同时，英国平均工资增长迅速。如图5所示，2020年7月以来英国平均工资增长率保持较快上升趋势，特别是在2021年6月创下8.9%的近年来最高值。随后虽保持稳步下降，但英国平均工资相比其他发达国家增速仍保持在最高水平。由此可见，英国劳动力市场缺口依然较大，且平均工资的提高还是未能有效带动市场供给。收入呈现高速增长的背后，是英国政府为响应民众对购买力日趋不满的社会诉求，实施"拆东墙补西墙"财政政策的必然结果。同时，劳动生产率零增长更加暴露出劳动力市场供需失衡的困境。

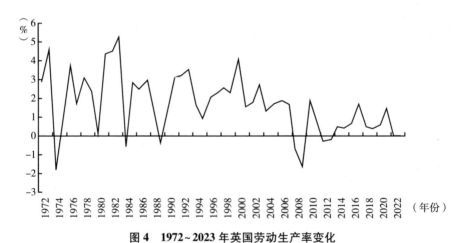

图4　1972~2023年英国劳动生产率变化

资料来源：英国国家统计局，"UK Whole Economy：Output Per Hour Worked % Change Per Annum SA"，https：//www.ons.gov.uk/employmentandlabourmarket/peopleinwork/labourproductivity/timeseries/lzvd/prdy。

此外，平均工资持续上涨与服务业通胀高度相关，劳动市场收入将通过扩大社会总需求的传导渠道，进一步刺激服务业物价上涨，存在物价与收入

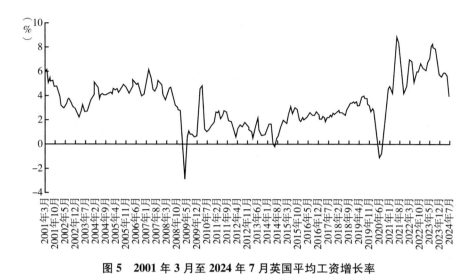

图5 2001年3月至2024年7月英国平均工资增长率

资料来源：英国国家统计局，"Average Weekly Earnings in Great Britain：July 2024"，https：//www. ons. gov. uk/employmentandlabourmarket/peopleinwork/employmentandemployeetypes/bulletins/averageweeklyearningsingreatbritain/september2024。

相互作用的"螺旋式上涨"风险。

4.经常账户失衡，财政状况持续恶化

在新冠疫情期间，英国政府实施刺激性财政政策，导致了财政赤字和公共债务的增长。2022年第二季度英国公共债务占GDP比重超过100%关口，引发国际社会对英国经济可持续性的担忧。受乌克兰危机影响，英国政府为平抑物价上涨，采用大规模财政政策提高居民收入水平。2022年第三季度至2023年第一季度，英国公共债务规模由2.43万亿英镑累计增至2.53万亿英镑；2023年第一季度公共债务占GDP比重达到100.5%，高出欧盟平均水平16.8个百分点，反映出较大的债务压力。苏纳克政府推出系列措施改善财政赤字状况，使债务压力有所缓解。截至2024年第二季度，英国公共债务占GDP比重降至99.4%，勉强低于100%关口。①

① Office for National Statistics, "Public Sector Finances, UK Statistical Bulletins", https：//www. ons. gov. uk/economy/governmentpublicsectorandtaxes/publicsectorfinance/bulletins/publicsectorfinances/previousreleases.

与此同时，英国经常账户持续失衡，暴露出英国公共债务短期内难以得到有效控制的风险。经常账户是一国国际收支的主要组成部分，反映包括商品贸易、服务贸易在内的资金往来。如图6所示，20世纪80年代以来，英国经常账户持续处于逆差状态，且在2015年之前呈现逆差持续扩大态势。脱欧公投以来历任英国政府通过促进出口方式改善收支平衡，但未能有效扭转英国产业国际竞争力日趋下降的颓势，2021年以来英国经常账户逆差进一步扩大。经常账户长期逆差客观反映出英国财政收支失衡困境，这也是英国公共债务长期处于高位的直接原因。

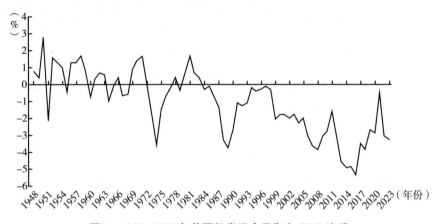

图6　1948~2023年英国经常账户平衡占GDP比重

资料来源：英国国家统计局，"BoP：Current Account Balance as Per Cent of GDP"，https：//www. ons. gov. uk/economy/nationalaccounts/balanceofpayments/timeseries/aa6h/pb。

（二）英国经济前景展望

结合近一年来英国经济形势看，苏纳克执政时期长期阻碍英国经济发展的症结并未解决，甚至在劳动力市场、产业竞争力等方面更显颓势。2024年7月，中左政党工党以压倒性优势赢得大选，其党首斯塔默担任首相，结束了中右政党保守党长达14年的执政周期，也开启了英国经济发展的新周期。

就目前英国经济形势看，面对保守党政府留下的"烂摊子"，拉动经济增长是工党政府的首要任务，但困难重重。首先，脱欧对英国经济的负面影响持续显现，尤其造成出口贸易持续下滑。虽然根据英欧协议，双方商品贸易将继续享受零关税、零配额的待遇，避免了大规模贸易成本增加，然而英欧之间围绕货物贸易重新设立边境海关、检查检疫，贸易成本还是实质性增加。

其次，在服务贸易方面，英国服务贸易出口下降主要表现在英欧金融互认领域。在单一市场中，欧盟成员国互认金融牌照，英国金融机构能够在欧盟成员国顺畅经营金融业务。然而，脱欧后英欧之间商品贸易继续享受零关税、零配额的待遇并未体现在服务贸易领域，也就意味着英国金融机构若继续在欧盟成员国从事保险、银行、基金、信托等业务，则必须得到所在国的相关金融从业牌照，且需按照"一事一议"原则，因而阻碍了英国具有比较优势的金融业在欧从业，不利于其国际竞争力的体现。

最后，劳动力市场供给不足、经常账户失衡、财政状况持续恶化等长期结构性问题构成工党政府发展经济的重要障碍。斯塔默政府提出"安全经济学"理念，实施严格的公共支出政策、激励企业投资、拨款帮扶就业、推进住房建设。然而斯塔默政府可用于政策落地的资源十分有限，政府债务持续高企，扩大政府支出或削减企业税难以实现。工党在竞选中承诺改革国家医疗服务体系，但英国社会保障体系的失调、不公平、碎片化以及经费不足等根源性问题依然存在。推动住房等基础设施建设被民众寄予厚望，但公共住房数量的增加离不开公共财政的大量投入，势必进一步给斯塔默政府造成财政压力。高等教育经费短缺导致工党政府继续面临提高学费还是政府拨款的困境。作为中左政党，斯塔默政府是否能够增加政府开支、提高福利水平以缓解贫困，是其在政党理念和经济现实之间面临的又一难题。

整体看，斯塔默政府经济变革方向明确，但效果潜力极为有限。从具体政策实施层面看，斯塔默政府能够调动的政策空间十分有限。一是货币政策回旋空间有限。为应对乌克兰危机导致的经济衰退及通胀率飙升，英国央行从2021年12月以来连续加息，将基准利率推高至5.25%，创下近16年来新高。2024年8月，英国央行开启降息周期（基准利率下调至5%），但9

月 19 日议息会议以"循序渐进"为由暂停降息。事实上，较高的利率水平影响了斯塔默政府通过货币政策调整经济政策的能力，受美联储、欧央行降息影响，英国央行唯有紧盯通胀率调整降息节奏。二是斯塔默政府增加公共投资引导新兴产业的政策受到债务问题限制。斯塔默政府因产业国际竞争力持续下降，瞄准新兴产业发展，主张增加公共投资。[①] 但英国公共债务已经不能维系较大财政支出，也与大选期间做出未来不会大规模增加公共支出的承诺相悖。与此同时，自脱欧以来英国已连续多年处于对外直接投资净流出状态，调动私人资本"投资英国"面临较大不确定性。三是斯塔默政府在国有化问题上与传统左派政府保持较大一致性，主张通过国有化的"新工业战略"对能源领域实施国有化，以应对绿色转型乏力。但斯塔默政府国有化主张在提议之初便遭到来自保守党的反对，其执行效果有待进一步观察。

2024 年 8 月英国政府经济预测报告显示出英国通胀率有进一步上升风险，也无法排除经济陷入衰退周期的可能。[②] 与此同时，国际货币基金组织（IMF）2024 年 7 月发布的世界经济展望报告预测 2024 年英国经济增速为0.7%，成为继德国之后经济增速最慢的发达国家，远低于 1.7% 的发达国家平均增速预期。[③] 未来，斯塔默政府在民生投入、工会压力、地方政府治理等内政方面也面临挑战。斯塔默政府亟须解决英国最大供水公司面临倒闭、英国公共行业要求上涨薪资、监狱人员过载、大学预算削减及裁员、国家医疗服务体系承载力严重不足，以及地方政府的严重赤字和破产风险等问题。这些问题长期阻碍英国经济发展，治理上牵一发而动全身，在英国国际竞争力日益下降、公共债务堆积、劳动力市场乏力的背景下更显得难上加难。

---

① PWC, "UK Economic Outlook", July 2024, https：//www.pwc.co.uk/economic - services/ ukeo/documents/ukeo-july-2024.pdf, pp.6-13.

② HM Treasury, "Forecasts for the UK Economy：A Comparison of Independent Forecasts", 18 September 2024, https：//assets.publishing.service.gov.uk/media/66e997517f20ecc7ec3aa2ff/ Forecasts_for_the_UK_economy_September_2024.pdf.

③ IMF, "World Economic Outlook：The Global Economy in a Sticky Spot", July 2024, https：// www.imf.org/-/media/Files/Publications/WEO/2024/Update/July/English/text.ashx.

英国外交：困境与调整

曲 兵 *

2023年下半年以后，俄乌冲突延宕，巴以冲突再起，大国博弈加剧，英国面临严峻复杂的国际环境。苏纳克政府和斯塔默政府勉力应对各类挑战，但由于自身实力下降，英国已经做不到长袖善舞，常常要面临各种权衡和选择，而选择又会带来新的问题。

（一）应对两场冲突

乌克兰和中东地区的两场冲突令英国领导人产生了强烈的危机感，时任外交大臣戴维·卡梅伦（David Cameron）称"全球仪表盘上的红灯狂闪",[1] 时任首相里希·苏纳克则认为当前的世界比冷战以来的任何时候都"更加动荡和危险"。[2] 两场冲突对英国冲击巨大，英国既被动应对，也试图化被动为主动。

1. 俄乌冲突

英国战略界认为2022年爆发的乌克兰危机冲击了欧洲大陆的稳定，破坏了基于规则的国际秩序，苏纳克政府更是将应对"俄罗斯对欧洲安全构成的威胁"作为英国最紧迫的国家安全和外交政策优先事项。保守党政府的策略是全力援助乌克兰。2024年1月，英国与乌克兰签署《安全合作协议》，英国成为西方大国中第一个与乌克兰签署长期安全协议的国家。5月，时任外交大臣卡梅伦访问基辅，两国致力于建立"百年伙伴

---

* 曲兵，博士，中国现代国际关系研究院欧洲研究所研究员，主要研究领域为英国政治和外交。

[1] James Gregory and Adam Durbin, "UK will Back Words with Actions Against Houthis in Yemen-Cameron", BBC, 14 January 2024, https://www.bbc.com/news/uk-67972796.

[2] Beth Rigby, "World More Volatile and Dangerous Than at Any Time Since Cold War, Rishi Sunak Warns on Trip to Europe", Sky News, 23 April 2024, https://news.sky.com/story/world-more-volatile-and-dangerous-than-at-any-time-since-cold-war-rishi-sunak-warns-on-trip-to-europe-13121384.

关系"。① 在援助乌克兰方面，英国牵头领导了"无人机能力联盟"，② 还要求欧盟将冻结的俄罗斯资产用于帮助乌克兰重建。

工党政府上台后"萧规曹随"，继续承诺为乌克兰提供坚定的军事、财政、外交和政治支持。2024 年 7 月，基尔·斯塔默首相上任后接待的第一位外国领导人便是乌克兰总统泽连斯基。在两人首次正式会晤中，斯塔默承诺英国每年为乌克兰提供价值 30 亿英镑的军事援助。2024 年底，两国达成了带有同盟性质的英乌关系"百年协议"。

英国是援乌抗俄的"急先锋"，其许多做法在西方国家中起到"示范"作用。但英国政府也要做出很多权衡：是否允许乌克兰使用英国制造的"风暴阴影"导弹攻击俄罗斯境内目标？如果持续援乌导致战场外溢、战事升级，英国该如何收场？美国新政府在援乌立场上后退，英国能在西方承担起"保卫乌克兰"的重任吗？

2. 巴以冲突

以色列是英国的重要盟友，以 2023 年签署的《2030 年路线图》为标志，两国在各个领域建立了广泛的合作。2023 年 10 月巴以冲突爆发后，英国政府明确支持以色列行使自卫权。随着加沙地区平民伤亡人数的增加和人道主义危机的加深，保守党政府开始敦促以色列允许更多人道主义援助进入加沙，警告称英国对以色列的支持"不是无条件的"，并提出英国可能单方面承认巴勒斯坦国。卡梅伦担任外交大臣期间得到的法律建议称"以色列违反了国际人道主义法"，但他决定不暂停英国对以色列的武器出口。③ 保

① The UK Government, "Foreign Secretary Visits Ukraine after UK's Multi-year Commitment to Deliver £ 3 Billion of Military Support", 2 May 2024, https: //www. gov. uk/government/news/foreign – secretary－visits－ukraine－after－uks－multi－year－commitment－to－deliver－3－billion－of－military－support.

② The UK Government, "UK to Supply Thousands of Drones as Co-Leader of Major International Capability Coalition for Ukraine", 15 February 2024, https: //www. gov. uk/government/news/uk－to－supply－thousands－of－drones－as－co－leader－of－major－international－capability－coalition－for－ukraine.

③ Lucy Fisher, "David Cameron Decided Not to Suspend Arms Exports to Israel Despite Advice on Humanitarian Breaches", *Financial Times*, 5 September 2024, https: //www. ft. com/content/45589e78-cccb-4947-a64b-bb2f15d479c6.

守党政府还质疑国际刑事法院对以色列公民的管辖权，试图保护以色列总理本杰明·内塔尼亚胡（Benjamin Netanyahu）免受起诉。

工党领袖斯塔默最初拒绝呼吁立即停火，甚至暗示以色列"有权切断加沙的水源"。但随着英国国内和工党内部的压力不断增大，斯塔默开始缓和对以色列的支持态度。斯塔默担任首相后开始调整英国对巴以冲突的政策，包括恢复对联合国近东巴勒斯坦难民救济和工程处的资助，并表示英国不会干预国际刑事法院对内塔尼亚胡发出逮捕令的决定。外交大臣戴维·拉米上任之初就启动了评估以色列是否遵守国际人道主义法的审查。2024年9月2日，拉米在议会下议院表示，英国向以色列出口的某些武器存在"被用于实施或协助实施严重违反国际人道主义法的行为"的风险，宣布英国政府暂停向以色列出口部分武器。英国是巴以冲突以来第一个部分暂停向以色列出售武器的西方大国。

总体看，工党政府在巴以冲突中采取一种"平衡"立场：既满足支持巴勒斯坦的工党议员和英国选民的诉求，对以色列施加一定压力，又尽量不冒犯亲密盟友以色列。拉米强调，不会评判以色列军队是否违反了国际人道主义法，称暂停出口部分武器是"准法律"决定而非政治决定，工党政府将继续支持以色列根据国际法享有自卫权。[1]

长期以来，巴以冲突引发了英国社会的巨大争议。保守党和工党高层多持亲以色列立场，但很多选民（特别是穆斯林群体）支持巴勒斯坦。在2024年7月的大选期间，工党在莱斯特南（Leicester South）等几个选区原先预计赢得的席位被支持巴勒斯坦的独立候选人夺取。巴以冲突还产生外溢效应，如支持巴勒斯坦的胡塞武装对途经红海的货船发动袭击，影响英国的供应链安全。英国政府在巴以冲突问题上如何拿捏立场，非常微妙，进退两难。

---

[1] Steven Swinford, Chris Smyth and Aubrey Allegretti, "Keir Starmer Emboldening Hamas with 'Shameful' Arms Decision, says Netanyahu", *The Times*, 3 September 2024, https://www.thetimes.com/uk/politics/article/israel-arms-deal-british-weapons-wsjlnpcf2; Lucy Fisher, Andrew England and James Shotter, "UK to Halt Exports of Some Arms to Israel Citing Possible Law Breaches", *Financial Time*, 3 September 2024, https://www.ft.com/content/bac169fb-4d28-4729-85e8-a13a197b0368.

（二）难以理顺的大国关系

英国缺乏成为地缘竞争正式参与者的实力，但也不愿成为大国博弈的"棋子"。如何处理好与欧盟、美国、俄罗斯和中国的关系仍是摆在英国领导人面前的难解之题。在几对关键的国际关系中，英国与俄罗斯的关系保持"冰冻"状态，而与欧盟、美国和中国的关系都在调整过程中。

1.对欧关系：新机遇，旧障碍

苏纳克首相任内，英欧关系出现缓和迹象，比如双方通过温莎框架协议解决了在《北爱尔兰议定书》方面的重大争端。英国还与欧盟在军援乌克兰以及制裁俄罗斯问题上密切协调。但保守党内部有强大的疑欧势力，一些人不满苏纳克与欧盟缓和关系，提出英国退出《欧洲人权公约》等激进主张。

工党在野时提出要"重置"（reset）英国与欧盟的关系，执政后致力于进一步改善英欧关系，这突出表现在两个方面。一是深化安全与防务合作。工党力争与欧盟及德国等成员国签署涵盖外交、防务、气候和经济安全等领域的全方位安全协议。二是减少因脱欧而产生的贸易壁垒。工党政府希望与欧盟达成减少边境检查的"兽医协议"和专业资格互认协议，并试图利用审查英欧贸易与合作协议的机会做出一些有利自身的修改。

对于工党政府的善意言辞，欧盟给予积极回应，但欧盟的核心信息很明确，即工党在实质性问题上不会得到与保守党不同的待遇。这是因为工党想要的东西与其前任相同——英国不会恢复（英欧之间的）人员自由流动，不会加入欧洲单一市场和关税同盟。[①] 在工党设置的这些"红线"范围内，英欧关系改善的余地很小。比如，"兽医协议"可能要求英国在遵守现行和未来欧盟法规以及承认欧洲法院的作用方面做出艰难抉择。英国有意进入欧盟日益增长的防务采购市场，但主张欧盟购买"欧洲货"的法国对此十分

---

① Peter Foster，"Renegotiating the UK's Brexit Deal will Take More Than Warm Words"，*Financial Times*，6 September 2024，https：//www.ft.com/content/2600413e－ac39－4743－853f－37baae58f1e1.

警惕。

预计英国与欧盟成员国可以较快达成安全协议，但双方改善贸易关系的空间相当有限。贸易协议的修改由欧盟委员会主导，英国在脱欧谈判过程中已经认识到使欧盟委员会妥协的难度。在未来的谈判中，欧盟很可能将更充分进入英国渔场等作为妥协的交换条件。

2. 对美关系：勉力维系，面临考验

英国脱欧后寻求与美国建立更紧密的关系。脱欧派的"赌注"在于通过与美国达成双边贸易协议，能够弥补英国失去欧盟市场带来的损失。实际上，英国不仅未能与美国达成这样的协议，而且特朗普政府和拜登政府都采取了保护主义政策。事实上，无论谁当选美国总统，英国政府都要与一个奉行更加孤立主义和保护主义政策的美国打交道。

英国的对美策略有三。一是追随。2023年12月，当美国召集打击胡塞武装的志愿联盟时，英国第一个站出来响应，派出军舰参与美国领导的"繁荣卫士行动"。2024年1月，美国和英国军队对也门胡塞控制区目标发动打击，英国是唯一派遣武装部队参加美国领导的空袭行动的欧洲国家。

二是游说。2024年4月，时任外交大臣卡梅伦前往华盛顿，试图游说美国国会放行对乌克兰600亿美元军事援助计划。然而，英国推动美国继续投资欧洲安全、援助乌克兰的能力有限，卡梅伦甚至无法与众议院议长迈克·约翰逊（Mike Johnson）会谈。他设法与美国总统候选人特朗普会面，试图让后者相信"帮助乌克兰符合美国利益"。

三是经营。斯塔默表示："我们与美国的特殊关系不会因总统更替而发生变化。"[1] 拉米在美国民主党中广有人脉，2024年还一直与共和党方面保持接触。特朗普遭未遂刺杀次日，斯塔默致电特朗普表示慰问。斯塔默任首相后与拜登通电话，北约峰会期间与拜登会晤，9月再度访美协调对乌克兰的立场。

① Dan Bloom, "Inside UK Labour's Push for a US Special Relationship — Even with Trump", Politico, 2 June 2024, https://www.politico.eu/article/uk-elections-labour-keir-starmer-relationship-us-elections-donald-trump/.

英美之间的分歧也非常明显。一是对以色列的态度。美国政府要求英国阻止国际刑事法院对内塔尼亚胡发出逮捕令。在禁售武器问题上，英国政府比美国走得更远。曾任特朗普政府国家安全顾问的罗伯特·奥布莱恩（Robert O'Brien）警告称，如果英国对以色列实施武器禁运，"英美之间都有可能出现严重裂痕"。①

二是对华立场。美国对华全面遏制的战略不会发生改变，可能迫使英国对华采取更强硬立场。英国学者凯瑞·布朗（Kerry Brown）指出，美国在贸易、技术和安全等领域对中国的强硬立场已为英国设定了行动参数，如果英国想继续与美国保持良好关系，就必须遵守这些参数。② 在是否对来自中国的电动汽车加征高额关税问题上，英美两国采取了不同的做法，不排除未来美国对英国施加更大压力。

3. 对华关系：从失衡转向审慎

英国政治领导人在如何与中国打交道问题上面临艰难抉择。保守党内的鹰派要求将中国界定为"威胁"，遭到以苏纳克为代表的务实派的变相抵制，后者将中国描述为国际秩序的"划时代挑战""对英国经济安全的最大威胁"。保守党政府对华采取"自我保护、与盟友一致、接触"的"三分法"，工党则承诺"竞争、挑战和合作"，二者区别不大。保守党政府将主要精力投入"自我保护"和与西方盟友围堵中国，这导致中英关系出现诸多问题。

对英国而言，中国到底是经济机遇还是安全威胁，保守党和工党内部有较大分歧，致使两党领袖左右为难。中国是世界第二大经济体，是英国重要贸易伙伴，这意味着避免与中国发生贸易冲突是明智选择。如果英国加入美

---

① Patrick Wintour, "Special Relationship at Risk if UK Bans Arms Sales to Israel, Says Trump Adviser", *The Guardian*, 29 August 2024, https：//www. theguardian. com/politics/article/2024/aug/29/special-relationship-at-risk-if-uk-bans-arms-sales-to-israel-says-trump-adviser.

② Kerry Brown, "How a New Government in Britain Could Deal with China", 30 June 2024, https：//www. thewirechina. com/2024/06/30/how-a-new-government-in-britain-could-deal-with-china/.

国和欧盟对中国电动汽车征收关税的行列，将推迟工党承诺的绿色转型。工党政府商业和贸易大臣乔纳森·雷诺兹（Jonathan Reynolds）表示，他不打算对中国征收新关税。但英国下议院商业委员会主席利亚姆·伯恩（Liam Byrne）呼吁工党政府禁止进口所谓"强迫劳动"生产的产品。他表示，如果工党政府想与美国政府建立更紧密的贸易关系，那么它需要提高劳工和环境标准。[①] 与此同时，美西方盟友也向工党施压，希望英国与盟友保持"团结"。工党较为审慎，提出先全面评估（full audit）中英关系，目前更强调对华保持接触。

（三）工党政府的外交"新意"与现实挑战

在野14年后再度执政，工党政府内外政策以稳定为先。其对外政策与保守党没有根本性差异，所谓不同更多体现在对欧政策以及外交风格上。但工党作为左翼政党，在人权、法治、气候变化、发展援助等领域有不同于保守党的理念和政策主张。国内经济困境也使工党更注重利用外交手段服务经济增长，并大力争取"全球南方"国家的支持。从在野时的主张和执政初期的政策看，工党外交至少在以下三个领域体现出不同于保守党的"新意"。

一是重塑国际声誉。保守党执政后期，试图以国内立法突破与欧盟达成的脱欧协议，威胁要破坏《北爱尔兰议定书》并退出《欧洲人权公约》。斯塔默接受采访时指出："我们必须在国际舞台上重新定位，确保英国再次被视为一个信守诺言、相信国际法、遵守国际标准、受到全球尊重的国家。"[②] 工党表示要以尊重国际人权标准的方式应对外来非法移民，一上台就废除了将移民驱逐到卢旺达的"卢旺达计划"，斯塔默首相也向欧盟领导人承诺

---

① Jim Pickard, Emma Dunkley and Eleanor Olcott, "Shein Faces Greater Political Scrutiny Ahead of Planned London IPO", *Financial Times*, 16 September 2024, https://www.ft.com/content/4d23f0db-9b2b-45f3-a8cf-0f99dddc636d.

② Anne Applebaum, "How Labour Defeated Populism", The Atlantic, 5 July 2024, https://www.theatlantic.com/international/archive/2024/07/uk-elections-2024-labour-party/678892/.

"英国永远不会退出《欧洲人权公约》"。

二是重振绿色外交。英国通过主办第 26 届联合国气候变化大会（COP26）强化了在全球应对气候危机中的"领导者"角色，但苏纳克首相缺席了重要的国际气候会议，在绿色政策上左右摇摆。为游说其他国家更快脱碳，工党政府倡议建立新的"全球清洁能源联盟"（Global Clean Power Alliance），该联盟将促进知识和技术共享，改革国际融资方式，帮助各国向可再生能源系统转型。2024 年 9 月 17 日，拉米在担任外交大臣后的首次外交演讲中表示，"应对气候和自然危机的行动将是英国外交部所有工作的核心"。①

三是重启经济外交。支撑英国国际雄心的将是其经济实力。斯塔默将经济增长作为核心任务，经济外交的分量加重。国防大臣约翰·希利（John Healey）强调"美英澳三边伙伴关系"（AUKUS）可增加就业和促进增长，其中的潜艇项目将为英国额外创造 7000 个工作岗位。② 2024 年 9 月 9 日，外交大臣拉米宣布对"英国外交中的经济能力"进行战略评估，明确提出"确保就业和增长成为我们外交政策的核心"。③ 工党政府继续推动与印度等国的自由贸易协议谈判，并希望早日达成协议。

知易行难，工党必须付诸行动。由于财力紧张，新政府不得不就资源、政治资本和外交重点的分配做出艰难决定。比如，缩短国家医疗服务体系候诊时间是否比向乌克兰提供更多经济援助重要？英国希望在外交领域发挥影响力，"全球清洁能源联盟"只有在资金和外交资源的支持下才会发挥作用。

---

① The UK Government, "The Kew Lecture: Foreign Secretary's Speech on the Climate Crisis", 17 September 2024, https://www.gov.uk/government/speeches/foreign-secretarys-foreign-policy-speech-on-the-climate-crisis.

② The UK Government, "New Defence Secretary Sets out Commitment to AUKUS to Drive Regional British Growth", 16 July 2024, https://www.gov.uk/government/news/new-defence-secretary-sets-out-commitment-to-aukus-to-drive-regional-british-growth.

③ The UK Government, "Foreign Secretary Launches Expert Reviews to Strengthen UK's Global Impact and Expertise", 9 September 2024, https://www.gov.uk/government/news/foreign-secretary-launches-expert-reviews-to-strengthen-uks-global-impact-and-expertise.

在变乱交织的世界中，英国仍然是世界舞台上的重要行为体，但它必须认识到其角色已经发生了变化，无法按照自己的设想重塑世界。[①] 正如英国学者利亚姆·斯坦利（Liam Stanley）所言，"欧洲怀疑论"和"中国怀疑论"触及的是英国政治发展面临的一系列重要问题，而这些问题反映的是英国在"应该成为什么样的国家"问题上的困境：开放还是封闭，经济优先还是安全优先，国际化（cosmopolitan）还是非国际化。如何解决这一困境将从根本上影响未来几十年的英国政治。[②]

中英关系：争议中前行

杨　芳[*]

2023 年 7 月到 2024 年 6 月，是英国保守党 14 年执政的最后阶段，大选之前的英国政治与社会动荡不安，经济触底后步入恢复期，外交上也难有作为。在对华政策上，英国国内虽有不同的声音，但中英关系在各领域仍取得渐进式发展，形成了中英关系在困境中艰难推进的基本态势。

（一）新进展与新特点

本年度中英双向交流有所恢复；双边贸易在总体承压的情况下，总量维持在既有水平；绿色与可持续发展合作的重要性更加突出。

1. 交流互鉴增多

本年度中英双向互动明显增多，在政治、经贸以及人文交流等诸多领域都取得了进展。

---

① Mustafa Al-Soufi, "Refocusing UK Foreign Policy: A Roadmap for Effective Conflict Resolution and Peacebuilding", 19 August 2024, https://www.bond.org.uk/news/2024/08/refocusing-uk-foreign-policy-a-roadmap-for-effective-conflict-resolution-and-peacebuilding/.
② Liam Stanley, "Why Sinoscepticism will Remake British Politics", *The Political Quarterly*, Vol. 95, No. 2, April/June 2024.
* 杨芳，博士，中国现代国际关系研究院欧洲研究所研究员，主要研究领域为英国经济、社会政策、中英关系等。

政府交流层面，2023年8月，英国外交大臣克莱弗利（James Cleverly）访华，这也是2018年以来英国外交大臣首次访华。其间，他与中国国家副主席韩正、外交部部长王毅会晤，加强中英高层交往和战略沟通，积极探索务实合作新增长点。① 9月，中国国务院总理李强在新德里出席二十国集团领导人峰会期间会见英国首相苏纳克。11月1~2日，英国政府在布莱切利园举办了人工智能安全峰会，邀请包括中国在内的25个国家参会，并签署了联合声明，呼吁采取集体行动应对新技术带来的潜在风险。② 同月，英国环境、食品和农村事务大臣特蕾莎·科菲（Thérèse Coffey）访华。2024年2月16日，中共中央政治局委员、外交部部长王毅在出席慕尼黑安全会议期间应约会见英国外交大臣卡梅伦。4月，英国外交部负责印太事务的国务大臣安妮-玛丽·特里维廉（Anne-Marie Trevelyan）访问北京、香港、上海和天津等地，增进中英在全球热点问题、应对气候变化以及人工智能安全和可持续能源投资等领域交流。③

除中英两国政府间交流逐步恢复之外，政商沟通以及政党政治对话也持续推进。2023年10月，中国国家副主席韩正在北京会见英国工党前领袖、前首相布莱尔，推动中英坦诚对话，在广泛领域开展建设性合作，共同应对全球性问题。④ 2024年3月20日，韩正副主席在北京会见英国伦敦金融城市长梅睿孟（Michael Mainelli），共促伦敦金融城积极参与中国高水平开放，带动中英绿色金融和经贸合作取得更多成果。同日，第十二届中英政党对话在北京举行。双方围绕"加强政党沟通对话，推动构建稳定互惠的中英关

① 《韩正会见英国外交发展大臣克莱弗利》，新华网，2023年8月30日，http：//www.news.cn/world/2023-08/30/c_1129836029.htm。
② The UK Government，"The Bletchley Declaration by Countries Attending the AI Safety Summit，1-2 November 2023"，1 November 2023，https：//www.gov.uk/government/publications/ai-safety-summit-2023-the-bletchley-declaration/the-bletchley-declaration-by-countries-attending-the-ai-safety-summit-1-2-november-2023.
③ The UK Government，"Minister Travels to China-Shanghai，Tianjin，Beijing and Hong Kong to Engage on World's Biggest Challenges"，19 April 2024，https：//www.gov.uk/government/news/minister-travels-to-china-and-hong-kong-to-engage-on-worlds-biggest-challenges.
④ 《韩正会见英国工党前领袖、前首相布莱尔》，新华网，2023年10月16日，http：//www.news.cn/world/2023-10/16/c_1129919216.htm。

系"的主题进行建设性交流。①

此外，中英人文交流也在本年度有组织重启。2023 年 9 月，英国文化教育协会、英国研究与创新署和英国大学国际部联合组团访华，这是新冠疫情暴发以来英国首次组织正式的学术团体访华，英国 20 所大学的校长、副校长等参与其中，具有广泛的行业代表性。其间，英国文化教育协会和中国教育国际交流协会联合举办了"2023 年中英高等教育论坛"，40 所中国大学参会。参加此次访问的英国基尔大学全球合作伙伴关系学术主任大卫·劳（David Law）教授指出，此访是在英国许多政客表示担心中英高等教育联系过于紧密的背景下进行的。参访代表认为，英国对华认知滞后，需要加强。中国致力于实现世界体系的多极化，英国的高等教育在中国享有良好的声誉，但英国不能认为这是理所当然的，需要认识到世界还有其他国家在与英国竞争。②

2024 年 3 月，英国卫生部组织了医疗保健教育代表团访问上海、广州、深圳等地，英国伦敦大学学院全球健康商学院院长诺拉·科尔顿（Nora Colton）教授公开撰文称，这是中英分享医疗保健专业人员培养方面的最佳实践。③

2. 双边经贸与投资关系保持韧性

英中贸易协会（CBBC）2024 年 7 月发布的《中国贸易追踪报告》显示，尽管面临经济和政治阻力，2023 年中英贸易关系依然保持韧性。截至 2024 年 7 月，中国是英国第五大进口市场和第六大出口市场，总额分别为 557 亿英镑和 320 亿英镑，在英国的进出口贸易总额中占比分别为 6.3% 和 3.7%。④ 根据

---

① 外联部：《第十二届中英政党对话在北京举行》，2024 年 3 月 20 日，https：//www.idcpc. gov. cn/bzhd/wshd/202403/t20240320_163546. html。

② David Law，"Building Bridges to Beijing?"，HEPI，23 November 2023，https：//www.hepi. ac. uk/2023/11/23/building-bridges-to-beijing/.

③ Nora Colton，"To Overcome Global Health Challenges, Collaboration is Vital"，*South China Morning Post*，5 April 2024，https：//www.scmp.com/opinion/world-opinion/article/3257615/ overcome-global-health-challenges-collaboration-vital.

④ The UK Government，"UK Trade in Numbers"，23 January 2025，https：//www.gov.uk/ government/statistics/uk-trade-in-numbers/uk-trade-in-numbers-web-version.

中国海关总署的数据，2024 年 1~6 月，中英累计进出口贸易总额为 467.73 亿美元，同比增长 0.4%。其中，中国对英国累计出口值为 372.38 亿美元，同比增长 1.4%，中国从英国进口 95.34 亿美元，同比下降 3.1%。①

综合来看，在全球贸易增长乏力的大环境下，接连遭受英国脱欧、疫情、地缘政治冲突以及英国国内供应链政策调整等不确定性因素的冲击之后，本年度中英贸易同比下行，但总体维持在年均千亿美元左右的规模，从货物贸易、服务贸易以及进出口总量等各项数据来看，均较疫情之前的 2018 年有大幅增长（具体见图 7）。而根据英国海关总署的数据，英国对华货物出口为伦敦以外的地区经济创造了 165 亿英镑的财富，特别是带动了中部地区贸易发展势头。东米德兰兹和西米德兰兹对华贸易出口额在一年内达到 67 亿英镑，增速最快，取代伦敦成为英国最大的出口地区。英格兰西南地区和北爱尔兰对华出口亦呈正增长。与此同时，在中国乃至全球吸引外资均面临挑战的时期，英国跨国企业仍在持续加码投资中国，2023 年实际对华投资增长 81.0%。② 英中贸易协会认为，中国仍是很多英国公司全球布局的关键地区和收入来源地。

3. 人文交流成果可观

已发布的跨国教育数据显示，中国是英国开展跨国教育的首选地点。中国教育部正式批准的中英联合教育项目和机构达 260 多个，总招生人数为 7 万余名。英国跨国教育在中国招收的学生数量超过其他任何国家。③ 中国仍是英国最大的国际生源市场，约有 15 万名中国学生在英学习。2024 年 5 月 28 日，英国发布的数据显示，截至 2020/2021 年度的十年内，中国留英学

① 中华人民共和国海关总署：《2024 年 6 月进出口商品主要国别（地区）总值表（美元）》，2024 年 7 月 12 日，http://gdfs.customs.gov.cn/customs/302249/zfxxgk/2799825/302274/302275/5982433/index.html。
② 中华人民共和国商务部：《2023 年全国吸收外资 1.1 万亿元人民币》，2024 年 1 月 19 日，https://m.mofcom.gov.cn/article/xwfb/xwrcxw/202401/20240103467642.shtml。
③ Universities UK, "Another Record-Breaking Year for UK Transnational Education as Number of UK TNE Providers Continues to Grow", 15 May 2024, https://www.universitiesuk.ac.uk/universities-uk-international/events-and-news/uuki-news/another-record-breaking-year-uk。

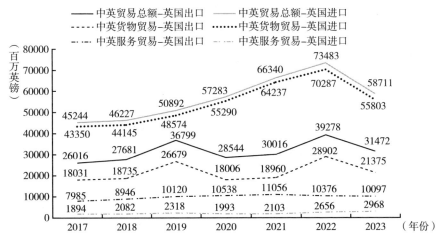

图 7　英国脱欧公投以来的中英双边贸易（2017~2023 年）

资料来源：Office for National Statistics，"UK Total Trade：All Countries，Seasonally Adjusted"，July 2024，https：//www. ons. gov. uk/economy/nationalaccounts/balanceofpayments/datasets/uktotaltradeallc ountriesseasonallyadjusted。

生数量增长了 87%。[1] 与此同时，来中国学习、实习和参与教学项目的英国年轻人多达 6.7 万余名，推动中英之间更广泛的社会、经济和文化联系。[2] 中英科研合作也十分紧密。中英科研创新伙伴基金的资助促进了 100 多所中国大学与 50 多所英国大学之间的联系。从学术出版合作角度看，中英互为第二大科研合作伙伴。而随着中国经济的持续增长与社会发展，中英科研合作涵盖的学科领域也在不断扩大。

4. 绿色合作的互惠性日益突出

在绿色金融领域，自 2015 年以来，中国金融机构在英发行绿色债券和可持续发展债券总额超过 120 亿美元。历任伦敦金融城市长访华时都力推中

---

① Paul Bolton，"Higher Education Student Numbers"，The House of Commons Library，2 January 2024，https：//researchbriefings. files. parliament. uk/documents/CBP － 7857/CBP － 7857. pdf，p. 34.

② David Law，"Building Bridges to Beijing？"，HEPI，23 November 2023，https：//www. hepi. ac. uk/2023/11/23/building-bridges-to-beijing/.

英绿色金融合作。2023 年 9 月,中国银行伦敦分行成功发行 3 年期 6 亿美元绿色债券,首次将发行所得全部用于资助英国、法国和荷兰的新建或现有绿色项目,项目类别涵盖可再生能源、清洁交通等。在英国对外贸易政策领域,2024 年 5 月,英国贸易救济局(TRA)建议撤销针对中国电动自行车的反倾销和反补贴措施。TRA 认为,继续实施这些措施不符合英国的经济利益。撤销这些措施则可能每年为英国经济带来 5100 万英镑的收益。在新能源与科技合作领域,英国新能源汽车产销量居世界第一,全球一半以上的电动汽车在英国道路上行驶,这为中英加强合作带来巨大机遇。2024 年 6 月,比亚迪伦敦金丝雀码头专卖店开幕,"比亚迪的电动大巴已成为英国民众绿色出行的重要组成部分"。① 2024 年 2 月,苏格兰海上风能委员会(SOWEC)更新的战略投资模式(SIM)项目计划中,包括中国明阳智慧能源集团有限公司(简称"明阳智能")的风力涡轮机 OEM 工厂在内的 10 个工程被列入优先项目。② "明阳智能"计划在苏格兰建立其在欧洲的首个风力发电机制造基地,苏格兰地方政府则拟通过这些项目加速在苏格兰北海地区开发大型风电场所需的供应链,助力苏格兰实现在向净零排放过渡的过程中优先使用可再生能源的战略目标。③

(二)争议与保守党政府的负面遗产

本年度是保守党 14 年执政的终章,苏纳克政府弱势尽显,越来越难以应对广泛的政治、经济与社会危机,对外政策十分乏力,把握中英关系的平衡也更加困难。英国国内的对华强硬派则一再施压,不断要求英国政府采取

① China Chamber of Commerce in the UK, " China's EV Company Accelerates Expansion into Europe", June 2024, https: //excelw1. sg-host. com/member/chinas-ev-company-accelerates-expansion-into-europe/.

② Offshore Wind Scotland, "Full Clarity and Route Forward for All Strategic Investment Model (SIM) Projects", 2 April 2024, https: //www. offshorewindscotland. org. uk/news/2024/april/02/full-sim-stage-2-list-published/.

③ Jeremy Grant, "China's Role in Scotland's Offshore Wind Supply Chain Poses a Dilemma-Jeremy Grant", *The Scotsman*, 18 May 2024, https: //www. scotsman. com/business/chinas-role-in-scotlands-offshore-wind-supply-chain-poses-a-dilemma-jeremy-grant-4632338.

更加强硬的对华立场，英国议会、情报与安全部门以及"疑华"智库仍然是涉华争议话题的主要发起者和强力引导者。

英国议会方面，2023 年 7 月，英国议会下院情报与安全委员会发布长达 222 页的报告——《中国》，大肆炒作所谓"中国已成功渗透到英国经济的各个领域"，批评英国政府各部门应对这一"威胁"的速度太慢。[①] 8 月，英国议会下院外交委员会发布了题为《倾斜的视野：综合评估和印度-太平洋》的报告，批评政府未能明晰外交政策以及对华的跨政府立场。[②] 10 月，英国议会上院发布研究报告《英国：中国带来的长期挑战》，强调中英关系面临诸多挑战，认为当前双边关系紧张的根源主要来自双方在地缘政治、人权、网络安全等问题上的分歧。[③] 一贯主张对华强硬的反华议员伊恩·邓肯-史密斯（Iain Duncan Smith）等则一再呼吁"强化对华政策"。[④] 正如伦敦国王学院教授凯瑞·布朗（Kerry Brown）所言，这类报告的本质就是，在开始调查之前就已经对问题有了结论。报告一开头就对来自中国的"威胁"给出了总体框架，其讨论的起点决定了结论的终点。[⑤]

本年度英国的情报部门仍然是英国涉华负面舆论的主要推动者。其活动主要聚焦在三个方面：一是呼吁英国应对所谓的"中国挑战"；二是炒作所谓"中国间谍案"；三是与美国等盟友共同渲染"中国威胁"。军情六局负责行动与情报的前主管纳杰尔·英格斯特（Nigel Inkster）就在 2024 年 4 月 27 日的英国《旁观者》杂志撰文呼吁，英国政府将中国作为

① Intelligence and Security Committee of Parliament，"China"，13 July 2023，https：//isc. independent. gov. uk/wp-content/uploads/2023/07/ISC-China. pdf.

② The House of Commons，"Tilting Horizons：The Integrated Review and the Indo-Pacific"，18 July 2023，https：//publications. parliament. uk/pa/cm5803/cmselect/cmfaff/172/summary. html.

③ House of Lords Library，"UK：Long-term Strategic Challenges Posed by China"，3 October 2023，https：//lordslibrary. parliament. uk/uk-long-term-strategic-challenges-posed-by-china/#heading-1.

④ Jess Jones，"Boom in Hikvision UK Sales Sparks Calls for Full Ban on Chinese CCTV Giant"，9 June 2024，https：//www. cityam. com/boom-in-hikvision-uk-sales-sparks-calls-for-full-ban-on-chinese-cctv-giant/.

⑤ Kerry Brown，"The Intelligence and Security Committee Report on China"，20 July 2023，https：//ukandeu. ac. uk/the-intelligence-and-security-committee-report-on-china/.

一个"战略挑战"，在可预见的未来，需要将应对这一挑战作为西方政治思维的固有部分。英国军情六处前负责人亚历克斯·扬格（Alex Younger）爵士则在 2023 年 9 月接受英国广播公司第四台的《今日》节目采访时表示，根据《2023 年国家安全法》，应将中国列为"令人担忧的国家"，有针对性地加以应对。

在英国智库与媒体对中英关系的负面影响方面，某些传统智库、媒体延续了其对中国进行"有罪推定"的抹黑套路。例如，2024 年 1 月，英国《泰晤士报》忽视英国汽车市场需求与结构的"独特性"以及英国交通"脱碳"的战略筹谋与利益，刻意引导所谓"中国企业将对英国电动汽车市场发动价格战"话题。[①] 此外，一些疑华甚至可以说是反华的新生、小型智库趋于活跃，力图成为影响中英关系发展的重要"变量"。美国《政治》（*Politico*）杂志曾撰文指出，工党影子外交大臣拉米在决策如何进行对华政策调整期间，"疑华"智库"中国战略风险研究院"（CSRI）向拉米的团队提供了政策咨询报告。[②] 而该智库致力于渲染所谓"中国风险"，并由来自美国、加拿大以及英国的反华、疑华人士运作，常就香港、台湾等涉华敏感议题积极向工党游说。除了直接向工党提供所谓的政策建议外，该智库还定期刊发系列文章，强化所谓的"中国风险"舆情。[③]

在内外压力之下，执政最后阶段的保守党政府在一定程度上扩大了其对中英关系的负面遗产范围。

其一，对华接触更加强调所谓的"能力"储备。2023 年 9 月，苏纳克政府对议会涉华报告做出的回应称，需要进一步投资能力建设，如进一步投

① Robert Lea, "China Set to Launch a Price War on UK Electric Vehicle", *The Times*, 18 January 2024, https：//www. thetimes. com/business-money/article/china-set-to-launch-a-price-war-on-uk-electric-vehicle-market-cxlfbfr2x? msockid = 1572fa0b82666dd501f2ef6f83256cdd&region = global.

② Graham Lanktree, "What a Labour Government Means for UK-China Relations", *Politico*, 25 June 2025, https：//www. politico. eu/article/labour - government - uk - china - relations - diplomacy-rival-elections-2024-foreign-policy-david-lammy/.

③ Andrew Yeh and Sam Goodman, "Key Questions Facing the Next UK Government on China", 20 June 2024, https：//www. csri. global/research/key-questions-uk-govt-2024.

资普通话和外交相应能力培训等，以更好地应对中国带来的长期挑战。①

其二，对华政策强化了"风险"应对的导向。"欧洲智库中国研究网"（European Think-tank Network on China，"ETNC"）2024 年 6 月发布的报告称，2023 年，"去风险"理念进入了英国对华政策辩论，在实际内涵含糊不清的情况下，从英国政府的对华政策中可以发现，涉及技术、经济与政治等多领域所谓"感知到"的风险促使英国政府做出了更多的政策回应，此类"关注风险"的政策恶化了中英关系，而关于"去风险"的负面影响或对更广泛的英国全球政策目标影响的讨论则十分有限。②

其三，对中英正常经贸及人文交流的规制"安全化"。英国脱欧后步入密集的立法调整期，英国国内和保守党政府内的对华鹰派则抓住机会在对华问题上不断大作文章，以限制中英关系的可持续发展。本年度主要体现在英国《采购法》和《国家安全法》的立法上。例如，2023 年 10 月获批的《采购法》是对英国原来采用的欧盟公共采购规则的重大改写和整合，却被他们作为针对个别中国企业的新工具。

其四，发起单边对华制裁。2024 年 2 月 22 日和 6 月 13 日，英国外交发展部先后宣布涉俄新制裁，其中，被制裁的中国企业共有 8 家。中方对此表示坚决反对。商务部发言人表示，英方的做法是没有国际法依据和联合国授权的单边制裁，是典型的"长臂管辖"行径。英方不顾中方交涉、不顾中英经贸关系良好发展的势头，坚持列单中国企业，对中英经贸关系产生负面影响。③

综上所述，2023 年 7 月以来中英关系取得了一些积极的进展，但与此

---

① The UK Government, "Government Response to the ISC China Report", 14 September 2023, https：//www. gov. uk/government/publications/government-response-to-the-isc-china-report.

② European Think-tank Network on China（ETNC）, "National Perspectives on Europe's De-risking from China：A Report by the European Think-tank Network on China（ETNC）", June 2024, https：//www. ui. se/globalassets/ui. se - eng/publications/other - publications/etnc - 2024 _ national-perspectives-on-europes-de-risking-from-china. pdf, pp. 40-44.

③ 中华人民共和国商务部：《商务部新闻发言人就英制裁中国企业答记者问》，2024 年 6 月 20 日，https：//news. cctv. cn/2024/06/19/ARTImkDP6oAd70OjGR6p4LXQ240619. shtml。

同时，英国国内在对华政策、中英贸易与人文往来等问题上仍存在争议。在保守党执政的最后阶段，对华延续了接触与合作，但亦留下了诸多负面遗产。在争议中前行已经成为这一阶段中英关系发展的主要趋势。但正如大卫·劳教授所言，理性辩论的原则是首先明确事实，英国必须展示对挑战的智慧理解，并以忠于自己以及英国的传统方式运作。① 随着 2024 年 7 月工党赢得大选上台执政，对华政策出现积极变化，中英两国在金融、教育、科技、能源、应对气候变化等多个领域以及国际地区问题上加强对话与合作，中英关系发展取得了新的进展。

---

① David Law, "Building Bridges to Beijing?", HEPI, 23 November 2023, https：//www.hepi. ac. uk/2023/11/23/building-bridges-to-beijing/.

分 报 告

B.2
英国政党政治形势

夏 添*

摘　要： 2024年7月英国大选结束，执政14年的保守党遭遇历史性的惨败黯然下台，留下诸多亟待解决的问题。重新上台的工党依然谨慎，在政策路线方面体现出了对保守党政府的延续性。自由民主党正式复苏，夺回了英国议会第三大党的地位，并尝试在议会中谋求更大的议政空间。带有极右民粹主义色彩的英国改革党崛起，可能对保守党的传统选民群体产生影响，重塑右翼政治格局。苏格兰民族党在大选结束后走向边缘化，推行地区独立的政策路线难以为继，如何找到新的旗舰政策赢回选民的支持与信任，是其避免进一步衰落的关键。

关键词： 保守党　工党　自由民主党　苏格兰民族党　政党政治

---

* 夏添，博士，上海对外经贸大学国际商务外语学院讲师，主要研究领域为英国政治、英欧关系。

在 2024 年 7 月 4 日举行的英国大选中，保守党仅获得 121 个席位，和此前相比减少了 251 个席位，12 位内阁大臣与前首相利兹·特拉斯（Liz Truss）均在自己的选区遭遇败选。保守党最终得票率仅为 23.7%，和 2019 年大选相比减少了 19.9 个百分点，无论是从席位数还是从得票率来看，都堪称保守党近一个世纪以来最糟糕的选举表现。[①] 本次大选终结了保守党长达 14 年的执政期，也彻底暴露了当前的保守党以及英国政府面临的多重困境与挑战。

一　保守党：积重难返 亟待变革

2023 年初，时任首相苏纳克公布了本年度政府施政的五大优先事项，包括推动经济发展，提高居民收入和创造更多工作岗位；削减赤字与国家债务，保障公共服务；控制通货膨胀，解决生活成本危机；缩短国家医疗服务体系（NHS）候诊时间，确保民众更及时地获得所需的医疗服务；颁布新法律阻止偷渡，拘留并迅速驱逐非法移民。[②] 到 2024 年初，上述目标的完成情况不尽如人意，进一步削弱了苏纳克政府的公信力。2023 年，英国国内生产总值（GDP）增长率仅为 0.1%，是 2009 年金融危机以来倒数第二的年度表现，仅高于受到新冠疫情严重冲击的 2020 年。[③] 在减债方面，苏纳克政府同样缺乏有效措施。截至 2023 年第四季度末，英国政府总债务为 27208 亿英镑，相当于 GDP 的 101.3%。与之前相比，2023 年 7 月底，英国

① The UK Parliament, "General Election 2024 Results", 26 July 2024, https://commonslibrary. parliament. uk/research-briefings/cbp-10009/.

② The UK Government, "Prime Minister Outlines His Five Key Priorities for 2023", 4 January 2023, https://www. gov. uk/government/news/prime-minister-outlines-his-five-key-priorities-for-2023.

③ "Annual Growth of Gross Domestic Product in the United Kingdom from 1949 to 2023", Statista, 4 July 2024, https://www. statista. com/statistics/281734/gdp-growth-in-the-united-kingdom-uk/.

政府的债务（不包括英国央行）占 GDP 的 89.6%，2022 年同期的数据为
83.8%。① 医疗的排队问题也并未得到缓解，2023 年 9 月初英格兰 NHS 候诊
名单人数已经上升到 780 万人，创历史新高。②

被苏纳克政府寄予厚望的《非法移民法案》同样收效不佳，该法案自
出台起就遭到社会各界的质疑与批评。法案虽然于 2023 年 7 月正式通过，
但截至 2024 年大选前只有部分临时条款得以落实。英国内政部的数据显示，
2024 年上半年乘坐小船穿越英吉利海峡寻求庇护的总人数达到 12901 人，
创下历史新高。③ 时任影子内政大臣伊薇特·库珀（Yvett Cooper）称："苏
纳克的承诺和政策是彻头彻尾的骗局。保守党政府提供的都是失败的方案，
同时拼命编造工党移民政策的谎言。"④ 甚至有部分保守党议员也开始抨击
"失能"的内政部未能解决"失控"的庇护制度。在一份泄露的录音中，在
布拉克内尔竞选连任的保守党成员詹姆斯·桑德兰（James Sunderland）直
接将苏纳克政府的这一旗舰政策形容为"垃圾"。⑤ 民调机构 Opinium 的政
策与公共事务主管詹姆斯·克劳奇（James Crouch）曾预测，苏纳克政府大
肆炒作移民问题，将减少移民作为旗舰政策很有可能弊大于利，政府无法完

① The UK Government, "UK Government Debt and Deficit: December 2023", 30 April 2024, https://www.ons.gov.uk/economy/governmentpublicsectorandtaxes/publicspending/bulletins/ukgovernmentdebtanddeficitforeurostatmaast/december2023; The UK Parliament, "Public Finances: Key Economic Indicators", 22 August 2023, https://commonslibrary.parliament.uk/research-briefings/sn02812/.
② The UK Parliament, "NHS Key Statistics: England", 16 July 2024, https://commonslibrary.parliament.uk/research-briefings/cbp-7281/.
③ Rajeev Syal, "Record Number of People have Crossed Channel in Small Boats since January", *The Guardian*, 24 June 2024, https://www.theguardian.com/uk-news/article/2024/jun/24/number-of-people-crossing-channel-in-small-boats-hits-new-high.
④ Sophie Wingate, "Sunak Claims Labour would Make UK 'Illegal Migration Capital of the World'", *The Telegraph*, 25 June 2024, https://www.independent.co.uk/news/uk-labour-tories-prime-minister-rwanda-james-cleverly-b2568161.html.
⑤ Rajeev Syal, "Record Number of People have Crossed Channel in Small Boats since January", *The Guardian*, 24 June 2024, https://www.theguardian.com/uk-news/article/2024/jun/24/number-of-people-crossing-channel-in-small-boats-hits-new-high.

全控制且长期未得到解决的问题引起公众的注意无疑将带来风险。① 从各大民调数据与大选结果来看，克劳奇的观点得到了印证。

在控制通货膨胀、应对生活成本危机方面，苏纳克政府取得了一定的成果。截至 2024 年 6 月，英国的通货膨胀率已下降至 2%。然而，通货膨胀率下降只表明价格上涨速度放缓，并不意味着整体物价水平降低，宏观经济状况和家庭具体生活感知之间有明显的差距。从 2024 年 6 月的数据来看，食品与饮料的价格已经从近年来的高点大幅回落，服装和鞋类等生活必需品的价格也有所下降，但酒店、餐饮、美发、旅游度假、电影院以及剧院演出等服务业的消费价格仍然在上涨，这些领域无疑将直接影响民众对自身生活水平的具体感知。② 此外，为了将通货膨胀率迅速降低并且控制在 2%，英国央行将利率一路上调至 5.25%，达到自 2008 年以来的最高水平。高利率虽然遏制了通胀率快速上升，但是也抑制了市场需求，减少了企业的借贷与投资，与苏纳克政府刺激经济增长、创造就业机会的目标是矛盾的。国际货币基金组织在其对全球经济的预测中认为，英国持续的通货膨胀可能意味着利率不得不"在更长时间内维持较高水平"。③

鉴于苏纳克政府平庸的表现，自 2023 年下半年以来，保守党的支持率持续下跌，在各项民调中均落后于工党 15~20 个百分点。④ 由于英国鲜少在夏季举行大选，保守党在民调中大幅落后，有诸多媒体猜测 2024 年英国大选的时间会定在秋季。5 月 22 日，苏纳克突然宣布新一届大选将于 7 月 4 日举行，仅留下一个多月的准备期。苏纳克在民调数据大幅落后的情况下宣

---

① Toby Helm, "Government's 'Small Boats Week' Backfires as Labour Lead on Immigration Rises", *The Guardian*, 19 August 2023, https://www.theguardian.com/world/2023/aug/19/governments-small-boats-week-backfires-as-labour-lead-on-immigration-rises.

② The UK Government, "Consumer Price Inflation, UK: June 2024", 17 July 2024, https://www.ons.gov.uk/economy/inflationandpriceindices/bulletins/consumerpriceinflation/june2024.

③ "UK Inflation Rate: How Quickly Are Prices Rising?", BBC, 18 July 2024, https://www.bbc.com/news/business-12196322.

④ "Voting Intentions in a General Election in the United Kingdom from 6 July 2017 to July 3, 2024", Statista, 5 July 2024, https://www.statista.com/statistics/985764/voting-intention-in-the-uk/.

布启动大选可能并不明智，但是从现实角度考虑，保守党能够利用时间来逆转当下处境的可能性已经非常有限。自 2024 年初以来，保守党的民调结果与对手相比没有显示出任何差距缩小的迹象，苏纳克个人的支持率也在不断下降。苏纳克团队的核心顾问在接受 CNN 匿名采访时表示："首相上任时面临着一系列重大挑战，如通货膨胀、增长停滞、非法移民。他将处理这些问题视为首要任务，也取得了进展。国际货币基金组织上调了我们的增长预测，我们看到通货膨胀回到正常水平，移民数量由于我们的改革而下降……所以我们有底气说，事情正朝着正确的方向发展。现在是最好的时机。"① 上述观点虽然带有明显的官方宣传话语色彩，但也从侧面反映出在其不到两年的首相生涯里，苏纳克能够支配的政治资源与筹码极其有限，只能围绕控制通货膨胀和驱逐非法移民来塑造保守党的正面形象，即使在这两个方面苏纳克政府的表现同样难以服众。

仓促启动大选引发了一系列连锁反应，根据媒体的后续报道，许多保守党高层人士对苏纳克 7 月大选的决策并不知情。在内阁中，只有苏纳克信任的盟友、副总理奥利弗·道登（Oliver Dowden）参与了决策。其他知情人士仅包括苏纳克的幕僚长、竞选经理、政治秘书、通讯主任以及财政大臣杰里米·亨特（Jeremy Hunt）。保守党竞选工作人员认为，尽管决定选举日期的权力在首相手中，但是为了避免选举日期泄漏，保守党很难为选战真正做好准备，"（保守党）为过于执着于保密而付出了代价"。② 苏纳克首相的这种内部密室决策模式在特雷莎·梅和鲍里斯·约翰逊担任首相期间就已经很常见，它反映了保守党内部的分裂现实与派系政治。对保密过于偏执，也往往容易被媒体和公众渲染上阴谋论的色彩，损害了保守党的公众形象，增加了行政成本。现实证明，苏纳克突然决定七月大选让诸多保守党基层活动人士

---

① Luke McGee, "Why UK Prime Minister Rishi Sunak Called an Election He's Expected to Lose", CNN, 24 May 2024, https：//www.cnn.com/2024/05/24/uk/prime－minister－rishi－sunak－election-intl/index. html.

② Emilio Casalicchio, "How the Tory Election Campaign Melted Down in 6 Disastrous Weeks", Politico, 5 July 2024, https：//www. politico. eu/article/tory-election-campaign-timeline-rishi-sunak-conservative-party-uk-election/.

猝不及防，不少基层党员表达了疑惑与愤怒。就在苏纳克宣布大选时间的24小时以前，各地区的保守党主席举行了相关会议，讨论为10月或11月可能到来的大选要做的准备工作。在苏纳克宣布大选的时间后，仍有100多个席位没有保守党候选人，也没有准备好竞选的相关基础设施。由于时间仓促，候选人被告知要在当周周末迅速上网提交竞选材料，网络平台也因此崩溃。选战宣传中，保守党主席理查德·霍尔顿（Richard Holden）的数百份竞选传单被送到了错误的选区，而这样的失误不止一起。① 由此可见，保守党这种小团体保密决策模式最终造成了自身运作的混乱与低效。

2024年6月11日，保守党发布竞选宣言，宣言围绕住房、税收、治安、防务、移民、气候等问题阐述了施政计划和方案。② 在住房问题上，保守党提出将在未来5年内建造160万套住房，降低首次购房的贷款利率，提高首次购房者的印花税起征点。在税收方面，保守党希望拉拢英国的个体经营者，提出将取消对他们的盈利额所征收的国民保险税。当前英国约有400万名个体经营者，如果该政策得以落实，政府每年将减少约26亿英镑的税收收入。在社会治安方面，保守党提出加重恶性犯罪的量刑处罚，增盖新的监狱，增设8000名社区警察。在移民问题上，继续落实《非法移民法案》，打击小船偷渡问题，强调了将部分非法移民送往卢旺达的计划，承诺"从今年7月开始，每个月都将有定期航班将移民送往卢旺达"。宣言提出对移民数量设置法律上限，由议会来确定每年发放的工作签证和家庭签证的数量。在防务问题上，保守党表示将增加防务开支，承诺到2030年将GDP的2.5%用于国防支出。当前北约的要求是2%。该主张是为了与工党形成对比，工党此前表态只有在经济允许的情况下才有望实现2.5%的目标。苏纳克试图向选民暗示，支持工党是有风险的，只有保守党才能保证英国的国家

---

① Jessica Parker, "Tory Chairman's Leaflets Sent to Wrong Constituency", BBC, 25 June 2024, https://www.bbc.com/news/articles/cllle746l8o.

② The Conservative Party, "The Conservative and Unionist Party Manifesto 2024", June 2024, https://public.conservatives.com/static/documents/GE2024/Conservative-Manifesto-GE2024.pdf.

安全。在气候问题上，保守党显得较为谨慎，宣言表示将努力实现到2050年净零排放的目标，加快可再生能源的推广，但不征收新的绿色环保类税费，并承诺任何有关气候的重大决定都将在议会进行投票。在医疗服务与社会保障方面，宣言重申了过去5年制定的政策与目标，包括增加12万名医护人员，新建医院，并提出为英格兰的老年人或残疾人提供更多社会护理费用，费用上限高达8.6万英镑。

从总体上看，保守党的竞选宣言提出了一份涵盖面较广、承诺较为慷慨的施政纲领，但其中也存在不少疑点与问题。比如英国之前就有为首次购房者提供低息净值贷款的政策，公众普遍认为该类政策进一步抬高了房价，最终受益的是地产开发商而不是购房者。有媒体指出保守党曾在2021年就承诺在2025年以前将监狱扩容2万人次，迄今为止并未实现，仅增加了6000个新的监狱名额。在扩充警察队伍的问题上，雇用更多警察不代表能够留住更多警察。伦敦大都会警察联合会在2024年4月表示，近1/3的警察因工资低、待遇不佳、工作环境恶化打算离职。[1] 在非法移民的问题上，英国与卢旺达目前的协议只包括转移300名移民，该数字甚至不到2024年6月通过小船入境英国的人数的一半。英国国家审计局表示，除了英国已经向卢旺达支付的2.2亿英镑外，政府还同意在未来3年额外支付1.5亿英镑。一旦首批300名移民得到重新安置，政府将支付新的安置费用，如果将机票等其他费用考虑在内，这项政策将超过6亿英镑。[2] 在英国已经脱欧的背景下，严控移民数量的上限不利于高技能人才流入英国，也可能导致服务业等行业因缺乏劳动力出现物价进一步抬升。此外，对个体户的减税承诺和针对老年人、残疾人的慷慨社保政策引发了老生常谈的问题，即如何在经济增长乏力的情况下既减轻税收压力，又保障社会福利水平。不少媒体和选民认为，这

---

① "Conservative Manifesto: 12 Key Policies Analysed", BBC, 12 June 2024, https://www.bbc.com/news/articles/crgglmwwlggo.

② Andrew Macaskill, "UK's Rwanda Plan for Asylum Seekers could Cost More Than 600 Million Pounds", Reuters, 1 March 2024, https://www.reuters.com/world/uk/uks-rwanda-plan-asylum-seekers-could-cost-more-than-600-mln-pounds-2024-03-01/.

类政策难以落地，有可能只是竞选周期的宣传口号，最终将沦为空头支票，而保守党在执政的 14 年中已经留下太多未能兑现的承诺。

保守党的竞选宣言未能在选战中掀起任何波澜，6 月以来，其他负面新闻进一步拉低了苏纳克和保守党的支持率。6 月初，诺曼底登陆 80 周年纪念仪式在法国诺曼底地区奥马哈海滩举行，苏纳克虽然出席了相关纪念活动，但提前返回英国参加电视台采访节目，并未出席正式仪式，仅留下英国外交大臣卡梅伦代为参加。不少英国媒体在报道苏纳克提前回国的消息时贴出卡梅伦与美国总统拜登、德国总理朔尔茨以及法国总统马克龙的合影。苏纳克的这一行为遭到了媒体与公众的广泛批评，被认为未能履行作为首相的职责，不够尊重二战历史和英国军人的付出。面对愈演愈烈的争议和批评，苏纳克不得不在社交媒体上公开道歉。① 诺曼底纪念活动引发的风波尚未平息，接踵而来的"赌博门"丑闻再次重创了苏纳克和保守党。《卫报》6 月 12 日发布独家报道披露，保守党议员、苏纳克助理克雷格·威廉姆斯（Craig Williams）涉嫌在首相宣布大选日期前利用内幕消息押注。在苏纳克正式宣布大选日期 3 天前，威廉姆斯就 7 月举行大选在博彩公司下注了 100 英镑。② 在英国，从体育赛事到政治选举，博彩公司会精算赔率、开出盘口，利用内幕消息作弊属于犯罪行为。6 月下旬，更多保守党成员卷入了这起丑闻，包括保守党首席数据官、保守党竞选事务主管及其妻子以及苏纳克的一名贴身警员。此时距离大选已经不到两周，"赌博门"丑闻却成为英国民众最关注的新闻之一。③ 该丑闻不断发酵重创了保守党本就摇摇欲坠的公众形象，进一步限制了保守党在选战期间对新闻议程的掌控力。

① Aletha Adu, Jim Waterson, Eleni Courea, "Rishi Sunak Apologises for Leaving D-day Events Early to Record TV Interview", *The Guardian*, 7 June 2024, https://www.theguardian.com/politics/article/2024/jun/07/rishi-sunak-says-sorry-for-leaving-d-day-event-early-to-record-tv-interview.

② Pippa Crerar, "Rishi Sunak Aide Placed Bet on Election Date Days Before Announcement", *The Guardian*, 12 June 2024, https://www.theguardian.com/politics/article/2024/jun/12/rishi-sunaks-closest-aide-placed-bet-on-election-date-days-before-announcement.

③ Andrew McDonald, Rosa Prince, "Betting Scandal Engulfs UK Election", Politico, 20 June 2024, https://www.politico.eu/article/uk-elections-betting-scandal-pm-rishi-sunak-tories/.

在不到两年的执政期内，苏纳克政府的表现乏善可陈。除了修复英国与欧盟的关系，通过"温莎框架"协议暂时缓和了北爱尔兰问题，留下的政治遗产屈指可数。但是，苏纳克政府的平庸表现并不是保守党在2024年大选中遭遇历史性惨败的根本原因，保守党内部乃至整个英国社会面临的系统性问题已经超出了苏纳克政府的应对能力。经过14年的漫长执政，保守党带给英国民众的是一个经济增长乏力、生活成本高涨、社会分裂日趋严重、国际影响力持续下跌的英国。由于内外政治经济形势的变化以及脱欧公投以来政府首脑的频繁更迭，从"北方经济引擎"计划到"拉动地区平衡发展"战略，保守党政府许诺的关于实现社会公平、提高社会中下层民众生活水平的许多政策未能实际落地，越来越力不从心。脱欧前的美好愿景、慷慨承诺与脱欧后的严峻形势、重重挑战形成了鲜明的对比，进一步加剧了民众的心理落差感和保守党政府在选民心目中失能的形象。近年来，公众眼中的保守党丑闻缠身，混乱分裂，热衷于内部派系斗争与小圈子集团秘密决策，助长了各种阴谋论滋生，政府的公信力持续遭到侵蚀。部分保守党政治家基于政党利益或者个人的选举利益，采用了带有鲜明的民粹主义色彩的策略煽动保护主义，妖魔化欧盟，炒作移民问题，最终反而为奈杰尔·法拉奇（Nigel Farage）领导的英国改革党（Reform UK）等更加极端的民粹主义势力的崛起提供了能量和空间。苏纳克在败选后的演讲中表示，"你们已经发出了一个明确的信号，英国政府必须改变"。[①] 需要改变的不仅是英国政府，还有保守党自身。面对历史性的选举失败，保守党如何在后脱欧时代调整意识形态路线、重建公信力、强化政党纪律与党内凝聚力，对于保守党自身乃至整个英国的未来都相当重要。

二　工党：谨慎的中间派

工党在2024年的大选中获得压倒性胜利，在全国650个席位中拿下了

---

① The UK Government, "Rishi Sunak's Final Speech as Prime Minister", 5 July 2024, https://www.gov.uk/government/speeches/rishi-sunaks-final-speech-as-prime-minister-5-july-2024.

411个席位，和此前相比增加了211个席位，在野14年后终于重获上台执政的资格，工党党魁基尔·斯塔默正式接替苏纳克成为新一任英国首相。工党上一次在大选中赢得超过400个议席，尚需追溯至2001年布莱尔政府时期。此次取得的绝对领先优势为斯塔默及其工党政府提供了一个相对安全稳定的环境，使其得以实施施政纲领，并尝试解决当前英国社会面临的诸多问题。

在斯塔默组建的新内阁中，工党副党魁安吉拉·雷纳（Angela Rayner）出任副首相。雷纳是工党温和左翼的代表人物，对外宣称自己是一名社会主义者，早前她曾主张以英国国家医疗服务体系为蓝本建立英国国民教育服务体系。① 戴维·拉米（David Lammy）成为新任外交大臣，他原本在斯塔默的内阁中担任影子司法大臣，2021年底被任命为影子外交大臣。拉米强调英美特殊关系的重要性，也曾是坚定的留欧派，但近年来已公开表态排除了英国重新加入欧洲单一市场和关税同盟的可能性。尽管如此，亲欧派人士希望他在英欧关系上展现更多灵活性。新任财政大臣是曾经供职于英国央行的经济学家雷切尔·里夫斯（Rachel Reeves）。里夫斯于2017~2020年的后座议员时期担任商业、能源和工业战略委员会主席，2021年被斯塔默任命为影子财政大臣。工党胜选后，里夫斯正式成为英国历史上第一位担任财政大臣的女性。在经济政策上，她强调财政纪律，与激进的左翼经济路线保持距离，但也曾提出取消公立学校学费、将铁路重新国有化等带有社会主义色彩的改革方案。里夫斯主张通过增加劳动力供应和提高生产率来促进经济增长，在经济发展的过程中重点关注社会不平等和环保问题。② 2023年，英国

---

① Benjamin Kentish, "Labour to Outline Plans for National Education Service and 'Cradle to Grave' Learning", *Independent*, 28 September 2017, https：//www. independent. co. uk/news/uk/ politics/labour－party－conference－2017－angela－rayner－national－education－service－jeremy－ corbyn－a7967101. html.

② Rachel Reeves, "The Tories have Left Our Economy in a Mess. This is How Labour would Fix 12 Years of Damage", iNews, 7 July 2022, https：//inews. co. uk/opinion/the-tories-have-left- our-economy-in-a-mess-this-is-how-labour-would-fix-12-years-of-damage-1730293.

媒体"新政治家"将她列为当今英国左派最有影响力的人物。① 该媒体认为，虽然斯塔默的地位更高，但经济问题和生活成本危机是当前具有时代决定性的问题，在这些问题上，缺乏经济学专业背景的斯塔默倾向于听从里夫斯的意见，其丰富的政治经验也赋予她更高的地位。埃德·米利班德（Ed Miliband）在新内阁中担任了能源安全与净零排放大臣。这是 2023 年 2 月英国政府改组后新设立的职位，原本的商业、能源和工业战略部被拆分为不同的部门，能源安全和净零排放部接管了商业、能源和工业战略部的能源组合和政策职能。作为工党前党魁，米利班德出任该职位反映出斯塔默政府对于发展绿色能源的重视程度，米利班德也是工党"绿色繁荣计划"的主要支持者之一。

斯塔默内阁中共有 11 位女性，除了副首相雷纳、财政大臣里夫斯，还包括内政大臣伊薇特·库珀、司法大臣莎巴娜·马哈茂德、教育大臣布里吉特·菲利普森、就业与养老金大臣利兹·肯德尔、交通大臣露易丝·黑格、文化大臣丽莎·南迪等人，女性成员的比例居历届英国政府首位，在一定程度上彰显了左派的性别平等与多元主义价值观。

工党于 2024 年 6 月发布了题为《改变》的竞选宣言，较为详细地阐述了其施政理念与方案，这份宣言可以被视为斯塔默作为工党领袖以来出台的最系统化的一份施政纲领。② 工党提出，将重点通过鼓励投资的形式促进经济增长，将更多资金用于劳动力培训、高新技术发展和基础设施建设，以提高英国社会经济效率。但是企业的投资意愿非常依赖宏观经济环境，且投资通常需要数年才能获得回报，除了 35 亿英镑的公共绿色投资用于升级房屋和发展新能源，当前鼓励企业投资的实际政策仍相对较少。在税收方面，工党提出打击避税行为，对私立学校征收增值税，对大型能源公司征收暴利税。这些措施将为国家每年增收 80 亿英镑，筹集到资金拟用于绿色投资、国家医疗体系、公立学校建设等方面。总体来看，这是一个相对温和的税收

① "The Left Power List", The New Statesman, 17 May 2023, https://www.newstatesman.com/politics/uk-politics/2023/05/the-new-statesmans-left-power-list.

② The Labour Party, "Change: Labour's Manifesto", June 2024, https://labour.org.uk/change/.

改革方案，私立学校的家长和大型能源公司将如何应对仍有待观察。在住房问题上，工党承诺未来 5 年内在英格兰建造 150 万套新住房以改善住房紧张的问题，这意味着平均每年需要竣工 30 万套住房。有媒体质疑该目标的合理性，因为在过去的 10 年里，平均每年仅有 15 万套房屋完工。① 在打击非法移民的问题上，工党宣布将彻底废除苏纳克政府拟实行的卢旺达计划，从该计划的预算中拨出 7500 万英镑用于建设新的边境与安全指挥部。由于预留给卢旺达计划的资金超过了工党提出的建立新指挥部的成本，该方案的落地难度不大，但能否有效解决非法移民问题仍存疑。在防务问题上，工党原本提出，需要进行全面审查，评估当前英国的经济环境、面临的威胁以及武装部队的现实状况，方能将国防预算从占 GDP 的 2% 提升至 2.5%。赢得大选后，斯塔默政府为了巩固与美国政府的关系，在军事预算问题上有所让步。在 7 月前往华盛顿参加北约峰会时，斯塔默表示："我承诺将在我们的财政规则范围内实现 2.5%的目标，但首先需要进行战略评估。"②

　　绿色倡议是工党的旗舰政策，是工党政府经济增长和繁荣计划的核心。除了现有的部门预算外，工党最大的支出承诺是在下届议会期间为绿色措施投入 237 亿英镑，超过了对医疗和教育的新增支出。③ 工党于 2023 年发布的"绿色繁荣计划"提出，拟建立本土的、国有的英国能源公司（Great British Energy），将其打造为清洁能源生产领军企业，在国内创造就业机会和供应链。④ 在竞选宣言中，工党承诺将为英国能源公司每年拨款 17 亿英镑，加速可再生能源和核能的推广，其目标是到 2030 年创造 65 万个就业岗位，推动产业更新，降低能源价格，保障安全稳定的能源供应。此外，工党恢复了

① "Labour Manifesto 2024：12 Key Policies Analysed"，BBC，14 June 2024，https：//www.bbc.com/news/articles/cyxx1lq50nlo.

② Elizabeth Piper，"UK's Starmer Commits to Increasing Defence Spending to 2.5% of GDP"，Reuters，10 July 2024，https：//www.reuters.com/world/uk/uks-starmer-committed-increasing-defence-spending-25-gdp-2024-07-09/.

③ The Labour Party，"Change：Labour's Manifesto"，June 2024，https：//labour.org.uk/change/.

④ The Labour Party，"5 Missions for a Better Britain"，July 2023，https：//labour.org.uk/missions/.

从 2030 年起禁止销售新的汽油和柴油车的计划，苏纳克政府曾将禁令推迟到 2035 年，工党认为尽早明确政策目标将给市场和制造商带来更多确定性。英国汽车制造商和贸易商协会（SMMT）表示，仅靠颁布禁令是不够的，政府需要出台更完善的一揽子计划，使从传统能源汽车转换到新能源汽车对消费者更具吸引力和可负担性。SMMT 首席执行官迈克·霍斯（Mike Hawes）提出，消费者需要的是"胡萝卜，而不是大棒"。2024 年上半年，包括混合动力汽车在内的电动汽车产量比上年同期下降了 7.6%，汽车制造业整体也有所下降。在电动汽车相对高昂的价格、充电基础设施不完善等障碍依然存在的情况下，需要更多激励措施来实现这一转变。霍斯提出 3 项激励措施推高电动汽车的需求：3 年内将电动汽车销售增值税减半；对价值超过 4 万英镑的汽车免征附加税；将电动汽车的公共充电费用与家庭充电费用保持一致。作为对这些呼吁的回应，英国交通部表示，政府将在"适当的时候"就该政策"制定进一步的细节"。①

在多数外交政策的基本立场和原则上，工党政府与保守党政府有明显的延续性。斯塔默希望与前任党魁科尔宾拉开距离，宣言表示工党对核威慑的承诺是"绝对的"，不存在模棱两可的空间，工党政府对北约的承诺和支持同样"不可动摇"。在俄乌冲突的问题上，斯塔默对乌克兰总统泽连斯基表示，英国对乌克兰的支持不会改变，"只要乌克兰仍然需要"，英国将每年支出 30 亿英镑作为对乌克兰的军事援助。2024 年 7 月 7 日，新任国防大臣约翰·希利在敖德萨与泽连斯基一起庆祝乌克兰海军日，宣布英国将给乌克兰提供一批新的"硫磺石"导弹和其他军事装备。②

工党政府依然强调英美关系的重要性，鉴于美国在 2024 年 11 月举行大选，工党政府希望尽量减少美国政党轮替对英美关系的负面影响。美国总统

---

① Michael Race, "Car Firms Demand More Help to Meet 2030 Petrol Ban", BBC, 25 July 2024, https：//www.bbc.com/news/articles/cn09pvjpzdjo.

② The UK Government, "New Defence Secretary Pledges to Step Up Support for Ukraine on Visit to Odesa", 7 July 2024, https：//www.gov.uk/government/news/new-defence-secretary-pledges-to-step-up-support-for-ukraine-on-visit-to-odesa.

特朗普于 2019 年访问英国，时任伦敦市长、工党知名政治家萨迪克·汗（Sadiq Khan）曾给媒体撰文称特朗普是"全球威胁的主要代表，其行为会破坏美国赖以存在的平等、自由和民主"。[①] 特朗普对时任英国外交大臣杰里米·亨特表达了不满，并在社交媒体上回击了萨迪克·汗。工党政府担忧特朗普重新上台后将冲击英美关系的稳定性，在 2024 年 5 月工党尚未胜选前，影子外交大臣拉米前往华盛顿与美国民主党、共和党的高层展开接触，寻求与特朗普的小圈子建立联系，修复工党与特朗普、共和党的关系。尽管工党在野期间拉米也曾多次公开批评特朗普政府的相关政策，在会见特朗普团队资深顾问克里斯·拉奇维塔（Chris LaCivita）时，拉米宣称自己是一名"虔诚的基督徒"，与共和党有着"共同的事业"，体现出鲜明的实用主义作风。[②]

在对华关系上，工党政府已表明将对中英关系进行全面评估。在苏纳克政府发布的《综合评估更新 2023》中，中国被称为"划时代的挑战"和"制度性竞争对手"。[③] 文件指出，英国本身缺乏影响中国的有效手段，因此必须加强与全球盟友合作。在保守党政府的对华政策中，英国试图联合更多的盟友来对中国施加影响，并将中国归类为对当下世界秩序的"划时代的挑战"，但在多边问题上还是留下了合作的空间。工党政府很有可能延续保守党的对华政策。这意味着工党政府将努力保持在消费品贸易领域对中国的开放，同时在核能、电信和其他敏感领域对中国投资保持审慎和警惕的立场。

和保守党政府相比，工党明显希望进一步加强英欧关系。外交大臣拉米

---

① Sadiq Khan, "It's un-British to Roll Out the Red Carpet for Donald Trump", *The Guardian*, 1 June 2019, https://www.theguardian.com/us-news/2019/jun/01/donald-trump-state-visit-red-carpet-unbritish.

② Tony Diver, "David Lammy Meets Trump Adviser in Labour's First Contact with His Campaign Team", *The Telegraph*, 8 May 2024, https://www.telegraph.co.uk/world-news/2024/05/08/david-lammy-meets-trump-adviser-labour/.

③ The UK Government, "Integrated Review Refresh 2023: Responding to a More Contested and Volatile World", 13 March 2023, https://www.gov.uk/government/publications/integrated-review-refresh-2023-responding-to-a-more-contested-and-volatile-world.

宣称，英国政府将"把欧洲重新定位成一个可靠的伙伴、可靠的盟友和好邻居"。① 2024 年 7 月中旬，来自欧盟国家和其他边缘国家的 40 多位领导人齐聚牛津郡布伦海姆宫参加欧洲政治共同体（EPC）峰会，讨论非法移民和安全问题等议题。工党已排除了重新加入欧盟、单一市场或关税同盟，但除了现有的跨境食品贸易协议，以及在教育和研究方面与欧盟维持更紧密的联系外，工党政府确实希望达成一种新型的安全与防务合作协议。在这个问题上，欧盟领导人可能有着相近的意愿，欧盟外交事务高级代表何塞普·博雷利（Josep Borrell Fontelles）建议拉米参加欧盟外长会议。但脱离欧盟后，英欧在安全和防务领域开展合作依然面临一些新的问题。欧洲改革中心的查尔斯·格兰特（Charles Grant）认为，在供应链和能源等问题上，英国很可能会与欧洲单一市场产生冲突。②

纵观工党政府已经初现端倪的内外政策框架，除了明显更加亲欧以外，与保守党政府存在明显的延续性。工党虽然获得了压倒性多数的席位，但在全国的选票份额只有 33.7%，仅比 2019 年大选时高出 1.6 个百分点。在 2017 年的大选中，科尔宾领导下的工党虽然未能获得议会多数席位，但是拿下了 40% 的选票份额。③ 在 1997 年大选中，以托尼·布莱尔为首的工党在议会中拿下 418 个席位，选票份额高达 43.2%。④ 诚然，英国"领先者当选"选举制度给了工党、自由民主党进行战术性投票的空间，但在很大程度上是英国选民对保守党的愤怒而不是对工党的热情缔造了 2024 年大选的结果。在很多英国选民看来，斯塔默领导的工党并不像保守党所抨击的那样

① Sophie Inge, "UK 'Nowhere Near' Renegotiating Trade Deal with EU, Says David Lammy", Politico, 18 July 2024, https：//www. politico. eu/article/uk – nowhere – near – renegotiating – trade-deal-with-eu-says-david-lammy/.

② "What does Labour's Win Mean for British Foreign Policy?", *The Economist*, 9 July 2024, https：//www. economist. com/britain/2024/07/09/what-does-labours-win-mean-for-british-foreign-policy.

③ "UK General Election 2024 Results", BBC, July 2024, https：//www. bbc. com/news/election/2024/uk/results.

④ "1997：Labour Landslide Ends Tory Rule", BBC, 15 April 2005, http：//news. bbc. co. uk/2/hi/uk_news/politics/vote_2005/basics/4393323. stm.

过于左翼和激进，反而是更偏向中间派甚至右翼。在住房危机、税收改革、福利制度、加沙人道主义危机等问题上，左翼认为斯塔默政府仅仅触及了问题的表面，其方案很难真正解决问题。斯塔默政府当前的税改方案相当谨慎，工党更关注财富创造和增长，承诺限制公共开支，相信放松管制对于释放经济增长的重要性，而不是社会民主主义所强调的再分配或平等。问题在于，工党政府如果在底层逻辑上大致沿用保守党政府的路线，又将如何解决保守党政府未能真正解决的问题。工党的优势并没有表面的席位数所反映出来的那么明显，选民对于保守党的愤怒也会逐渐淡化，工党内部的左翼以及传统支持工党的左派选民也很难接受一个在政策路线和意识形态上与保守党日趋接近的工党。在这个被社会分裂、利益诉求多元化、政治极化和民粹主义等问题困扰的时代，对于工党左翼和拥有庞大但脆弱中间派的斯塔默政府来说，理智的选择可能是以塑造新的共识来达成合作。对于新上台的工党政府来说，评估其执政表现与解决问题的能力依然为时尚早。

三 其他政党：改写后的政党政治版图

自由民主党在 2024 年大选中收获颇丰，以 12.2% 的得票率拿下了 72 个席位，相比此前增加了 61 个席位，重新成为英国议会第三大政党。这是该党在现代史上最高的席位数，超过了 2005 年获得的 62 个席位。数位保守党大臣在自由民主党的挑战下败选，包括教育大臣吉莉安·基根（Gillian Keegan）、司法大臣亚历克斯·乔克（Alex Chalk）、文化大臣露西·弗雷泽（Lucy Frazer）和科学大臣米歇尔·多尼兰（Michelle Donelan）。

自由民主党的选战策略是将资源高度集中在有限的 80 个选区席位上，主要针对保守党控制的英格兰南部地区展开攻势。党魁埃德·戴维（Ed Davey）提出了"保守党撤换服务"战略，将保守党视为最主要的对手，希望尽可能团结反对保守党的选民和势力来争取更多选票和席位，与工党达成了战术性投票的默契。一些反感保守党，但又觉得工党缺乏吸引力的选民在大选中倒向了自由民主党，使该党重新成为英国议会第三大党，迎来了复苏。埃德·戴维称，自由民主党"正在取得一个世纪以来最好的成绩"，"数百万人支持自由民主党，将保守党赶下台，以实现我们国家所需要的变革，对此我深感谦卑"。[1] 在与保守党组成联合政府时期，自由民主党放弃了诸多政见主张，处处受制于保守党，其后在 2015 年的大选中被选民抛弃，仅剩 8 个席位，进入了漫长的低谷期和调整期。戴维表态不会再次背叛选民的信任，自由民主党将把重点放在民众真正关心的问题上，特别是在医疗和社会保障方面寻求改变。

在 2010~2015 年的联合政府时期，自由民主党曾希望改变英国大选的选举制度，使其席位数与选票份额更加匹配，但最终以失败而告终。2024年大选后，自由民主党的目标有所调整，希望在议会中争取更大的话语权与议政空间。在自由民主党看来，虽然保守党被称为正式的反对党，但他们只有 121 个席位，仅占所有反对党席位的 53%。与此同时，自由民主党已经成为议会中的第三大党，占反对派席位的 32%。下院前文职人员保罗·埃文斯（Paul Evans）指出，最新的选举结果可能会开启一个"多党反对的新时代"，这引发了一个问题，即最大反对党是否"应该保留与该角色相称的主要权力和责任"。[2]

内部人士称，自由民主党已在争取改变议会议事规则，使其更符合选举结果。比如重新分配每次议会会期的 20 个反对党日，提升自由民主党对下院议程的影响力。根据英国议会的议事规则，20 个反对党日中有 17 个属于最大反对党，其余 3 个属于第二大反对党。自由民主党认为按照席位的份额，保守党只应该得到 12 天，而他们应该得到 8 天。此外，该党也希望在每周三下院举行的首相质询会上有更大的提问空间。按照惯例，最大反对党可以向首相提出六个问题，第二大反对党只能提出两个问题。政府智库研究

[1] Kate Whannel, "Ed Davey Hails Record-breaking Night for Lib Dems", BBC, 5 July 2024, https：//www.bbc.com/news/articles/c51y2z7jdz9o.

[2] Lucy Fisher, "Liberal Democrats Push for Extra Parliamentary Rights to Reflect Jump in Number of MPs", *Financial Times*, 26 July 2024, https：//www.ft.com/content/2bdfa02f-cab8-403a-885f-82876c2d7606.

所主任汉娜·怀特（Hannah White）同样支持重新分配反对党议政权的提议，在她看来，"在正常情况下，英国的下议院是明显两极分化的。本次选举之后，局面已经发生变化，这意味着目前的格局对第二大反对党来说很不公平"。① 怀特认为，下院修改议事规则，或者议长同意在首相问答中重新分配问题，都是可以做出的合理改变。自由民主党副党魁黛西·库珀（Daisy Cooper）认为，保守党在败选后处于混乱状态，尚未理清党内矛盾，无法充分发挥反对党监督和制约政府的作用，这将导致英国的政党政治中出现明显的空白，加强自由民主党的议政权有助于填补这一空白。

奈杰尔·法拉奇领导的英国改革党在大选中以14.3%的得票率获得了5个席位，法拉奇本人在英国东南部沿海的克拉克顿以46.2%的选票份额获胜，这是他第八次竞选下议院议员，也是第一次胜选真正进入议会。在英国"领先者当选"的选举制度下，较小的政党往往难以将其在全国范围内获得的支持转化为议会席位，改革党的选举结果是一个相对强劲的表现。法拉奇此前曾表示不会参加大选，但2024年6月他接替理查德·泰斯（Richard Tice）重新成为改革党党魁，并且宣布参选，改革党的支持率迅速上涨，进一步冲击了保守党的选情。英国《金融时报》的选前分析显示，在法拉奇决定参选后，改革党的支持率已从竞选第一周的11%跃升至约16%，并可能通过分流右翼选民的选票，让保守党失去约60个席位。②

法拉奇在选前表态称，如果当选下议院议员，他希望发起一场"群众运动"，重塑英国右翼政治。英国改革党的竞选宣言也带有鲜明的民粹主义色彩，内容包括完全取消净零排放计划，在保持服务质量的同时精简公共部门。广泛削减个人所得税，减税措施包括将所得税的最低起征点提高到每年2万英镑，取消印花税，取消所有200万英镑以下遗产的遗产税，并且将公

---

① Lucy Fisher, "Liberal Democrats Push for Extra Parliamentary Rights to Reflect Jump in Number of MPs", *Financial Times*, 26 July 2024, https：//www. ft. com/content/2bdfa02f－cab8－403a－885f-82876c2d7606.

② Rafe Uddin, "Reform UK's Campaign：Bootstrap Funding, Rogue Candidates and a 'Weary' Nigel Farage", *Financial Times*, 27 June 2024, https：//www. ft. com/content/1bcbb4d0－80f5－4994－8e20－ab4252b23ca4.

司税从 25% 降到 20%。改革党表示，计划通过降低对英国央行准备金支付的利息来筹集 400 亿英镑，为降税提供空间。[1] 但在对该计划的评估中，财政研究所（IFS）表示，改革党的税收和支出计划并不合理，该措施"不太可能筹集到计划的一半的资金"，"每年都会有数百亿英镑的差距"。[2] 法拉奇声称，改革党的计划将使英国经济和社会发生"根本性的变革"，最大的受益者将是低收入者，"收入较低的人将比其他任何人有更多的机会"。改革党将彻底挡住"非必要的"移民，让英国退出《欧洲人权公约》，并"把非法移民从船上送走，带回法国"。

改革党从保守党手中赢得了大雅茅斯、波士顿和斯凯格内斯以及南巴西尔登和东瑟罗克的席位。2024 年 3 月转投改革党的保守党前议员李·安德森（Lee Anderson）守住了阿什菲尔德的席位。民调显示，改革党受益于保守党在不少选区的选票大幅下降，特别是在 2016 年公投中投票支持脱欧的地区，改革党的支持率上升幅度最大。在改革党获胜的选区，超过 70% 的人投票支持脱欧，改革党的候选人在另外 98 个选区也名列第二。[3] 法拉奇强调该党 14% 的选票份额只产生了 5 名议员，承诺将"与任何愿意合作的人合作"，充分利用议会的平台，实现废除简单多数选举制的长期目标。但是从自由民主党此前的尝试以及 2011 年英国选举制度改革公投的结果来看，改变大选选举制有很大的难度。出于意识形态的分歧和核心选民的显著差异，自由民主党在该问题上和改革党合作的可能性不大。美国政治新闻网站（Politico）英国副主编罗莎·普林斯（Rosa Prince）认为，英国改革党的极右翼政策确实与部分选民的喜好和诉求吻合，其中一些选民曾是保守党的支持者。当前值得关注的一大问题是，保守党将如何对待改革党——是将其拉

---

[1] "Reform UK Election Pledges: 11 Key Policies Analysed", BBC, 18 June 2024, https://www.bbc.com/news/articles/cqll1edxgw4o.

[2] Ben Quinn, "Nigel Farage Pledges to Axe Net Zero as Reform UK Launches Populist Manifesto", *The Guardian*, 17 June 2024, https://www.theguardian.com/politics/article/2024/jun/17/nigel-farage-launches-reform-uk-manifesto-a-contract-with-british-public.

[3] Sam Francis, Becky Morton, "Farage Vows to Change Politics Forever After Win", BBC, 6 July 2024, https://www.bbc.com/news/articles/c3gw83w8xg9o.

拢到身边，甚至联合起来开展合作；还是会把法拉奇推开，与改革党划清界限。在这种情况下，不论保守党如何选择，英国政坛的右翼都有可能全面重组。①

在2024年大选中遭遇惨败的不仅仅是保守党，还有苏格兰民族党。该党丢失了39个席位，最后仅剩9个席位，是2010年以来的最差选举表现。工党在昔日的票仓苏格兰重新崛起，改变了苏格兰当前的政治气候，赢得了35.7%的选票，比2019年上升了17个百分点，苏格兰民族党仅拿下29.9%的选票，下降了15.1个百分点。② 自2015年以来，苏格兰民族党一直主导着英国议会的苏格兰席位。虽然2014年的公投未能实现苏格兰独立，但确实团结了苏格兰民族党背后的许多支持者，苏格兰民族党在2015年、2017年和2019年的选举中均在苏格兰地区优势明显。特别是2015年，苏格兰民族党以50%的得票率赢得了苏格兰地区的几乎所有席位，将工党、自由民主党和保守党在苏格兰各削减到1个席位，以56个席位成为下议院的第三大党。

自尼古拉·斯特金（Nicola Sturgeon）在2023年突然辞去苏格兰民族党党魁和苏格兰首席大臣以来，民族党经历了18个月的动荡，形势一路急转直下。警方对苏格兰民族党财政状况的调查，斯特金仓皇辞职，民族党首席执行长，即斯特金的丈夫彼得·穆瑞尔被控挪用公款，以及斯特金的继任者哈姆扎·优素福（Hamza Yusuf）在苏格兰政府中遭遇两项不信任动议后辞职，一连串的丑闻和混乱局面导致民族党的公众信任度和支持率不断下滑。不少民众认为该党过度强调苏格兰独立问题，不但未能真正推动苏格兰独立，而且忽视了苏格兰存在的许多社会问题，导致公共服务质量不断下降。

① Helen Regan, Rob Picheta, Lauren Said-Moorhouse, "Farage Wins First Seat as His Upstart Right Wing Reform UK Party Gains Ground", CNN, 5 July 2024, https：//edition.cnn.com/2024/07/05/uk/nigel-farage-reform-party-win-gbr-intl/index.html.

② The UK Parliament, "General Election 2024 Results", 26 July 2024, https：//commonslibrary.parliament.uk/research-briefings/cbp-10009/.

由于新领导人约翰·斯温尼（John Swinney）在 2024 年 5 月才匆忙接管该党的事务，很少有人把苏格兰民族党在大选中的失败归咎于他，但大选结果对约翰·斯温尼和主导苏格兰政治十年的民族党都是一场灾难。向选民兜售苏格兰独立曾是苏格兰民族党在亚历克斯·萨蒙德（Alex Salmond）和尼古拉·斯特金领导下迅速崛起的关键，但在过去的三年里，大部分曾经支持独立的选民对这一目标失去了信心。如果选民不再优先考虑独立，苏格兰民族党就很难再沿用此前的策略获得权力。失去大量议会席位不仅严重削弱了苏格兰民族党在议会中的权力和对苏格兰相关政策的影响力，也大大削减了苏格兰民族党可以获得的国家资助。此前，苏格兰民族党每年有权获得约 130 万英镑的国家资助，本次大选结束后该数字下跌至 36 万英镑，资金使用不当的丑闻也导致苏格兰民族党的许多资助者撤资。① 缺乏活动资金无疑将进一步限制苏格兰民族党的行动，使其复苏计划雪上加霜。斯温尼当前的工作重点除了保持党内团结、挽回该党的公众形象之外，还需要找到对苏格兰选民真正有吸引力的新政策路线，才能阻止工党在 2026 年的苏格兰地区议会选举中崛起，使自己置身于更加边缘的地位，避免苏格兰民族党一蹶不振、持续衰退。

结　语

2024 年的大选改变了英国政党政治的格局，这样的改变不是一夜之间完成的，反映了后脱欧时代英国种种社会问题的发展演变对英国政党政治的影响。几乎所有的政党面临新的挑战和考验：以压倒多数赢得大选的工党并不能高枕无忧，经济增长乏力、社会不平等加剧、移民问题等依然棘手，选民的支持可能转瞬即逝；黯然下台的保守党不仅需要维持党内团结，赢回公众的信任，也需要考虑如何调整政策路线和意识形态，以应对英国改革党的

---

① Andrew McDonald, "Humiliated, Scotland's Independence Warriors Lick Their Wounds", *Politico*, 31 July 2024, https：//www. politico. eu/article/scottish-national-party-lick-wounds-united-kingdom-general-election/.

崛起和对右翼选民的分化；重新夺回议会第三大党的自由民主党是否会变成一个比工党更加左倾的政党，英国左翼政治在未来几年内将出现哪些调整，工党上台后，自由民主党将如何在议会中发挥反对党的地位值得期待；苏格兰民族党能否从失败中吸取教训，找到推动地区独立之外的新旗舰政策，重塑公众形象，对于英国其他地区性政党也将带来启发和参考意义。

B.3
英国经济形势

李罡*

摘　要： 英国脱欧、新冠疫情、俄乌冲突等多重因素相互叠加，给英国经济造成严重冲击。2023年第三季度和第四季度英国经济连续下滑，陷入"技术性衰退"。2024年英国经济仍难改颓势。投资不足、劳动生产率增长停滞、公共服务质量下降、地区发展不平衡、贫富差距拉大等结构性问题成为制约英国中期经济增长潜力的不利因素。为解决英国经济中的结构性问题、提振英国经济，英国工党新政府采取了降低央行基础利率、减轻个税负担、增加福利支出、增加公共服务支出、拓宽企业融资渠道、延长投资区计划等多项措施，以刺激消费和投资增长，提升公共服务质量，缩小地区发展差距，最终促进英国经济增长。

关键词： 英国经济　经济增长　结构性问题　劳动生产率

　　英国脱欧、新冠疫情、俄乌冲突等多重因素相互叠加，给英国经济造成严重冲击。脱欧后，英国与欧盟之间的非关税壁垒增加，① 许多企业面临新的海关手续和合规要求，增加了进出口贸易运营的复杂性。新冠疫情导致全

---

　*　李罡，温州大学商学院副研究员，瓯江特聘教授，经济学博士，温州"瓯越海智"市级人才，主要研究方向为英国经济、中欧经贸关系、中德文化交流。

　①　自脱欧谈判（2017~2020年）以来，英国与欧盟的贸易关系已趋于稳定。2021年生效的《欧盟-英国贸易与合作协议》（The EU-UK Trade and Co-operation Agreement，TCA）允许英国和欧盟之间进行零关税、零配额贸易。然而，脱离单一市场和关税同盟给英国和欧盟之间的贸易造成了许多非关税贸易壁垒，一些市场准入领域也受到一定限制，增加了英国企业进出口贸易运营的复杂性，不利于英国产品对欧盟出口。根据经济学人信息社（Economist Intelligence Unit，EIU）的预测，在2025年《欧盟-英国贸易与合作协议》评估中，工党政府可能会接受欧盟在化学品、人工智能、宠物食品方面的标准，以换取英国企业在欧盟某些领域更大的市场准入范围。

球供应链中断，英国一些行业面临原材料和零部件短缺。封锁措施对英国的服务业，尤其是旅游和餐饮业造成了严重冲击。俄乌冲突引发的能源危机推高了欧洲能源价格，增加了企业的生产成本和家庭的生活成本，通货膨胀压力加剧，投资者和消费者信心不足。

一 英国宏观经济形势分析

从英国近期的经济表现看，2023年第三季度和第四季度连续下滑，分别下滑0.1%和0.3%，陷入了经济学家所说的"技术性衰退"①（见图1）。2023年，英国实际GDP增长率仅为0.3%，其经济增长速度在G7国家中居倒数第二，比排名第一的美国低2.2个百分点。② 除去受国际金融危机和新冠疫情冲击的年份，③ 这是英国自2007年以来最糟糕的经济表现。可以说，英国经济在2023年仍处于持续停滞的周期，没走出"滞胀"的阴影。根据英国预算责任办公室（OBR）的预测，2024年英国经济仍难改颓势，将仅实现0.8%的增长（见图2）。根据国际货币基金组织经济展望的测算，2024年英国经济增长缓慢（0.5%），在G7国家中仍然排名靠后。④

二 英国经济面临的结构性问题

除脱欧、新冠疫情、地缘政治冲突等不利外部因素外，英国经济还面临劳动生产率增长缓慢、地区发展不平衡、投资不足、公共服务质量下降等结构性因素的掣肘。这些结构性问题也是英国新工党政府必须应对的挑战。

---

① 技术性衰退指的是一个国家或地区在连续两个季度内国内生产总值（GDP）出现负增长的经济状态。
② 2023年，七国集团（G7）成员国按经济增长率排序依次是美国（2.5%）、日本（1.7%）、加拿大（1.2%）、法国（0.9%）、意大利（0.9%）、英国（0.3%）、德国（-0.3%）。
③ 受国际金融危机的冲击，2008年、2009年英国经济连续下滑，分别下滑0.2%和4.6%。受全球新冠疫情影响，2020年英国实际GDP增长下滑10.3%，遭遇300年来最严重的衰退。
④ 根据国际货币基金组织测算，2024年，英国经济仅能实现0.5%的微弱增长，在G7国家中排名倒数第二，仅高于德国（0.2%）。国际货币基金组织对英国2024年经济增长的预期低于英国预算责任办公室的数据。

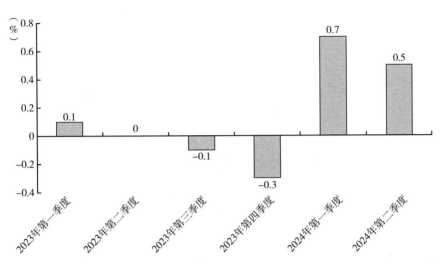

图 1 2023 年第一季度至 2024 年第二季度英国实际 GDP 增长率走势

资料来源：英国国家统计局（ONS），GDP Quarterly National Accounts，"UK：April to June 2024，Revised Quarterly Estimate of Gross Domestic Product（GDP）for the UK"，https：// www. ons. gov. uk/economy/grossdomesticproductgdp/bulletins/quarterlynationalaccounts/latest。

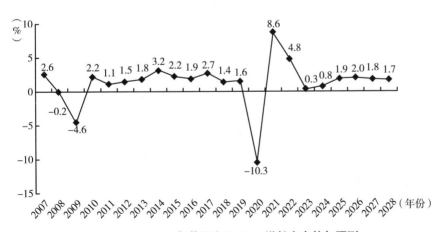

图 2 2007~2028 年英国实际 GDP 增长率走势与预测

注：2024~2028 年的经济增长率为英国预算责任办公室（OBR）的预测数据。

资料来源：英国国家统计局（ONS），"Gross Domestic Product：Year on Year Growth：CVM SA%"，https：//www. ons. gov. uk/economy/grossdomesticproductgdp/timeseries/ihyp/qna；英国预算 责任办公室（OBR），"Economic and Fiscal Outlook – March 2024"，6 March 2024，p. 146，https：//obr. uk/efo/economic-and-fiscal-outlook-march-2024/。

（一）劳动生产率增长缓慢且不平衡成为制约英国经济增长的不利因素

劳动生产率是衡量一国经济增长效率和经济健康状况的一项重要指标。劳动生产率越高，相同时间内生产的产品和提供的服务就越多。自2008年国际金融危机以来，英国的劳动生产率增长呈现停滞或缓慢增长趋势，这一现象与其他发达经济体相比显得异常，被称为"生产率之谜"（productivity puzzle）。劳动生产率增速缓慢成为制约英国经济增长的不确定性因素。从图3可以看出，在1996~2023年的近30年中，英国劳动生产率的年增长率呈下降趋势。2000年，英国劳动生产率提高4.05个百分点，是这些年份中增幅最大的一年。2009年，受国际金融危机冲击和财政紧缩政策影响，英国私人和公共投资大幅下滑，对英国劳动生产率提升产生严重的负面影响。2009年，英国劳动生产率下滑2.49个百分点，此后处于缓慢增长甚至是停滞状态。2021年和2023年，英国劳动生产率分别下滑0.74个百分点和0.38个百分点（见图3）。

英国国家统计局（ONS）自2001年开始发布关于劳动生产率国际比较的国家统计公报，主要将英国的劳动生产率与G7其他成员国的劳动生产率进行比较。根据英国国家统计局的数据，2016年，英国的劳动生产率（以每小时工作创造的国内生产总值衡量）比德国低26.2个百分点、比法国低22.8个百分点、比美国低22.6个百分点、比意大利低10.5个百分点、仅比加拿大高0.6个百分点，比日本高8.7个百分点。[1] 2023年，英国劳动生产率指数为103.6，在G7国家中排名第四，排在美国（112.1）、日本（106.3）和德国（105.8）之后。与2022年相比，2023年英国劳动生产率的增长率下降0.38个百分点，劳动生产率年增长率出现下滑的G7国

---

[1] Office for National Statistics（ONS），"Improving Estimates of Labour Productivity and International Comparisons"，9 January 2019，https：//www. ons. gov. uk/economy/economicoutputandproductivity/productivitymeasures/articles/improvingestimatesoflabourproductivityandinternationalcomparisons/2019-01-09.

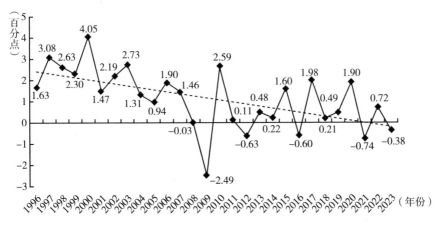

图3 1996~2023年英国劳动生产率年增长变化趋势

资料来源：OECD Data Explorer，"OECD Data Explorer · Productivity Growth Rates"，https：//data-explorer. oecd. org/vis? df [ds] =dsDisseminateFinalDMZ&df [id] =DSD_PDB%40DF_PDB_GR&df [ag] =OECD. SDD. TPS&df [vs] =1. 0&dq =. A. GDPHRS...... &pd = 1970%2C2025&to [TIME_PERIOD] =false&vw=tb。

家还有加拿大（下滑 1. 65 个百分点）、意大利（下滑 1. 38 个百分点）和德国（下滑 0. 62 个百分点）（见表 1）。国际金融危机后的 12 年中，英国的劳动生产率每年仅增 0. 4 个百分点，仅为 25 个最富裕的 OECD 国家（劳动生产率的年平均增长水平为 0. 9 个百分点）的一半左右。[①]

表1 2023 年 G7 国家劳动生产率指数与劳动生产率增长率比较

指标 国家	劳动生产率指数 （2015 年 =100）	劳动生产率增长率 （百分点）
美国	112. 1	3. 5
日本	106. 3	1. 67
德国	105. 8	-0. 62
英国	103. 6	-0. 38

[①] Resolution Foundation，Center for Economic Performance，"Ending Stagnation-A New Economic Strategy for Britain"，p. 7，https：//economy2030. resolutionfoundation. org/wp-content/uploads/2023/12/Ending-stagnation-final-report. pdf.

续表

国家 \ 指标	劳动生产率指数 （2015 年 = 100）	劳动生产率增长率 （百分点）
加拿大	103.1	−1.65
意大利	100.5	−1.38
法国	100.1	0.19

注：此处劳动生产率以每小时工作创造的国内生产总值衡量，劳动生产率指数基期为 2015 年，即 2015 年劳动生产率指数为 100。

资料来源：OECD Data Explorer，"OECD Data Explorer · Productivity Growth Rates"，https：//data-explorer.oecd.org/vis？df%5Bds%5D＝dsDisseminateFinalDMZ&df%5Bid%5D＝DSD_PDB%40DF_PDB_GR&df%5Bag%5D＝OECD.SDD.TPS&df%5Bvs%5D＝1.0&dq＝USA%2BJPN%2BGBR%2BITA%2BFRA%2BDEU%2BOECD%2BCAN.A.GDPHRS..IX....&pd＝2016%2C2016&to%5BTIME_PERIOD%5D＝false&vw＝tb。

　　造成英国劳动生产率停滞不前的原因是多方面的，为多种因素共同作用的结果，引发了广泛的经济学和政策讨论。以下几个方面的原因可以从不同侧面对英国的"生产率之谜"做出解释。第一，投资不足。英国在基础设施和企业研发方面投资不足，尤其是自国际金融危机以来，私人部门的投资增长滞缓，公共部门投资因财政紧缩政策大幅减少。私人投资和公共投资的双双下滑限制了技术进步和设备更新，从而制约了生产率的提高。第二，英国的劳动力市场相对灵活，企业可以通过雇用更多的低技能、低薪员工来维持运转，而不是通过提升技术和自动化来提高生产率。低劳动生产率的自雇和临时就业者数量上升拉低了英国整体生产率水平。第三，"僵尸企业"问题。一些研究认为，英国的经济结构中存在大量低效的"僵尸企业"，即那些生存能力差但依然存在的企业。金融危机爆发后，英国政府为了刺激经济和帮助企业渡过难关，采取了宽松货币政策。在宽松货币政策和企业融资优惠政策的支持下，一些效率低下的企业可以从银行获得廉价贷款并得以存活，却挤占了新企业获得银行贷款的机会，不利于新企业的成长和提高效率，阻碍了整体生产率增长。第四，行业结构的转变。金融危机后，金融服务业的收缩以及其他高生产率行业的萎缩也对英国整体生产率造成了负面影响。而生产率较低的服务行业，如零售和酒店业，相对增长较快，在统计上拉低了整体生产率水平。

（二）地区发展持续不平衡导致资源分配不均和社会不平等

英国地区发展不平衡问题由来已久，伦敦及东南部地区的经济较为繁荣，GDP 远高于全国其他地区。伦敦凭借其金融、服务和科技产业，吸引了大量投资和人才。而北部地区，尤其是曾经依赖重工业的地区，如曼彻斯特、利物浦和纽卡斯尔，随着制造业的衰退，经济增长缓慢，失业率相对较高。基础设施投资不足导致这些地区长期处于相对落后的状态。在经济增长疲弱、生活成本危机阴影仍未完全消退的背景下，英国地区发展不平衡问题持续难解，地区薪酬差距和生产率差距持续，导致资源分配不均和社会不平等问题凸显。

英国不同地区实际工资水平和增长幅度存在差距，地区差异明显，一些地区之间的收入差距呈现扩大趋势。根据英国国家经济与社会研究所（NIESR）发布的数据，2019 年，伦敦家庭可支配收入为 50783 英镑（比全国平均水平高出1783 英镑），东北地区的家庭可支配收入为 46209 英镑（比全国平均水平低 2791英镑），两个地区的家庭可支配收入差距为 4574 英镑。2023 年，上述两个地区的家庭可支配收入差距扩大到 7303 英镑。英国其他一些地区家庭可支配收入与伦敦的差距也呈现扩大趋势。例如，2019 年英国西北地区家庭可支配收入比伦敦低 2900 英镑，2023 年这一差距扩大到 5400 英镑。伦敦与西米德兰的家庭可支配收入差距由 2019 年的 4400 英镑扩大到 7000 英镑，伦敦与约克郡和亨伯的家庭可支配收入差距由 2019 年的 2000 英镑扩大到 6000 英镑（见表 2）。

表 2　2010 年、2019 年、2023 年英国各地区家庭可支配收入情况对比

单位：英镑

	2010 年	2019 年	2023 年
	与全国平均收入差距	与全国平均收入差距	与全国平均收入差距
东北地区	−2493	−2791	−3192
西北地区	−3011	−1106	−1269
约克郡和亨伯	−2618	−310	−1975

续表

	2010 年	2019 年	2023 年
	与全国平均收入差距	与全国平均收入差距	与全国平均收入差距
东米德兰	−2040	1109	159
西米德兰	−2061	−2502	−2894
东部地区	−4	−135	−122
伦敦	5343	1783	4111
东南地区	2273	3819	4453
西南地区	−890	1899	2201
威尔士	−3128	−628	−1254
苏格兰	−609	−314	51
北爱尔兰	−3696	−3059	−3372
全国平均收入	26572	49000	55008

资料来源：National Institute of Economic and Social Research，"National Institute UK Economic Outlook-Summer 2024"，Series A. No. 15，p. 47。

　　除收入差距外，英国不同地区的生产率水平也存在显著的差异，生产率差距持续扩大是英国地区发展不平衡的重要表现之一。伦敦和东南地区生产率较高，而威尔士、苏格兰等地则相对较低。从以每小时产出衡量的劳动生产率指标来看，伦敦地区的劳动生产率最高，比全国平均水平高出33.2个百分点。东南地区劳动生产率水平位居第二，比全国平均劳动生产率水平高出9.9个百分点，但与伦敦的劳动生产力水平差距也很大。东北地区的劳动生产率水平最低，比全国劳动生产率平均水平低17.4个百分点，威尔士的劳动生产率比全国平均水平低15.9个百分点。从以每个工人产出衡量的劳动生产率来看，伦敦地区的劳动生产率比全国平均水平高出41.4个百分点，劳动生产率水平最低的东北地区比全国平均水平低出19.1个百分点（见表3）。可见，在伦敦和东南地区，以每小时工作产出或每个工人产出衡量的劳动生产率一直保持在较高水平，而东北地区和威尔士的劳动生产率水平一直较低。

表3　2021年英国不同地区劳动生产率差距对比

单位：百分点

地区	以每小时产出衡量的劳动生产率与全国平均水平差距	以每个工人产出衡量的劳动生产率与全国平均水平差距
伦敦	33.2	41.4
东南地区	9.9	8.0
苏格兰	-4.7	-5.2
英格兰东部	-6.0	-7.0
西北地区	-9.2	-10.2
西南地区	-10.2	-12.7
北爱尔兰	-10.6	-8.8
东米德兰	-12.9	-14.1
西米德兰	-13.1	-13.8
约克郡和亨伯	-15.0	-15.3
威尔士	-15.9	-17.9
东北地区	-17.4	-19.1

资料来源：Office for National Statistics（ONS），Regional Labour Productivity，"UK：2021，Regional Output Per Hour and Output Per Job Performance Levels"，https：//www.ons.gov.uk/economy/economicoutputandproductivity/productivitymeasures/bulletins/regionallabourproductivityincludingindustrybyregionuk/2021。

经济增长疲弱，生活成本危机对贫困地区的冲击更大。根据英国国家经济与社会研究所（NIESR）的报告，自2019年以来，英国生活水平平均下降了7%~8%，较贫困地区的生活水平比英国较富裕地区的生活水平下降幅度更大。贫困人口生活水平下降的程度比高收入人群高得多。英国收入最低的1/10人口的生活水平下降了20%，而收入最高的1/10人口的生活水平仅下降了3%。[①] 英国中等收入人群与主要发达国家的收入差距也在扩大。根据英国智库决议基金会（Resolution Foundation）和伦敦政治经

① National Institute of Economic and Social Research，"National Institute UK Economic Outlook-Summer 2024"，Series A. No. 15，p. 46.

济学院经济绩效研究中心共同发布的经济研究报告，当前英国中等收入人群的收入水平比德国中等收入人群低 20%，比法国低 9%。英国收入最低的 1/10 人口的平均收入水平比法国和德国同类人群的平均收入分别低 27% 和 26%。与此同时，英国年轻人的代际收入增长也陷入停滞，出生于 20 世纪 80 年代初的人在 30 岁时拥有自己住房的可能性几乎是他们父母那一代的一半。①

（三）公共投资和私人投资不足制约英国经济增长

2008 年国际金融危机爆发后，英国采取了财政紧缩措施应对急剧恶化的公共财政状况。大幅度削减公共开支导致公共投资严重不足，使英国基础设施老旧的问题更加严重，公共交通网络效率低下。公共投资不足还导致英国公共服务质量下降，公共服务部门的劳动生产率停滞。根据英国国家统计局（ONS）发布的数据，2023 年，英国公共服务生产率出现零增长，公共服务投入和产出量与 2022 年相比分别增长了 0.5%。从图 4 可以看出，在 1997~2023 年的 26 年中，英国公共服务生产指数基本处于停滞状态。当前英国大多数公共服务的表现不如新冠疫情之前，较 2010 年相差更大。英国国家医疗服务体系的数据显示，英国医疗服务等待名单继续拉长，从疫情前的 460 万人增至 770 万人。②

英国的私人投资情况也不乐观。自 2008 年国际金融危机以来，英国私人投资总额占 GDP 的比重变化不大，基本处于停滞状态。受金融危机冲击，2009 年英国私人投资占 GDP 的比重降至 14.8%，比危机前的 2007 年低将近 4 个百分点。根据国际货币基金组织测算，2024 年英国私人投资占 GDP 的比重将由 2023 年的 18.4% 降至 16.8%。今后 5 年（2025~2029 年）英国私人投资占 GDP 的比重将维持在 17% 左右（见图 5）。

---

① Resolution Foundation, Center for Economic Performance, "Ending Stagnation-A New Economic Strategy for Britain", p. 55.
② 周卓斌：《英国民众担忧经济前景》，《人民日报》2024 年 1 月 11 日。

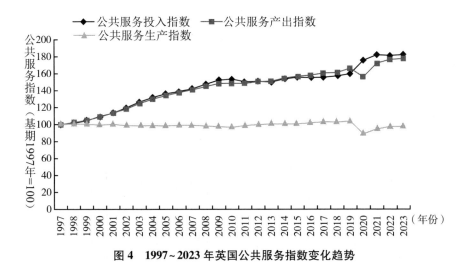

图 4 1997~2023 年英国公共服务指数变化趋势

资料来源：Office for National Statistics（ONS），"Public Service Productivity，Quarterly，UK：October to December 2023"，https：//www.ons.gov.uk/economy/economicoutputand productivity/publicservicesproductivity/bulletins/publicserviceproductivityquarterlyuk/octobertode cember2023。

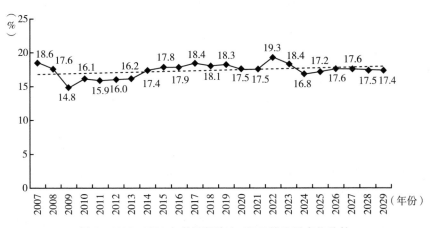

图 5 2007~2029 年英国投资占 GDP 的比重变化趋势

注：2024~2029 年数据为预测数据。

资料来源：IMF，"World Economic Outlook Database：April 2024"，https：//www.imf. org/en/Publications/WEO/weo-database/2024/April/weoreport？a＝1&c＝001，110，119，&s＝NID_NGDP，#&sy＝2007&ey＝2029&ssm＝0&scsm＝1&scc＝0&ssd＝1&ssc＝0&sic＝0&sort＝country&ds＝.&br＝1。

与其他主要发达国家相比，英国的私人投资情况排名垫底。2023 年，英国私人投资占 GDP 的比重为 18.4%，比 G7 国家私人投资占 GDP 比重的平均水平低 3.8 个百分点，比投资率最高的法国低近 9 个百分点（见图 6）。

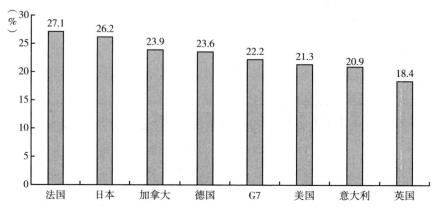

图 6　2023 年 G7 国家私人投资占 GDP 的比重比较

资料来源：IMF，"World Economic Outlook Database：April 2024"，https：//www. imf. org/en/Publications/WEO/weo-database/2024/April/weoreport? a = 1&c = 001，110，119，&s = NID_NGDP，#&sy = 2007&ey = 2029&ssm = 0&scsm = 1&scc = 0&ssd = 1&ssc = 0&sic = 0&sort = country&ds =. &br = 1。

造成英国投资不足的原因很多，归结起来主要有以下几个方面。第一，脱欧后的经济不确定性。英国脱欧后，许多企业和投资者对英国市场信心不足。不确定性和信心不足降低了投资者的投资热情，对需要长期资本投入的项目更不愿冒险投资。第二，政府更迭频繁增加了投资的不确定性。2015 年至今英国已更换 5 任首相，经历了 7 任财政大臣和 8 任商业贸易大臣。第三，上调公司所得税税率打击了投资者的信心。2023 年 4 月 1 日，英国将主要公司所得税税率从 19% 提高至 25%。公司所得税税率的提高降低了企业的利润所得，打击了投资者的积极性。第四，结构性因素。近年来，英国企业，尤其是中小型企业的资本开支减少，与经济增长放缓、供应链断裂、高利率导致借贷成本上升等因素有关。

三 英国应对结构性问题的政策措施

结构性问题的解决不能一蹴而就，需要长期的措施。为了提振英国经济，促进消费和投资的增长，英国采取了调低基础利率、降低个人税负、扩大福利覆盖人群、增加公共服务支出和延长投资区计划等多种措施。

（一）通货膨胀呈现下降趋势，英国央行降息刺激投资和消费

为应对生活成本危机，抑制居高不下的通货膨胀率，英国央行持续采取紧缩货币政策，不断上调银行基础利率。自2021年12月以来，英格兰银行连续14次调高基础利率，利率水平由2021年2月16日的0.25%上调至2023年8月3日的5.25%最高点（见图7）。持续的高利率环境增加了企业投资成本和居民的借贷成本，影响了投资者信心和消费者信心，不利于投资和消费的增长，进而抑制宏观经济复苏。高利率政策的主要目的是平抑物价，将通货膨胀率控制在央行2%的控制目标之内。

尽管高利率政策副作用明显，但能有效降低通货膨胀。2023年8月和9月，英国包括住房价格在内的消费价格指数（CPIH）均同比上涨6.7%。此后，通货膨胀率持续下降，2024年5月和6月降至央行2%的控制目标，7月和8月通胀率小幅上升。根据英国国家经济与社会研究所（NIESR）的数据，2024年英国全年通货膨胀率将降至3.8%，在2025~2029年的5年中，英国年均通货膨胀率将为3.5%。随着通货膨胀率呈下行趋势，英国央行开始降低利率以刺激投资和消费。2024年8月1日，英国央行将基础利率下调25个基点，降至5%。这是自2021年12月以来英国央行首次下调利率（见图7）。

（二）减轻居民个税负担，增加福利支出，扩大内需

降低个人所得税和扩大福利覆盖范围可有效增加居民的可支配收入，可支配收入增加有利于刺激消费增长，进而拉动英国经济增长。英国政府采取

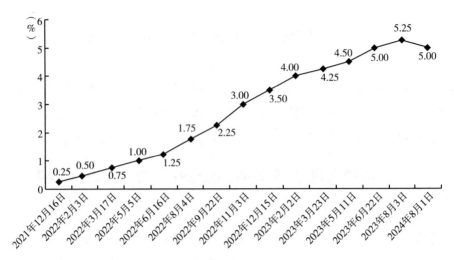

图7　2021 年底以来英国央行基础利率变化趋势

资料来源：作者根据英格兰银行数据绘制，https：//www.bankofengland.co.uk/monetary-policy/the-interest-rate-bank-rate。

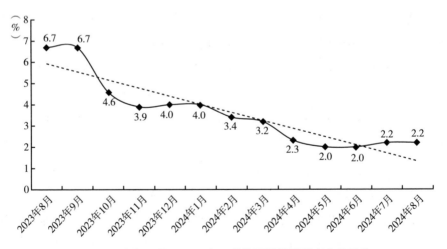

图8　2023 年 8 月至 2024 年 8 月英国通货膨胀率变化趋势

注：图中通货膨胀率变化趋势是消费价格指数（含住房价格）CPIH 的变化率趋势。英国最常用的三个衡量通货膨胀的指标是零售价格指数（RPI）、消费者价格指数（CPI）和包括住房价格在内的消费价格指数（CPIH），三个指数的变化率即通货膨胀率。

资料来源：根据英国国家统计局"Consumer Price Inflation，UK：August 2023"数据绘制，https：//www.ons.gov.uk/economy/inflationandpriceindices/bulletins/consumerpriceinflation/latest。

下调国民保险金费率、扩大福利覆盖范围和扩大福利支出等多种措施来增加居民的可支配收入。

1. 下调国民保险金费率，减轻居民负担

自 2024 年初以来，英国政府已连续两次下调英国雇主为雇员缴纳的国民保险金费率（National Insurance Contributions，NICs）。2024 年 1 月 6 日，该费率从 12%降至 10%。2024 年 4 月 6 日，英国政府再次调低国民保险金费率，其中一级国民保险金费率从 10%降至 8%。根据英国财政部国民保险金的计算公式，年收入 2 万英镑的员工每年会节省 149 英镑，年收入 3 万英镑的员工会节省 349 英镑，年收入 5 万英镑的员工会节省 749 英镑。年收入超过 6 万英镑的员工节省的国民保险金费率将不随收入的增加而增加，即可节省费用的最高限额为 754 英镑（见表 4）。国民保险金费率下调使英国 2700 万工薪族从中受益。自 2024 年 4 月 6 日，英国自雇人员（个体户和合伙经营者）的四级国民保险金费率①下调 3 个百分点，从 9%降至 6%，减轻了自雇人员的缴费负担。例如，对于年营业利润为 3.5 万英镑的自雇人员来说，每年缴费减少约 673 英镑。虽然降低国民保险金费率减轻了工作员工和自雇人员的负担，但应该看到，在英国财政赤字和公共债务居高不下的背景下，减税势必会增加政府的财政负担，同时对现行的通货膨胀率造成一定程度的压力。

表 4　英国国民保险金费率下调不同年收入水平员工节省费用情况

员工年收入水平	国民保险费率下调2% 每月节省的费用	国民保险费率下调2% 每年节省的费用
20000 英镑	12.42 英镑	149 英镑
28000 英镑	25.75 英镑	309 英镑

---

① 原来英国的自雇人员需要缴纳二级和四级国民保险金费率，2023 年秋季案取消二级国民保险金费率。参见 The UK Government，"Autumn Statement 2023：National Insurance Factsheet"，22 November 2023，https：//www.gov.uk/government/publications/autumn - statement - 2023 - national-insurance-factsheet/autumn-statement-2023-national-insurance-factsheet。

续表

员工年收入水平	国民保险费率下调2% 每月节省的费用	国民保险费率下调2% 每年节省的费用
30000 英镑	29.08 英镑	349 英镑
40000 英镑	45.75 英镑	549 英镑
50000 英镑	62.42 英镑	749 英镑
60000 英镑	62.83 英镑	754 英镑
75000 英镑	62.83 英镑	754 英镑
200000 英镑	62.83 英镑	754 英镑

资料来源：根据英国财政部公布的计算公式计算而得。

2. 提高高收入儿童福利费门槛，减轻家庭负担

按照英国现行的福利制度，申请儿童福利的家庭中父母如有一方的收入超过 5 万英镑，其所在家庭必须通过缴纳高收入儿童福利费（High Income Child Benefit Charge，HICBC）① 来返还其获得的部分或全部儿童福利津贴。父母中如有一方的收入超过 6 万英镑，其所在家庭将返还其申请的所有儿童福利津贴。这种只考虑一方收入而不考虑家庭总收入的做法导致一些高收入家庭仍可获得全额儿童福利津贴。例如，一个家庭中夫妻双方的年收入均为 4.9 万英镑（家庭收入则为 9.8 万英镑），因未超过一方收入 5 万英镑的门槛，不必缴纳高收入儿童福利费。为克服这一弊端，自 2024 年 4 月 6 日起，英国政府将高收入儿童福利费的起征门槛上调至 6 万英镑，即一个家庭中夫妻双方有一方的年收入超过 6 万英镑，需按相应的费率返还获得的儿童福利津贴，如一方收入达到 8 万英镑及以上，其家庭所获的儿童津贴将以缴纳高收入儿童福利费的形式全部返还。据计算，2024 年 4 月起实施的这项改革使 17 万个家庭从中受益，免于缴纳高收入儿童福利费。自 2026 年 4 月起，英国政府将引入新的以家庭收入为标准计算高收入儿童福利费的做法。

---

① 高收入儿童福利费制度由英国政府于 2013 年首次推出。

（三）政府增加公共服务支出，提高公共服务质量

英国政府将在 2024/2025 财政年度为国家医疗服务体系（NHS）追加 25 亿英镑资金，支持国家医疗服务体系改善绩效和减少就诊等待时间。英国政府还将实施国家医疗服务体系长期劳动力计划，增加医护人员的培养名额，提高医疗服务能力和质量。为方便患者就医诊疗、减少等待时间，政府将增加社区诊所数量。此外，患者还能够直接在当地药房获得 7 种常见疾病治疗，不需要预约医生。

为了支持工作父母，英国政府在 2024/2025 财政年度提高儿童保育费的预算支出，向符合条件的工作父母提供每周 30 小时的免费儿童保育。同时，延长家庭支持基金（Household Support Fund），额外提供 5 亿英镑财政支持，使家庭支持基金在 2024 年 3 月 31 日到期后再延长 6 个月。该基金允许地方议会通过食品银行、温暖空间和食品券来帮助贫困家庭。

（四）拓宽企业融资渠道，扶持中小企业，促进企业扩大投资规模

在 2024/2025 财政年度，英国政府推出全新的免税投资账号——个人储蓄账户（Individual Savings Accounts，ISA），最高投资额度为 20000 英镑。① 英国个人储蓄账户有 4 种类型：现金个人储蓄账户、股票和股份个人储蓄账户、创新金融个人储蓄账户和终身个人储蓄账户。开立个人储蓄账户必须满足如下条件：（1）开户者必须居住在英国。如果开户者不居住在英国，则必须是武装部队成员或政府公务员（如外交官或在海外工作的公务员）才有资格开立个人储蓄账户。个人不能与他人共同持有个人储蓄账户。（2）开户者须年满 18 岁，如果开设终身个人储蓄账户，则年龄必须未满 40 岁。父母或监护人可以为 18 岁以下的未成年人申请少年个人储蓄账户（Junior ISA）。个人储蓄账

---

① 在一个纳税年度内符合条件的个人储蓄账户持有者只能向一个终身个人储蓄账户存入资金，且最高限额为 4000 英镑。例如，个人可以在一个纳税年度内在现金个人储蓄账户中储蓄 11000 英镑，在股票和股份个人储蓄账户中储蓄 2000 英镑，在创新金融个人储蓄账户中储蓄 3000 英镑，并在终身个人储蓄账户中储蓄 4000 英镑。

户持有者获得的现金利息所得、股息收入和资本收益全部免税，目的是鼓励个人对英国企业、资产进行投资。每个纳税年度，个人储蓄账户持有者最多可以在一个账户中存入20000英镑，也可以将免税额分摊到多个账户中。英国个人储蓄账户是在现有ISA免税额基础上扩容的一项新举措，确保储户能够从英国最有前途的企业增长中获益，并为企业提供资金支持，帮助其扩大规模。

在2024年春季预算案中，英国政府宣布延长复苏贷款计划，并将其更名为增长担保计划（Growth Guarantee Scheme），以帮助11000家英国中小企业获得所需的资金。从2024年4月1日起，增值税（VAT）注册门槛从85000英镑提高到90000英镑，以减轻中小企业负担。

（五）延长投资区计划期限，促进投资和地区均衡发展

英国政府于2023年3月15日公布了《投资区政策建议》，拟在全国范围内建立12个新投资区，并将在未来5年内投入8000万英镑的资金予以支持，激励商业投资和促进地区均衡发展，提高生产率并促进增长。投资区激励措施包括提高结构和建筑物的免税率（Structures and Buildings Allowance，SBA），提供土地印花税减免、商业房产税减免、雇主国民保险税减免以及灵活拨款资助。在2023年秋季预算案中，英国政府宣布投资区计划的期限从5年延长至10年。在计划实施期间为每个投资区提供的资金和税收减免翻倍，投资金额从8000万英镑增至1.6亿英镑。政府希望通过延长该计划的期限，为投资者提供更大的确定性。英格兰宣布在大曼彻斯特、西米德兰兹、东米德兰兹和雷克瑟姆设立4个新投资区。

综上所述，受脱欧、新冠疫情和俄乌冲突等多重外部因素的影响，2023年英国仅实现微弱的经济增长。投资不足、劳动生产率增长停滞、公共服务质量下降、地区发展不平衡、贫富差距扩大等结构性问题成为制约英国中期经济增长潜力的不利因素，也是英国工党新政府面临的挑战。未来几年，英国经济仍将难改颓势。面对这些结构性问题，英国政府采取降低央行基础利率、降低个税负担、增加福利支出、增加公共服务支出、拓宽企业融资渠道、延长投资区计划等多种措施以提振英国经济。

B.4
苏纳克领导下的英国外交

徐瑞珂　武金金*

摘　要： 2023 年 7 月至 2024 年 7 月，苏纳克政府以 2023 版《综合评估更新》报告为指导，着力加强英国的全球地位。苏纳克政府巩固了与美国的特殊关系，并在俄乌冲突和中东危机等重大国际问题上与美国保持高度一致，提升了英美之间的战略协同。此外，苏纳克政府积极深化与欧盟及其成员国的合作关系，稳固了英国在欧洲事务中的影响力。与此同时，苏纳克政府大力推动英国向印太地区倾斜，尤其是在安全和经济领域，通过加强与日本、澳大利亚等国的军事合作，扩大了英国在该地区的影响力。在对华政策方面，苏纳克政府的立场日益强硬，政策趋向安全化和意识形态化，致使中英关系进一步恶化。

关键词： 俄乌冲突　印太倾斜　英美特殊关系　温莎框架　中英关系

2023 年 7 月至 2024 年 7 月，全球和地区安全局势发生了复杂而深刻的变化。乌克兰危机持续导致欧洲安全局势紧张加剧；与此同时，中东地区的巴以冲突再度升级，导致战火重燃。这一系列国际冲突不仅对全球局势产生了深远影响，也在英国国内引发了强烈反应，尤其是与巴以冲突相关的议题，导致了大规模的抗议活动。在此背景下，为应对不断变化的国际形势，时任英国首相苏纳克在 2023 年 11 月任命前首相卡梅伦为外交大臣，赋予其

---

* 徐瑞珂，北京外国语大学英语学院副教授，主要研究领域为英美特殊关系、英国外交和中国的中东政策；武金金，北京外国语大学英语学院英国研究中心硕士，现为无锡青山高级中学教师。

在复杂局势下引领英国外交政策的重任。鉴于他在引领英国外交中的显著作用，卡梅伦甚至被称为"外交事务首相"（foreign affairs PM）。① 卡梅伦在担任外交大臣期间，迅速开展了一系列高强度的外交活动，尤其是集中加强美欧国家在应对俄乌冲突和新一轮巴以冲突中的合作与协调。②

一　苏纳克政府执政末期的外交战略

2023 年 3 月，苏纳克政府出台了《综合评估更新 2023：应对更具争议和动荡的世界》（Integrated Review Refresh 2023：Responding to a More Contested and Volatile World）报告（以下简称 2023 版《综合评估更新》报告），标志着该政府外交战略正式成型。2023 年 7 月至 2024 年 7 月是苏纳克政府落实 2023 版《综合评估更新》报告中提及的外交战略的关键阶段。在这一年中，苏纳克政府的外交政策重心是联合盟友和伙伴应对俄乌冲突和新一轮巴以冲突。③

第一，视巩固英国现有联盟体系为第一要务。2023 年 12 月，卡梅伦在《太阳报》上撰文，表示在这个充满前所未有的危险和不确定性的时代，英国需要加强与包括美国在内的强大盟友之间的合作，并发展新的盟友关系，以更有效应对俄乌冲突和新一轮巴以冲突。④ 在跨大西洋关系层面，英美关

① Eleni Courea, "'He's Getting a Lot Done': Cameron's First 100 Days as Foreign Secretary Impress", The Guardian, 26 February 2024, https://www.theguardian.com/politics/2024/feb/26/david-cameron-impresses-after-100-days-as-foreign-secretary.
② Tim Eaton and Christopher Phillips, "Has David Cameron's Return Revitalised UK Policy in the Middle East", Chatham House, 25 March 2024, https://www.chathamhouse.org/2024/03/has-david-camerons-return-revitalised-uk-policy-middle-east.
③ The UK Government, "PM Speech at Lord Mayor's Banquet: 13 November 2023", 13 November 2023, https://www.gov.uk/government/speeches/pm-speech-at-lord-mayors-banquet-13-november-2023.
④ The UK Government, "In a Time of Danger and Uncertainty We Must Respond with Strength, Resilience and Unity: Article by The Foreign Secretary", 3 December 2023, https://www.gov.uk/government/speeches/in-a-time-of-danger-and-uncertainty-we-must-respond-with-strength-resilience-and-unity-article-by-the-foreign-secretary.

系和英欧关系是英国对外关系的重中之重。2024 年 4 月，卡梅伦访问美国，在与美国国务卿布林肯（Antony Blinken）的新闻发布会上，他多次强调盟友合作对于应对俄罗斯、维护美国和欧洲安全至关重要。① 俄乌冲突背景下，英国政府也在积极改善推进与欧洲国家的关系。卡梅伦在 2024 年 4 月 8 日与法国外长塞茹尔内（Stephane Sejourne）共同撰文，纪念《英法协约》（Entente Cordiale）签订 120 周年和诺曼底登陆 80 周年，以增进英法关系。② 首相苏纳克也在同月 23 日访问德国，致力于加强英德安全和防务领域的双边合作，其中包括加强欧洲的防空能力、对乌克兰的援助以及能源项目开发等方面。③

第二，积极拓展与南方国家的伙伴关系。最典型的例子是苏纳克政府致力于提升英国在中亚地区的外交影响力。中亚地区由于兼具欧亚接合部、文化断裂带、能源储备区等特性，具有重要的战略价值，日益受到域外大国的关注。2023 年 11 月，英国下议院外交事务委员会发布了一份题为《处于十字路口的国家：英国参与中亚事务》的报告。报告称，目前英国与中亚地区的联系水平很低，加强同中亚地区的联系是地缘政治上的必然要求。④ 2024 年 4 月 22~27 日，卡梅伦访问了中亚五国（塔吉克斯坦、吉尔吉斯斯坦、乌兹别克斯坦、土库曼斯坦和哈萨克斯坦）和蒙古国。卡梅伦是第一位访问吉尔吉斯斯坦、塔吉克斯坦和土库曼斯坦的英国外交大臣，也是自

---

① The US Department of State, "Secretary Antony J. Blinken and United Kingdom Foreign Secretary David Cameron at a Joint Press Availability", 9 April 2024, https：//2021 - 2025. state. gov/ secretary-antony-j-blinken-and-united-kingdom-foreign-secretary-david-cameron-at-a-joint-press-availability-2/.

② The UK Government, "The World Is Safer for a Renewed Entente：Article by the Foreign Secretary and French Minister for Europe and Foreign Affairs", 8 April 2024, https：//www. gov. uk/ government/speeches/the-world - is - safer - for - a - renewed - entente - article - by - the - foreign - secretary-and-french-minister-for-europe-and-foreign-affairs.

③ The UK Government, "PM：UK and Germany Open 'New Chapter' in Defence Partnership", 23 April 2024, https：//www. gov. uk/government/news/pm-uk-and-germany-open-new-chapter-in-defence-partnership.

④ The UK Parliament, "Countries at Crossroads：UK Engagement in Central Asia-Report Summary", 10 November 2023, https：//publications. parliament. uk/pa/cm5803/cmselect/cmfaff/1158/summary. html.

1997 年以来首次访问乌兹别克斯坦的英国外交大臣。此外，这也是十多年来首次有英国高层官员访问蒙古国。① 在这次访问中，卡梅伦承诺帮助中亚国家和蒙古国在贸易、投资、教育、安全和气候变化等领域的发展，并与哈萨克斯坦签署了战略伙伴关系协议，加强双方在外交政策与安全、贸易投资、能源、知识产权保护、环境保护与金融服务等关键领域的合作关系。卡梅伦出访中亚各国的举动表明，英国政府有意扩大其在中亚地区的影响力，通过深化与中亚各国的经济、文化联系，将中亚国家拉入西方阵营，遏制俄罗斯通过中亚地区逃避西方经济制裁的行为。②

第三，英国继续寻求在协助乌克兰提高防务和安全能力方面发挥先锋作用，对俄采取更加强硬的立场。俄乌冲突爆发以来，英国积极充当挺乌反俄的先锋，投入大量政治和军事资源，并与同盟国和合作伙伴一起对俄罗斯实施大规模经济制裁。2024 年 1 月，苏纳克访问基辅，与乌克兰政府签订了《英国-乌克兰安全合作协议》，承诺英国将为乌克兰提供长期军事支持和安全保障。除了签订协议，苏纳克还确认英国将在 2024~2025 年度向乌克兰提供 25 亿英镑的军事援助，比前两年增加 2 亿英镑。③ 英国政府对俄罗斯也展示出了更加强硬的态度。2024 年 5 月，卡梅伦在访问乌克兰期间公开表态支持乌克兰使用西方武器打击俄罗斯本土。④ 在两年多的俄乌冲突中，西方国家普遍反对乌克兰使用其提供的武器袭击俄罗斯本土，担心乌克兰这么做会激怒俄罗斯，恶化俄乌冲突。因此卡梅伦的此番表态也无疑对俄乌冲突升级起到了刺激作用。

① The UK Government，"Foreign Secretary Travels to Central Asia and Mongolia in Landmark Visit to Region"，22 April 2024，https：//www.gov.uk/government/news/foreign-secretary-travels-to-central-asia-and-mongolia-in-landmark-visit-to-region.

② Sophia Nina Burna-Asefi，"UK Foreign Secretary's Visit to Central Asia：Deciphered"，*The Diplomat*，2 May 2024，https：//thediplomat.com/2024/05/uk-foreign-secretarys-visit-to-central-asia-deciphered/.

③ The UK Government，"PM in Kyiv：UK Support will not Falter"，12 January 2024，https：//www.gov.uk/government/news/pm-in-kyiv-uk-support-will-not-falter.

④ Paul Kirby，"Kyiv Can Use British Weapons Inside Russia-Cameron"，BBC，4 May 2024，https：//www.bbc.com/news/articles/c163kp93l6po.

二　英美特殊关系稳固

2023 年 7 月至 2024 年 7 月，英国与美国在政治、经济、安全与防务等多个领域的合作继续深化，两国特殊关系保持强劲势头。在这一年中，尽管全球地缘政治局势复杂多变，两国在共同应对国际挑战方面保持高度一致，并通过多层次、多领域的合作进一步巩固了两国特殊关系。

在政治层面，英美两国继续保持紧密的外交协调。在苏纳克访美 1 个月后（2023 年 7 月），美国总统拜登又开启了访英之旅。这是 5 个月内拜登与苏纳克第五次会面。在拜登与苏纳克的会晤中，双方讨论的议题广泛，包括《大西洋宣言》的新进展、英美经贸合作、俄乌冲突及其印太事务等。[①] 英美两国在应对俄乌冲突方面的立场高度一致，均致力于向乌克兰提供持续的军事和经济援助。英美两国在 2023 年 7 月和 2024 年 5 月举行了两轮战略制裁对话，密切协调针对俄罗斯的经济制裁和出口管控。[②] 在对华政策方面，英美两国也采取了更为协调的策略，英国在某些关键领域，例如在技术出口管制和投资审查上，明显与美国保持一致，表明英美两国在应对所谓"中国挑战"上的战略趋同。

在经济层面，英美两国继续深化双边贸易与投资关系。截至 2024 年 7 月，苏纳克政府与美国 6 个州签署了经贸合作备忘录，有利于促进

[①]　The UK Government，"PM Meeting with President Biden of the United States：10 July 2023"，10 July 2023，https：//www. gov. uk/government/news/pm-meeting-with-president-biden-of-the-united-states-10-july-2023.

[②]　The US Department of State，"Inaugural U. S. -UK Strategic Sanctions Dialogue"，20 July 2023，https：//www. state. gov/inaugural-u-s-uk-strategic-sanctions-dialogue/；The US Department of State，"Joint Statement by the U. S. Department of State and UK Foreign，Commonwealth and Development Office：Second U. S. -UK Strategic Sanctions Dialogue"，9 May 2024，https：//www. state. gov/joint-statement-by-the-u-s-department-of-state-and-uk-foreign-commonwealth-and-development-office-second-u-s-uk-strategic-sanctions-dialogue/.

英国与美国这些州之间的贸易与投资，为未来英美自贸协定的签署铺平道路。① 英美双方针对经贸议题进行了多轮政府高层对话，讨论如何进一步促进在双边贸易、能源、新兴科技、金融领域的合作。在贸易领域，英美两国在 2024 年 4 月举行了第 8 届中小企业对话，并在对话中宣布启动英美知识产权工具包，旨在促进双方中小企业之间的贸易往来，完善保护两国中小企业知识产权的相关举措。② 在新兴科技领域，英美两国在 2024 年 4 月签署了一项旨在加强人工智能安全的备忘录，促进两国在人工智能领域的协调与合作，确保双方在全球人工智能安全标准制定中的主导权。③ 在能源领域，英美两国在 2024 年 4 月举行了战略能源对话，在推动清洁能源转型和应对能源安全挑战方面，两国都展现出了强烈的合作意愿。④ 在金融领域，伦敦作为全球金融中心的地位使英美在资本市场、金融监管、绿色金融等领域的合作继续保持强劲势头。2023 年 9 月，英美两国举行第八届金融监管工作小组会议和第四届金融创新伙伴会议，就金融风险

---

① 根据媒体报道，2023 年 10 月，拜登政府和苏纳克政府准备就英美"基础性"贸易协议（"foundational" trade agreement）进行谈判。该协议不包含市场准入承诺，因而并不是自贸协定，更类似于印太经济框架。由于美国参议院反对以及英美双方对协议范围的分歧，拜登政府在 2023 年 12 月搁置了所有关于"基础性"贸易协议的谈判。参见 Graham Lanktree and Gavin Bade, "Revealed: Joe Biden and Rishi Sunak Seek UK/US Trade Pact Before 2024 Elections", Politico, 3 October 2023, https://www.politico.eu/article/revealed-joe-biden-rishi-sunak-seek-uk-us-trade-pact-before-2024-elections/; Graham Lanktree, "Biden Quietly Shelves Trade Pact with UK Before 2024 Elections", Politico, 18 December 2023, https://www.politico.eu/article/us-president-joe-biden-shelves-trade-pact-with-uk-2024-election/#:~:text=Key%20voices%20in%20the%20U.S., provides%20congressional%20oversight%20for%20trade。

② The UK Government, "Statement on the UK-U.S. SME Dialogues-Northern Ireland", 17 April 2024, https://www.gov.uk/government/news/statement-on-the-uk-us-sme-dialogues-northern-ireland.

③ The UK Government, "Collaboration on the Safety of AI: UK-US Memorandum of Understanding", 2 April 2024, https://www.gov.uk/government/publications/collaboration-on-the-safety-of-ai-uk-us-memorandum-of-understanding/collaboration-on-the-safety-of-ai-uk-us-memorandum-of-understanding.

④ The US Department of Energy, "U.S.-UK Strategic Energy Dialogue 2024: Joint Statement", 30 April 2024, https://www.energy.gov/articles/us-uk-strategic-energy-dialogue-2024-joint-statement.

和金融创新进行了讨论。①

　　在安全与防务层面，英美两国在应对全球和地区性安全威胁方面的合作进一步加强。在欧洲，英国是在俄乌冲突中表现最为积极的美国盟友。英美两国在北约框架内紧密合作，协调对乌克兰的军事援助，并在北约东翼加强防务部署，以应对俄罗斯的潜在威胁。在中东，英美在应对红海危机和新一轮巴以冲突中高度协调一致。在红海危机期间，英国与美国密切合作，共同应对也门胡塞武装对以色列和穿越红海的商船进行的导弹和无人机攻击。自2024年1月以来，英美两国对也门胡塞武装目标发动了多轮联合空袭，英国是唯一参与美国空袭行动的盟友。② 2024年4月13日，伊朗对以色列进行了大规模导弹和无人机攻击，美国联合英国对伊朗导弹和无人机进行了拦截。③ 同样，英国是唯一参与此次拦截行动的美国盟友。英美两国还在印太地区加强了军事合作。英国与美国在印太地区共同参与了多次联合军事演习，进一步展示了两国在该地区的军事存在和战略利益。2024年2月，美、英、澳空军在印太地区举行了名为"竹鹰"的首次实战飞行演习。④ 同年6~8月，英国空军派战机参与了美国主导的环太平洋军演。⑤ 在网络安全领域，英国国家网络安全中心（NCSC，隶属于英国政府通信总部）和美国网络安全与基础设施安全局（CISA，隶属于美国国土安全部）共同制定了

---

① The US Department of the Treasury, "Joint Statement on the U. S. -UK Financial Regulatory Working Group", 29 September 2023, https：//home. treasury. gov/news/press-releases/jy1773；The US Department of the Treasury, "Joint Statement on the U. S. - UK Financial Innovation Partnership Meeting 7th September 2023", 30 October 2023, https：//home. treasury. gov/news/press-releases/jy1848.

② "UK and International Response to Houthis in the Red Sea 2024", 30 July 2024, https：//researchbriefings. files. parliament. uk/documents/CBP-9930/CBP-9930. pdf.

③ "Israel-Iran April 2024：UK and International Response", https：//researchbriefings. files. parliament. uk/documents/CBP-10002/CBP-10002. pdf.

④ The US Navy, "Bamboo Eagle, First-ever US, UK, AUS C2-Driven, Live-Fly, Simultaneous LVC Exercise", 8 March 2024, https：//www. navy. mil/Press-Office/News-Stories/Article/3700672/bamboo-eagle-first-ever-us-uk-aus-c2-driven-live-fly-simultaneous-lvc-exercise/.

⑤ Royal Air Force, "RAF to Take Part in Major Exercises in the Indo-Pacific Region This Summer", 5 July 2024, https：//www. raf. mod. uk/news/articles/raf-to-take-part-in-major-exercises-in-the-indo-pacific-region-this-summer/.

《安全人工智能系统开发指南》，并在 2023 年 11 月 27 日正式发布。这是全球首份人工智能安全指南。① 值得一提的是，NCSC 和 CISA 在 2023 年 9 月共同主办了首届"面临跨国压迫威胁的民间社会网络安全战略对话"。除了美国和英国，参与国家还包括澳大利亚、加拿大、爱沙尼亚、日本、新西兰和挪威。②

三 英欧关系升温

（一）《温莎框架》协议的实施

2023 年 2 月，苏纳克政府与欧盟委员会签署了《温莎框架》协议，旨在有针对性地解决英国脱欧后北爱尔兰地区面临的诸多挑战。该协议的实施显著简化了英国本土至北爱尔兰"爱尔兰海"边界的货物通关程序。在欧盟法律实施方面，根据《北爱尔兰议定书》，一些欧盟法律仍然适用于北爱尔兰。对此，《温莎框架》引入了名为"斯托蒙特刹车"的机制，这将允许北爱尔兰地方议会反对新的欧盟规则。但是，《温莎框架》协议遭到了北爱尔兰民主统一党（Democratic Unionist Party）的抵制。由于对英国脱欧后涉及北爱尔兰地区贸易问题的《北爱尔兰议定书》强烈不满，民主统一党自 2022 年起抵制与新芬党（Sinn Fein）联合执政，北爱尔兰地方议会长期无法正常运转，地方政府缺位。2024 年 2 月，苏纳克政府做出多项立法保障的新承诺，并向北爱尔兰提供 33 亿英镑的支持，终于赢得民主统一党对

① The UK National Cyber Security Centre, "UK and US Develop New Global Guidelines for AI Security", 27 November 2023, https://www.ncsc.gov.uk/news/uk-develops-new-global-guidelines-ai-security.

② The US Cybersecurity and Infrastructure Security Agency, "CISA and UK NCSC Hold Inaugural Meeting of Strategic Dialogue on Cybersecurity of Civil Society Under Threat of Transnational Repression", 29 September 2023, https://www.cisa.gov/news-events/news/cisa-and-uk-ncsc-hold-inaugural-meeting-strategic-dialogue-cybersecurity-civil-society-under-threat.

《温莎框架》协议的支持。① 2024 年 2 月 3 日，英国北爱尔兰地区在经历了两年的"停摆"后，重新组成了权力共享政府。

在《温莎框架》协议实施方面，自 2023 年 10 月 1 日起，新的北爱尔兰零售流动计划、英国内部市场计划以及双方约定的英国-北爱尔兰农产品流动安排正式施行。为推进《温莎框架》协议，英国与欧盟共同设立了专门委员会，并召开了以增值税、消费税和监管分歧为核心议题的会议。这些举措体现了双方在解决问题时采取了更为多元的合作模式，并表现出更倾向于通过对话而非对抗来解决分歧的态度。② 鉴于《温莎框架》的实施尚处于初级阶段，其有效运作依赖于英欧各方继续履行相应的义务。

《温莎框架》协议为英欧双方深化合作铺平了道路，尽管合作进展未如预期迅速。例如，英国与"地平线"研究计划的合作谈判耗时超过 6 个月方才达成共识。2023 年 12 月 4 日，欧盟-英国联合项目参与专门委员会（the EU-UK Joint and Specialised Committees）通过了关于英国自 2024 年 1 月 1 日起正式重返"地平线欧洲"（Horizon Europe）及"哥白尼"（Nicolaus Copernicus）地球观测项目的政治协议。③ 该协议是英欧贸易与合作协定的一部分，将使英国研究人员可以在与其他相关国家研究人员相同的条件下参与欧盟的研究和创新计划，并享受"地平线欧洲"项目的资助。此举将深化欧盟与英国在研究和创新方面的关系，共同应对气候变化、数字化转型和

---

① The UK Government, "UK Government Confirms £ 3.3bn Spending Settlement for Restored Northern Ireland Executive", 13 February 2024, https：//www. gov. uk/government/news/uk-government-confirms-33bn-spending-settlement-for-restored-northern-ireland-executive; Jonathan McCambridge, "Sunak in Northern Ireland: £ 3.3 Billion Package 'a Generous and Fair Settlement'", The Irish News, 5 February 2024, https：//www. irishnews. com/news/northern-ireland/sunak-in-belfast-33-billion-package-for-northern-ireland-a-generous-and-fair-settlement-ODTFQSHUFAXXBLC2SUAOTYRR4/.

② Lisa Claire Whitten and David Phinnemore, "Implementing the Windsor Framework", UK in a Changing Europe, 3 October 2023, https：//ukandeu. ac. uk/explainers/implementing-the-windsor-framework/.

③ European Commission, "United Kingdom Joins Horizon Europe Programme", 4 December 2023, https：//ec. europa. eu/commission/presscorner/detail/en/IP_23_6327.

健康等全球挑战。此外，在金融服务监管领域双方也签署了谅解备忘录，并启动了与欧盟边境保护局 Frontex 合作的讨论。①

（二）英欧防务合作

在防务领域，俄乌冲突凸显了英欧提升防务合作关系的紧迫性和必要性，但是英欧防务合作依然缺乏一个总体性制度框架。达成《温莎框架》协议使英国与欧盟在防务领域产生了更强的合作意愿，但是双方远未恢复制度化的防务合作关系。与其前任一样，首相苏纳克并不热衷于与欧盟达成正式的防务合作协议，而是继续致力于根据具体情况与欧盟进行临时性的防务合作。在处理欧洲安全事务时，英国更倾向于依托北约以及英国的主要双边关系。俄乌冲突促进了英国与欧盟在向乌克兰提供援助和实施对俄制裁方面的合作，但同时也让欧盟意识到发展欧盟自身防务力量的重要性，在一定程度上提高了欧盟推动防务一体化、实现"战略自主"的意愿。2024 年 3 月 5 日，欧盟委员会公布欧盟首个《欧洲防务产业战略》，旨在通过防务产业调整带动军备投资，推动欧盟新版防务计划尽快实施。②

在俄乌冲突背景下，尽管欧盟正寻求进一步的战略自主，英国政府仍然积极推动与欧洲国家在军事防务领域的合作。2024 年 5 月，英国与芬兰签署了一项新的战略伙伴关系协议，旨在加强两国关系，共同应对俄罗斯。卡梅伦表示，这一基于共同价值观的战略伙伴关系将强化英国与芬兰的合作，

① The UK Government，"UK-EU Memorandum of Understanding on Financial Services Cooperation"，27 June 2023，https：//www. uk/government/publications/uk－eu－memorandum－of－understanding－on－financial－services－cooperation；The UK Government，"UK-Frontex Working Arrangement"，23 February 2024，https：//www. gov. uk/government/publications/uk-frontex-working-arrangement.

② European Commission，"First Ever Defence Industrial Strategy and a New Defence Industry Programme to Enhance Europe's Readiness and Security"，5 March 2024，https：//defence-industry-space. ec. europa. eu/first-ever-defence-industrial-strategy-and-new-defence-industry-programme-enhance-europes-readiness-2024-03-05_en.

在科学、技术、能源等多个领域促进欧洲安全，更有效应对俄罗斯的威胁。[1] 英国与德国的双边关系，尤其是安全与防务领域的合作，正进入一个新的发展阶段。2024年4月，苏纳克访问德国，在与德国总理朔尔茨（Olaf Scholz）的会谈中，重点讨论了如何加强欧洲防空能力、加大对乌克兰的援助力度以及推动能源项目开发等方面的合作。双方表示将致力于建立新的防务合作框架，并进一步拓展工业领域的合作。苏纳克和朔尔茨还讨论了共同开发遥控榴弹炮的计划，以及德国提出的"欧洲天空之盾倡议"防空系统项目。[2]

四 英国继续向印太倾斜

在2023版《综合评估更新》报告中，英国将"印太"定位为其长期战略规划的基石，并致力于将该地区确立为英国外交政策架构中的持久性支撑点。[3] 在苏纳克首相执政的第二年，英国采取了一系列措施，包括构建、巩固及利用多边和双边联盟，以此作为战略手段，持续增强对印太地区的军事干预，提升其在该区域内的军事与政治影响。在"印太倾斜"战略下，英国在过去一年继续加强与印太国家在经济、安全、科技和军事等领域的互动，借此维护和扩大自身在印太地区的战略利益。在大国博弈和乌克兰危机背景下，英国紧随美国的战略布局，不断深化与印太地区盟国的协同与合作，特别是东亚的日韩两国，进一步扩大在印太地区的存在感。

① The UK Government, "UK Strengthens Ties with Finland in Vow to Support Ukraine", 21 May 2024, https://www.gov.uk/government/news/uk-strengthens-ties-with-finland-in-vow-to-support-ukraine.

② The UK Government, "PM: UK and Germany Open 'New Chapter' in Defence Partnership", 23 April 2024, https://www.gov.uk/government/news/pm-uk-and-germany-open-new-chapter-in-defence-partnership.

③ The UK Government, "Global Britain in a Competitive Age: The Integrated Review of Security, Defence, Development, and Foreign Policy", 16 March 2021, https://assets.publishing.service.gov.uk/government/uploads/system/uploads/attachment_data/file/975077/Global_Britain_in_a_Competitive_Age_the_Integrated_Review_of_Security__Defence_Development_and_Foreign_Policy.pdf.

自 2023 年以来，英日合作关系进一步升级。2023 年 11 月 7 日，英国和日本在东京举行了第五届外长、防长"2+2"会谈。双方重申了《广岛协议》中规定的英国和日本全球战略伙伴关系。英日双方都认为欧洲-大西洋和印太地区的安全与繁荣密不可分，并承诺进一步加强安全能力和外交政策合作，成为在欧亚地区互为最紧密的安全伙伴。① 2024 年 4 月，英国宣布自2025 年起，英军将与美军和日本自卫队一起，在亚太地区定期开展联合军事演习，以提升联合作战能力。② 此外，英国与日本为促进经济安全创建了新的合作机制。2023 年 9 月，英日就经济安全建立部长级定期磋商机制，加强在经贸领域以及供应链等经济安全方面的合作。③

英国与韩国在政治、经济和军事等多个领域的关系显著发展并得到加强。2023 年 11 月，韩国总统尹锡悦访问英国，并与苏纳克签署了《唐宁街协议》，将两国关系从"广泛、创造性的伙伴关系"提升为"全球战略伙伴关系"。《唐宁街协议》重点关注英韩两国在技术共享、防务合作以及海、陆、空和网络空间安全等方面的合作。在防务领域，双方签署了关于防卫力量合作伙伴的意向书、关于共同出口军工产品的谅解备忘录，并达成旨在增强网络安全力量的"战略网络伙伴关系"。在安全领域，双方将扩大联合演习的规模，并积极推进旨在落实联合国安理会对朝制裁的海上联合巡逻。此外，双方还将就现有的英韩自贸协定进行重新谈判，签署关于半导体合作的谅解备忘录，并讨论宏观经济问题和经济金融领域的合作方案。韩国企业承诺在英国投资超过 210 亿英镑，以支持英国的可再生能源和基础设施项目，

① The UK Government，"Japan-UK Foreign and Defence Ministerial Meeting 2023：Joint Statement"，7 November 2023，https：//www. gov. uk/government/publications /japan－uk－foreign-and-defence-ministerial-meeting-2023-joint-statement.

② The UK Government，"UK to Hold Joint Military Exercises with US and Japan to Boost Security and Strengthen Defence Ties"，11 April 2024，https：//www. gov. uk/government/news/uk-to-hold-joint-military-exercises-with-us-and-japan-to-boost-security-and-strengthen-defence-ties.

③ The UK Government "Joint Statement of the Japan-UK Strategic Economic Policy and Trade Dialogue"，6 September 2023，https：//www. gov. uk/government/news/joint-statement-of-the-japan-uk-strategic-economic-policy-and-trade-dialogue.

并承诺进行价值 30 亿英镑的贸易合作。①

除了在东亚地区的合作之外，英国也在不断加强与东南亚国家的联系。2023 年 9 月，英国与新加坡共同发布了《战略伙伴关系宣言》。苏纳克表示，这一战略伙伴关系协议确立了英国与新加坡在未来十年内双边关系的发展方向。双方计划尽快完成相关磋商，并签署新的投资协议，以进一步强化两国间的投资往来。② 此外，英新双方将推动《五国联防协议》（FPDA）演训架构进一步现代化，加速导入更先进资源，强化军工产业合作，在印太区域扩大和深化安全合作。③ 于新加坡而言，扩大英国在区域内的实质性影响不仅有助于英国实现其"向印太倾斜"的战略目标，还可以在一定程度上间接制衡中国。于英国而言，与新加坡在情报共享及应对复合式威胁领域深化合作，将有助于更有效应对被视为"划时代挑战"的中国。此外，英国也在加强与泰国的战略合作。2024 年 3 月 20 日卡梅伦访问泰国期间，双方达成了《战略伙伴关系路线图》（UK-Thailand Strategic Partnership Roadmap），该路线图涵盖经济、防务、科技、旅游等多个领域的合作。④ 这是泰国首次与欧洲国家签署此类协议，显示了泰国在国际关系中寻求更广泛合作的意愿，同时也体现了英国在全球范围内寻求新合作伙伴的战略。

五　中英关系继续承压前行

2023 年 7 月至 2024 年 7 月，苏纳克政府坚持推行其强硬的对华政策。

---

① The UK Government，"UK and South Korea to Agree New Partnership to Redefine and Strengthen Ties for Next Generation"，20 November 2023，https：//www.gov.uk/government/news/uk-and-south-korea-to-agree-new-partnership-to-redefine-and-strengthen-ties-for-next-generation.

② The UK Government，"UK Agrees New Strategic Partnership with Singapore"，9 September 2023，https：//www.gov.uk/government/news/uk-agrees-new-strategic-partnership-with-singapore.

③ Ministry of Foreign Affairs，"Joint Declaration on the Singapore-United Kingdom Strategic Partnership"，9 September 2023，https：//www.mfa.gov.sg/Newsroom/Press-Statements-Transcripts-and-Photos/2023/09/20230909-UK-SG-Strategic-Partnership.

④ The UK Government，"UK-Thailand Strategic Partnership Roadmap"，2 April 2024，https：//www.gov.uk/government/publications/uk-thailand-strategic-partnership-roadmap.

这一政策的延续导致两国关系持续承受巨大的压力，使双边关系陷入低谷，且在这一时期内难以改善。苏纳克政府的强硬立场主要体现在其对华政策彰显出更浓重的安全化和意识形态化色彩，过于强调对华防范、竞争甚或对抗。这使中英两国在多个领域的互动受到阻碍，双边关系趋于冷淡，合作机会也因此减少。

在政治层面，苏纳克政府在对华认知上的问题更为凸显，不断将中国塑造为与英国处于对立面的国家。2023年下半年，中英两国政府高层进行了一定程度的积极互动，比如8月30日英国外交大臣克莱弗利（James Cleverly）访问中国，9月10日苏纳克与李强总理在新德里出席二十国集团领导人峰会期间会晤，11月1~2日中国科技部副部长吴朝晖率团参加英国主办的全球人工智能安全峰会。遗憾的是，这些高层互动并未为中英关系的缓和"破冰"。2023年9月15日，首相苏纳克公开表示，"中国危及英国开放、民主的生活方式"。① 2024年3月25日，苏纳克政府宣称来自中国的黑客试图入侵英国议员的邮箱、攻击英国选举监管部门，导致4000万英国选民的个人数据被泄露，并宣布制裁两名中国人和一家中国公司。② 4月23日，苏纳克在波兰华沙发表演讲，称中国与俄罗斯、伊朗和朝鲜形成"威权国家轴心"，遭到我国驻英使馆的强烈谴责。③ 4月25日，副首相道登（Oliver Dowden）邀请24所英国顶尖大学的校长参加安全会议，军情五处处长麦卡勒姆（Ken McCallum）和国家网络安全中心负责人奥斯瓦尔德（Felicity Oswald）向与会校长通报了所谓"威权国家"对英国大学高新技术知识产权、学术自由的威胁。这是英国政府首次邀请大学校长参加如此高级

---

① Gordon Corera and Damian Grammaticas, "China Poses Threat to UK Way Of Life, Says Rishi Sunak", BBC, 15 September 2023, https：//www. bbc. com/news/uk-politics-66810912.

② The UK National Cyber Security Centre, "UK Calls Out China State-Affiliated Actors for Malicious Cyber Targeting of UK Democratic Institutions and Parliamentarians", 25 March 2024, https：// www. ncsc. gov. uk/news/china-state - affiliated - actors - target - uk - democratic - institutions - parliamentarians.

③ Chinese Embassy in the UK, "Embassy Spokesperson on the UK's Wrongful Remarks Related to China", 24 April 2024, http：//gb. china-embassy. gov. cn/eng/PressandMedia/Spokepersons/ 202404/t20240424_11288527. htm.

别的安全会议。① 5 月 6 日，英国多家媒体大肆诬蔑中国对英国国防部使用的职员工资系统进行网络攻击，涉及 20 多万英国皇家海军、陆军和空军的服役人员姓名及银行资料。②

在经济层面，中英两国双边贸易遇冷，投资受限。中国仍然是英国的重要贸易伙伴，但是双边贸易额一度出现明显下降。根据英国商业与贸易部发布的报告，2023 年第二季度至 2024 年第一季度，中国是英国第六大贸易伙伴（占英国总贸易额的 5%），中英之间的商品和服务（包括出口和进口）总贸易额为 865 亿英镑，比 2022 年第二季度至 2023 年的第一季度总贸易额减少了 21.1%（231 亿英镑）。③ 根据英中贸易协会发布的报告，2023 年，英国对中国的商品出口总额下降了 1.6%，至 215 亿英镑；英国对中国的商品进口总额下降了 11.1%，至 668 亿英镑。值得一提的是，2023 年英国对中国内地的商品出口下降了 7.6%，至 133 亿英镑，而对中国香港的出口增长了 11.1%，达到 75 亿英镑。④ 根据荣鼎集团（Rhodium Group）发布的报告，2000~2023 年，英国是中国在欧洲最受欢迎的投资目的地，投资总额达 756 亿欧元，分别是同时期中国在德国和法国投资总额的 2.3 倍和 3.5 倍。⑤ 尽管如此，中英双边投资受到越来越多的限制。2024 年 4 月，苏纳克政府

① Mabel Banfield-Nwachi, "Foreign States Targeting Sensitive Research at UK Universities, MI5 Warns", *The Guardian*, 25 April 2024, https：//www. theguardian. com/technology/2024/apr/ 26/foreign-states-targeting-sensitive-research-at-uk-universities-mi5-warns.

② Noah Keate and Stefan Boscia, "Thousands of UK Troops Hit in Suspected Chinese Hack on Defense Ministry", Politico, 7 May 2024, https：//www. politico. eu/article/suspected-china-hack-hits-uks-defense-ministry/; Lucy Fisher, "UK Suspects China Behind Cyber Attack on Military Personnel Data", *Financial Times*, 7 May 2024, https：//www. ft. com/content/ a2ca5644-094d-45a3-b34a-d2b86f203c52.

③ The UK Department for Business and Trade, "China-Trade and Investment Factsheet", 2 August 2024, https：//assets. publishing. service. gov. uk/media/66a9f978fc8e12ac3edb07b5/china-trade-and-investment-factsheet-2024-08-02. pdf.

④ China-Britain Business Council, "China Trade Tracker", May 2024, https：//www. cbbc. org/ sites/default/files/2024-06/CBBC%20China%20Trade%20Tracker_May2024. pdf.

⑤ Agatha Kratz, Max J. Zenglein, Alexander Brown, Gregor Sebastian and Armand Meyer, "Chinese FDI in Europe：2023 Update", 6 June 2024, https：//rhg. com/research/chinese-fdi-in-europe-2023-update/.

以维护英国经济安全为由，计划出台一揽子措施限制英国企业对中国新兴科技的投资，向拜登的对华投资限制政策靠拢。①

在安全与防务层面，英国与中国的分歧进一步加大。英国对中国在南海以及台海地区的军事活动表达了严重关切，并在与美国、澳大利亚和其他盟国的合作中，逐步加大对印太地区的军事投入以防范中国。2024年3月21日，英国与澳大利亚签署了一项新的防务和安全合作协议，旨在为英澳两国军队在对方国家进行部署和行动提供便利。一方面，该协议有助于澳大利亚在英国本土参与 Interflex 行动，协助训练乌克兰士兵。另一方面，该协议有助于2025年英国航母打击群在印太地区的部署。② 4月8日，美英澳三国防长发表了有关 AUKUS 合作进展的联合声明，并表示正在考虑让日本参与AUKUS 第二支柱，推动英美澳日在前沿科技项目中的合作。③

结 语

2024年英国大选虽然导致了政府权力的更替，但并未造成英国外交政策的剧烈变动。斯塔默政府大体延续了此前苏纳克政府的外交战略。具体而言，工党政府秉持"进步现实主义"的指导原则，继续推动英国在全球事务中发挥重要作用。英国外交战略的核心仍然是巩固与美国的特殊关系，并进一步深化与欧盟及其成员国的合作。同时，在保持与欧美传统盟友密切关系的基础上，工党政府也力图提升英国在印太地区的影响力。此外，斯塔默

① Graham Lanktree, "Chinese Investment Amid 'Derisking' Push", *Politico*, 17 April 2024, https：//www. politico. eu/article/uk-china-trade-investment-economy-national-security-rishi-sunak-joe-biden-oliver-dowden-tech/; Chinese Embassy in the UK, "Embassy Spokesperson on the UK Deputy Prime Minister's Wrongful Remarks Related to China", 19 April 2024, http：//gb. china-embassy. gov. cn/eng/PressandMedia/Spokepersons/202404/t20240419_11284842. htm.

② The UK Government, "UK and Australia Celebrate Closer Ties with AUKUS Progress and New Defence Treaty", 22 March 2024, https：//www. gov. uk/government/news/uk-and-australia-celebrate-closer-ties-with-aukus-progress-and-new-defence-treaty.

③ The US Department of Defense, "AUKUS Defense Ministers' Joint Statement", 8 April 2024, https：//www. defense. gov/News/Releases/Release/Article/3733790/aukus-defense-ministers-joint-statement/.

政府还致力于提升与全球南方国家的关系，试图通过多边主义和全球伙伴关系扩大英国的外交影响力。这一系列举措表明，尽管执政党出现更迭，英国外交政策在大方向上仍保持了较高的延续性和稳定性。

工党执政将对未来中英关系产生重要影响，英国未来对华政策将打上鲜明的工党"烙印"。近年来，中英关系旧矛盾未解，又不断出现新矛盾。要处理好这些矛盾，非一日之功，必须付出长久努力。中英两国要主动创造机会开展高层交往和接触，深化经贸合作，加强民间交往，只有这样矛盾才能化解。只有在不断的互动中，中英双方才能对彼此更具同理心，更愿意从对方角度考虑双方关系，从而使两国双边关系更具韧性和抗挫折能力，行稳致远，"让互利共赢成为中英关系的主基调"。[1]

---

[1] 外交部：《习近平同英国首相斯塔默通电话》，2024 年 8 月 23 日，https：//www.fmprc.gov.cn/zyxw/202408/t20240823_11478867.shtml。

社会文化篇

B.5
英国刑事司法系统的危机：罪与罚

宋云峰*

摘 要： 英国刑事司法系统陷入危机，亟待解决长期存在的问题。一是监狱人满为患，改造囚犯的条件恶化。二是警力长期短缺，打击犯罪和维持治安不力。三是司法量刑欠妥，造成重复犯罪增加。这些问题由来已久，主要原因是政府对警力治安和监狱改造投入长期不足，警力缺乏难以应对治安与犯罪，而超员拥挤的监狱不但达不到改造罪犯的目的，反而成了滋长重复犯罪的土壤。新一届工党政府上台后，公众对英国刑事司法系统的危机应对和相应改革充满了期待。然而，即便工党政府有意愿根治这些问题，从解决警力和狱卒人数不足，到缓解监狱拥挤、人满为患的状况，再到加强对缓刑假释制度和社区监督改造的重视以减少重复犯罪，都需要长期且大量的资金和人力投入。然而，当前英国经济增长乏力，政府财政捉襟见肘，短期内难以从根本上解决这些长期积累的问题。

关键词： 刑事司法系统 监狱 警力 短期监禁 缓刑假释

---

* 宋云峰，北京外国语大学英国研究中心副教授（退休），主要研究领域：英国社会、英国电影。

2024 年 8 月，英国多个城市爆发了自 2011 年以来最大规模的社会骚乱，矛盾焦点涉及移民问题与种族关系。刚上台的工党政府疲于应付，调集全国警力制止暴乱、恢复社会秩序，并逮捕了数百名反移民的极右派暴力分子，首相斯塔默也要求严格按照法律进行惩戒判刑。然而，英国的监狱此刻却是人满为患。英国政府不得不提前释放一部分囚犯，为被判刑的骚乱分子留出足够的空位。[①]

这次骚乱暴露了英国刑事司法系统亟待解决长期存在的问题。一是监狱人满为患，改造囚犯的条件恶化。二是警力长期短缺，维持治安不力。三是司法量刑欠妥，造成惯犯增加。这些问题由来已久，主要原因是政府对警力治安和监狱改造的投入长期不足，使警力对治安与犯罪疲于应付，而超员拥挤的监狱非但达不到改造罪犯的目的，反而成了滋长犯罪的土壤。此外，政治和经济原因也不可忽视。英国经济长期低迷不振、贫富分化加大、贫困人口增加，致使一些经济状况不好的城市犯罪率居高不下。自 20 世纪 90 年代以来，英国的两党政治为了讨好选民从而当选执政，都无视现实因素，一致主张对刑事犯罪行为峻法严刑，造成监狱人满为患，而对罪犯的改造效果却越来越糟糕。

一 目前的危机

2024 年 7 月，工党上台和斯塔默执政[②]，使公众对解决刑事司法系统这些长期存在的问题抱有一定期待。然而，即使工党政府有意愿根治这些问题，从解决警力不足，到缓解监狱人满为患，再到重视假释制度和社区监督改造以减少重复犯罪，都需要政府的大量资金投入。长期低迷的经济增长与窘迫的政府财政让英国政府的选择有限，估计短期内难以从根本上解决这些

[①] Geneva Abdul and Rory Carroll, "'Prison Place Waiting' for Far-Right Rioters, Says Justice Minister", *The Guardian*, 6 August 2024, https：//www.theguardian.com/uk-news/article/2024/aug/06/police-officers-injured-in-plymouth-and-disorder-in-belfast-as-violence-spreads.

[②] 斯塔默本人就是律师出身，对这些问题应了如指掌。

长期积累下来的问题。

目前,英国的刑事司法系统问题丛生,堪称危机四伏,主要表现在以下几个方面:一些经济状况不好的城市吸毒、抢劫、入室盗窃等犯罪率居高不下;多数城市存在警力不足、对报案疲于应付、对犯罪起诉率低的问题;英国的监狱则人满为患,缺乏改造囚犯的良好条件,监狱内部暴力现象普遍,囚犯自杀率持续上升;以及英国司法制度的短期徒刑做法造成重复犯罪率高而且影响监狱长期囚犯的改造。①

(一)监狱条件恶化,囚室人满为患

自保守党主导的联合政府 2010 年执政以来,英国监狱的状况不断恶化。有关数据显示,2010 年,英格兰和威尔士监狱中有 58 名囚犯自杀。2016 年,自杀人数增加到 199 人,从平均每周约 1 人增加到近 4 人。囚犯自杀只是英国监狱管理混乱问题的冰山一角。2010 年,监狱系统记录在案的自残事件有 26979 起,2016 年则上升到 4 万多起。2010 年,有 2848 起记录在案的囚犯对监狱工作人员的袭击事件和 11244 起囚犯对囚犯的袭击事件。2016 年,这两个数字分别上升到 6844 和 19088。②

2015~2016 年,有近 21000 名囚犯被关押在过度拥挤的牢房中,其中许多囚犯被关押在专为一人设计的囚室中。在一些监狱,囚犯与狱警的比例高达 30∶1,是合理比例的 3 倍。在这样的监狱条件下,囚犯很难得到应有的改造。据统计,44% 被释放的成年囚犯在一年内再次被定罪收监,对于那些

---

① 由于英国区域性刑事司法制度的差异以及英格兰与威尔士人口在全英人口中占据主导地位(占 80% 以上),本文所引英国数据均指英格兰与威尔士的统计数据。关于犯罪率存在不同来源甚至相互矛盾的数据,原因是警方公布的犯罪率统计的是受害人报警率(财产损失较小或者人身伤害较轻的受害人一般选择不向警方报案),这与公众向第三方调查所报告的犯罪受害率的数据存在一定的差异。另外,由于司法制度和历史文化方面的差异,即使采用同样的统计方法,其数据所展现的各国犯罪率高低并不能完全反映各国公众对其社会安全的实际感受。

② Chris Tilbury, "I Predict a Riot: Britain's Prisons are Failing and the Government Has No Plan", *Prospect*, 12 December 2017, https://www.prospectmagazine.co.uk/essays/45481/i-predict-a-riot-britains-prisons-are-failing-and-the-government-has-no-plan? gad_source = 1&gclid = EAIaIQobChMIxpTiyK2KhwMVK6RmAh2xNQIxEAMYASAAEgLNKvD_BwE.

短期服刑者（刑期在 12 个月之内的轻犯），这一数字上升到59%。① 如果把所有再次犯罪但没有被抓获定罪的人都包括在内，统计结果会更加糟糕。

截至 2024 年 7 月工党再次当政，英国的监狱已经人满为患。新囚犯所需囚室空间将在几个月甚至几周内用完。监狱缺乏羁押空间意味着未能被绳之以法的危险分子在英国各地游荡；执法警察的数量将从街道上减少，以充实和管理人满为患的监狱牢房。政府的应急解决方案是提前释放监狱的部分囚犯，一些囚犯将在刑期未满的情况下获释。

2024 年，英格兰和威尔士有在押囚犯 8.8 万人，比 3 年前增长了12%。通常情况下，为了使监狱系统正常运转，司法部需要在监狱里预留约 1400个名额，而现在仅有 700 个名额。其中成年男性囚室尤其拥挤。英国典狱长协会的汤姆·惠特利认为，如果预留名额低于 300，监狱将不得不停止接收新的囚犯，以满足健康和安全法规的要求。② 以伦敦的旺兹沃斯监狱为例，该监狱最初的设计容量为 1000 人，而目前却关押着 1600 名囚犯，严重超标。③

与欧盟国家相比，英国的收监比例是最高的，达到每 10 万人中在押囚犯 142 人，而欧盟国家平均值为 109 人，而且收监人口似乎仍在继续增长。英国司法部预测，到 2026 年英国的收监人口将接近 10 万大关，达到98500 人。④

（二）青年失业率高，吸毒行窃泛滥

调查研究表明，毒品与犯罪有着密不可分的联系。有些城市青年人的失

① Chris Tilbury, "I Predict a Riot: Britain's Prisons are Failing and the Government Has No Plan", *Prospect*, 12 December 2017, https://www.prospectmagazine.co.uk/essays/45481/i-predict-a-riot-britains-prisons-are-failing-and-the-government-has-no-plan? gad_source=1&gclid=EAIaIQobChMIxpTiyK2KhwMVK6RmAh2xNQIxEAMYASAAEgLNKvD_BwE.
② "Cell Signals: A Crisis in Prisons Gives Britain's New Government Its First Test", *The Economist*, 20 July 2024, p.43.
③ "Penal Populism: In Urgent Need of Correction", *The Economist*, 4 November 2023, p.49.
④ "Crime and Pointless Punishment", *The Economist*, 1 July 2023, p.45.

业率较高，其中很多人依赖毒品来麻醉自己，对毒品的依赖性增高。2022年，英国政府估计英格兰有30多万人严重依赖海洛因和可卡因。这些瘾君子中近一半人伴有入室盗窃、抢劫和其他获取财物类犯罪（例如商店行窃）。仅在英格兰就有许多问题亟须解决。2021年的一项独立审查显示，滥用毒品每年给英国社会造成近200亿英镑的损失，相当于英格兰人均接近350英镑的费用。与此同时，商店行窃现象也有所增加，尤其是在贫困地区。英格兰和威尔士警方记录的犯罪率已升至20年来的最高水平。①

（三）警力严重不足，破案定罪率低

内政部年度数据显示，在截至2023年3月的一年时间内，英格兰和威尔士只有不到4%的入室盗窃犯罪被提起诉讼，尽管这一比例比上一年有所增加。例如，在米德尔斯堡地区的北奥姆斯比，2022年每100起犯罪案件中约有95起没有破案。②

2022年底，英国当时的社区警务负责人认为，警察在处理社会服务问题上花费了太多时间，而在打击犯罪方面投入的时间不足。现已退休的警察局局长奥利维亚·平克尼表示，估计警察得把一半的轮班时间花在应付其他社会服务工作上。她说，这意味着受害者对警察不能及时破案感到失望和挫败，英国的刑事司法系统处于危机之中。

据英国广播公司新闻报道，现在警方对犯罪采取行动的反应时间越来越长，指控的嫌疑人也越来越少。最近招募的一批新警官将有助于改善这种情况，但实际上，其中许多只是对退休警官的"补充"，一些警局的人数与2010年相比仍下降了15%。③

中右翼智库"政策交流"调查报告的观点是，一些常见犯罪"本质上

① Ed Thomas, "Crime Here is Hurting, Whatever the Statistics Say", BBC, 13 June 2024, https://www.bbc.com/news/articles/c7227ve4e9yo.

② Ed Thomas, "Crime Here is Hurting, Whatever the Statistics Say", BBC, 13 June 2024, https://www.bbc.com/news/articles/c7227ve4e9yo.

③ Noel Titheradge and Ed Thomas, "Police are Failing Crime Victims, Says UK Neighbourhood Office", BBC, 11 November 2022, https://www.bbc.com/news/uk-63588717.

几乎完全非刑事化了"，因为警察执法已经"迷失了方向"。该报告的作者、前侦探总督察大卫·斯宾塞认为，需要对刑事司法系统进行重大干预和改革。他表示，警方破案能力"非常低"，2021年仅解决了3.5%的入室盗窃案、6.3%的抢劫案和4.1%的室外盗窃案。[①]

然而在全国范围内，犯罪不是最大的选举议题。选民对生活成本上升、英国国家医疗服务体系、经济和移民问题的关注度更高。但在经济萧条、失业率高的一些城市中，市民对犯罪的担忧是非常真实的。人们迫切需要政府投入更多警力和资金以减少犯罪、提升安全感。

二 危机的由来

自20世纪90年代以来，保守党和工党争相在犯罪问题上采取更强硬立场，导致监禁的罪行范围持续扩大、刑期不断加长。英国虽然不像美国那样"痴迷"于监禁罪犯，但其监狱人口数量无疑是西欧国家最大的。按照人口比例计算，英国在押囚犯人数约是荷兰和德国的2倍。[②] 用前内政大臣迈克尔·霍华德颇具影响力的话来说，如果"监狱奏效"，英国应该享受其中的好处。诚然，自20世纪90年代以来，英国的犯罪率有所下降，但几乎所有富裕国家均呈现这一趋势。英国政府不愿意把稀缺的资金花在监狱建设上，仅维持现状避免恶化。所以，英国罪犯的再次犯罪率也是富裕国家中最高的。

工党与保守党自20世纪90年代以来在犯罪问题上的政策共识使英国刑事司法系统的问题越积越多，形成了目前的局面。监狱一如既往被视为社会的垃圾桶，必须容纳社会上所有的最新罪犯。例如，目前普遍存在并亟待解决的毒品犯罪问题。虽然大麻、可卡因和海洛因等传统毒品随着禁毒活动不断减少，但新型毒品和"合法兴奋剂"问题难以解决。例如，目前一种被

---

① Emily McGarvey, "Home Secretary should Reform Failing Police Forces-Think Tank", BBC, 31 August 2022, https：//www.bbc.com/news/uk-62732336.

② "Cell Signals：A Crisis in Prisons Gives Britain's New Government Its First Test", *The Economist*, 20 July 2024, p. 43.

称作"香料"的"合法兴奋剂"是由大麻合成的，由于吸毒犯在监狱的持续增加和流转，"香料"已经充斥整个监狱系统。英国监狱监察局的数据显示，2010年，每所监狱平均有24%的囚犯认为很容易获得任何种类的毒品。2016年的这一数字则上升至46%。然而，更深层次的预算规模削减才是妨碍人们解决毒品等问题的关键。到2017年，英国监狱系统的实际预算比2010年减少22%。① 预算削减迫使人们采取一些管理上的应对策略，这只会使局势恶化。例如，对私人监狱的依赖程度出现了上升趋势。长期以来，私人监狱一直是一个有争议的问题。在某些方面，私人监狱在进步人士中赢得了一些赞扬，对政府也有一定的吸引力，因为可以在工资和养老金成本上大幅节省政府的支出费用。

以前不常见的10年或更长时间的徒刑也日益普遍。2006～2016年，长期徒刑的刑期平均增加了250%。② 人们通常支持政府对严重犯罪采取强硬态度，但这样做的效果是持续增加重罪判决的刑期。例如，与20年前相比，2023年的谋杀罪平均刑期已经从12.5年增加到20年。③ 其结果是造成恶性循环，罪犯被送往糟糕的监狱，获释后可能再次犯罪，然后又重返糟糕的监狱。这样的做法对于英国监狱系统的压力已经变得不可承受。实际上，关押更多的囚犯，尤其是短刑期囚犯在监狱的频繁流转，既增加了监狱系统容量的压力，也不利于长刑期囚犯的监管和改造，还给政府和纳税人增添了财政负担。据测算，英国监狱系统中一个囚犯一年的平均费用高达47000英镑，远远高于昂贵的私立学校一年的学费。④

① Chris Tilbury, "I Predict a Riot: Britain's Prisons are Failing and the Government Has No Plan", *Prospect*, 12 December 2017, https://www.prospectmagazine.co.uk/essays/45481/i-predict-a-riot-britains-prisons-are-failing-and-the-government-has-no-plan? gad_source=1&gclid=EAIaIQobChMIxpTiyK2KhwMVK6RmAh2xNQIxEAMYASAAEgLNKvD_BwE.

② Chris Tilbury, "I Predict a Riot: Britain's Prisons are Failing and the Government Has No Plan", *Prospect*, 12 December 2017, https://www.prospectmagazine.co.uk/essays/45481/i-predict-a-riot-britains-prisons-are-failing-and-the-government-has-no-plan? gad_source=1&gclid=EAIaIQobChMIxpTiyK2KhwMVK6RmAh2xNQIxEAMYASAAEgLNKvD_BwE.

③ "Penal Populism: In Urgent Need of Correction", *The Economist*, 4 November 2023, p. 49.

④ "Crime and Pointless Punishment", *The Economist*, 1 July 2023, p. 45.

英国智库政府研究所的凯西娅·罗兰表示，从2010年代开始，英国政府对犯罪行为实行苛法重刑的压力进一步推高了延长刑期的司法判决。2012~2023年，刑事法院判决的平均监禁刑期增加了1/4；以对抢劫的指控为例，这意味着额外的13个月刑期。更严厉的判决对监狱系统产生的滞后效应开始显现。预计2025年底，英国监狱的在押人数将超过10万。还有两个因素加剧了这场危机。一个因素是在押候审犯人（等待审判或判刑的囚犯）数量的激增，主要是新冠疫情造成的法院待审案件的积压。自2019年以来，这一群体的数量增长了84%，达到16500人，几乎占收监人口的1/5。① 另一个因素是"假释召回"数量的大幅增加。许多被提前释放的囚犯因违反假释条款而被重新送回牢房，反映了缓刑（假释）服务体系中缺乏对假释犯人的社会支持。

三　解决之道与具体措施

（一）充实警察队伍，弥补警力不足

2024年大选之际，工党表示如果赢得大选将引入新的法律来加强当地警察的巡逻。影子内政大臣伊维特·库珀（Yvette Cooper）表示，未来的工党政府将再招募1.3万名社区警察，其中包括4000多名负责社区支持的警员，每个社区都将有一名固定的警察。她说，这些计划将得到新的立法支持，以保证更多的社区巡逻，打击反社会行为和犯罪。库珀称，在过去的13年里，社区警察的比例从19%下降到12%，街头的社区支持警员比2015年减少了8000多人。她表示，工党的新警员招聘将耗资3.6亿英镑，通过共享警察服务的效率节约资金来支付。

库珀指责保守党"对犯罪和治安采取自由放任的态度"，称保守党政府对治安退缩，未能采取行动解决持刀犯罪、毒品交易和反社会行为。她说，

---

① "Cell Signals: A Crisis in Prisons Gives Britain's New Government Its First Test", *The Economist*, 20 July 2024, pp. 43-44.

就在她讲话的当天，英格兰和威尔士发生了约 7000 起盗窃案，其中只有约 4000 起有人报警，仅有 180 人将受到法庭审判。①

大选之际，保守党也承诺，如果赢得大选将在未来三年内再招募 8000 名警察。根据这些计划，新的社区警察还将被赋予更大的权力，可以扣押刀具和追回赃物。警务大臣克里斯·菲尔普告诉英国广播公司第四频道的《今日》节目，新警察将"致力于"社区警务。他补充道："这意味着要监管我们的地方社区，并回应当地的犯罪调查要求。"保守党补充说，新警察将加入自 2019 年以来已经招募的 2 万名警察队伍。然而，批评者表示，自上次大选以来招募的 2 万名警察——作为保守党 2019 年重大选举承诺的一部分——只不过补充了 2010～2019 年离开警察部门的 2 万名警务人员。②

（二）提前释放部分刑期未满的囚犯

工党政府新任内政大臣马哈茂德的短期计划是允许囚犯——除了那些被指控犯有暴力、性侵或恐怖主义罪行，或"与家庭虐待有关"罪行的人——在服满刑期的 40% 后获释，而不是像以往的 50%。实施这项于 2024 年 9 月生效的政策不会一帆风顺。一些囚犯因多罪定刑而服刑，而家庭虐待不是一种特定的刑事犯罪。要实施任何这样的计划，令人担忧的是，提前获释的囚犯可能重新犯罪。这给英国本就千疮百孔、穷于应付的缓刑假释服务体系造成巨大压力。尽管如此，它确实可以争取到一些临时喘息的空间。

（三）对短期徒刑进行改革或废止

工党竞选宣言只提及让量刑"更加简便"，而且在商店行窃问题上听起来很强硬。然而，首相斯塔默在就职后的首次新闻发布会上又表示英国的囚犯数量过多。他还任命长期雇用有犯罪前科者而且支持刑事司法改革的商界

---

① "Labour Promises to Increase Community Police Number", BBC, 17 February 2023, https：//www.bbc.com/news/uk-politics-64652746.

② Anna Lamche, "Conservatives Pledge to Recruit 8000 New Police Officers", BBC, 10 June 2024, https：//www.bbc.com/news/articles/c8vvyd52e44o.

人士詹姆斯·廷普森为监狱大臣。

未来较为明显的一个改革领域是废止 12 个月以下的短期监禁。有证据表明，短期监禁会使轻微罪犯卷入更加严重的犯罪。英国的刑事司法系统未来也会对轻微犯罪短期徒刑（12 个月以内监禁）的判刑数量进行限制。调查研究表明，与社区监督改造判决相比，对轻微犯罪（例如吸毒）的短期监禁不但成本高，扰乱监狱秩序，而且会导致更高的重新犯罪率。这些轻微罪犯通常与重刑犯关在同样的牢房里，他们的进进出出不但使监狱里的毒品流通增加甚至泛滥，而且影响重刑犯的心理健康和劳动改造。[1]

将短期刑期改为社区监督判决还可以减少对女性轻微犯罪者及其家庭的伤害，尽管与男性犯罪者相比女性犯罪者数量很少。多数女性犯人所犯罪行比较轻微，例如商店行窃，而这些犯罪者中许多是孩子的母亲。如果男性被收监，孩子还有母亲来照顾，但母亲如果被收监就意味着家中的孩子需要社会照顾或者不得不去亲戚家。据统计，每年有多达 17000 名儿童因此受到影响，这对他们的健康成长不利，其中有些孩子长大后也会步父母的后尘。[2]

对刑期问题采取更自由开放的做法是有风险的。工党也担心在应对犯罪问题上表现得过于软弱，但工党政府有机会向英国公众证明必须对英国的刑事司法系统进行改革。一个以普遍的重复犯罪和西欧国家最高的监禁率为特征的刑事司法系统既不能保证英国公众的安全，也不能为英国的纳税人创造价值。

四　未来展望

至少在未来五年里，针对英国刑事司法系统的危机，工党应该利用其压倒性优势当选的政治权威和影响力来做三件事。

第一，它应该废止对商店行窃等轻微的非暴力犯罪适用 12 个月以下短刑期监禁的做法。许多研究表明，这样的短刑期监禁只会把初犯者变成职业

---

[1] "Penal Populism: In Urgent Need of Correction", *The Economist*, 4 November 2023, pp. 49-50.
[2] "Crime and Pointless Punishment", *The Economist*, 1 July 2023, p. 46.

罪犯。公众更支持在监狱外对这些人进行监督改造的想法。降低囚犯的流转率将使典狱长能够专注于那些有根深蒂固问题的重刑犯的改造。

第二,政府应该进行更广泛的量刑改革。在过去十年中,英国的平均刑期增加了25%。更长的刑期也造成了对目前监狱有限空间的挤压。那些对公众构成威胁的人的确应该被关起来。但荷兰等国家通过让危险性较低的罪犯,如涉及毒品或入室盗窃的罪犯在社区监督下度过刑期的做法,成功地减少了监狱人口。

第三,政府需要解决刑事司法系统中其他的问题,尤其是警力不足造成的治安问题和缓刑服务系统问题,以使公众放心,让他们得到安全保障。与更长刑期的吓阻相比,罪犯更害怕犯罪时被抓个正着。然而由于警力不足,在过去十年中,对所有犯罪行为的指控率已从17%下降到6%。缓刑服务系统也人手不足,网点过少。如果更多的罪犯被释放出狱,需要对该系统进行彻底改革。

无论是在立法、政策还是实施上,这些改革都是不容易的。工党应该抓住重新执政的机会重新思考如何有效进行改革的问题。还有一个关键困难,无论是修建新监狱、补充狱卒和警力、改造缓刑假释服务体系以及充实社会判决监督系统,都需要长期的大量财政投入和支持。而英国政府,不管是保守党还是工党执政,最缺的就是钱。新政府还面临生活成本上升、医疗系统急需增加资助等一系列需要追加财政投入的其他紧迫问题。即使工党想进行改革,也得一步一步来,先进行修修补补,再进行大幅改革。

英国刑事司法的目前危机与可能的未来改革给我们提供了一些有益的启示。首先,政府应当尽量消除犯罪滋生的土壤和条件,最重要的是保持经济增长,解决青年人充分就业问题,缩小社会的贫富差距。其次,保持足够的警力,维护社会秩序,有能力应对各种犯罪,提高破案率,使犯罪者不敢轻易违法犯罪。最后,对犯罪类型要区别对待,对于严重恶劣犯罪要严格按照法律规定判刑监禁,对其进行重点改造;对于大量轻微犯罪者需要着重对其进行社区监督教育并提供相应的社区服务,减少其重新犯罪的动机和条件,达到社会安定和谐的目的。

B.6
人工智能时代英国高等教育：固本与创新

胡　婉*

摘　要：　2023~2024 年，英国高等教育经历了显著的创新与变革，特别是在融合人工智能技术、开发跨学科课程以及国际科研合作方面。英国大学通过开设与人工智能相关的硕士课程，推动了教学方法的现代化，并在全球高校就业力排名中表现突出。同时，面对财政压力和国际招生挑战，英国大学采取了一系列措施来保持教育质量，提升学生的全球竞争力。Universities UK 发布的战略计划进一步明确了高等教育的发展目标，强调教育在经济方面的贡献和科研的国际影响力。

关键词：　人工智能　跨学科课程　国际科研合作　高等教育战略规划

2023~2024 年，英国高等教育领域迎来了一系列创新与变革。本报告深入探讨英国大学如何通过整合人工智能（AI）技术、推动跨学科教育以及加强国际科研合作应对高等教育领域的新挑战，并把握未来发展的机遇。报告还分析英国大学在全球高校就业力排名中的表现，以及在经济和社会贡献方面所取得的成就。通过这些综合性的分析，本报告旨在为读者提供一个全面的视角，以理解英国高等教育在当前全球教育格局中的地位和作用。

一　人工智能技术在高等教育中的应用

随着 Open AI 等人工智能技术的崛起，英国大学开始探索人工智能在

＊　胡婉，西交利物浦大学副教授，英国诺丁汉大学哲学博士，主要研究领域为高等教育政策、翻译教育。

教育领域中的应用，主要在于借助人工智能工具推动教学。英国教育部发布了针对教育领域运用生成式人工智能（Generative AI）的立场声明，并详细分析了人工智能在教育场景中的优势与不足。举例而言，生成式人工智能可以快速分析数据、重组信息和撰写文本，也能够通过指令将文本生成为音频、视频和图像。如果使用得当，生成式人工智能将减轻教育领域的工作压力，为教师节省时间，让他们能够专注于教学创新，精进教学能力。但同时，生成式人工智能也有较为明显的不足。例如，生成的内容可能不准确、不相关、带有偏见、不符合语境或者数据陈旧。此外，依赖人工智能也可能引发数据不安全等问题。为了积极应对生成式人工智能带来的机遇与挑战，英国大学在2023～2024年主要在以下两个方面探索人工智能与教育的结合应用。①

（一）课程开发与教学

英国大学开设了多种与人工智能相关的硕士课程，每门课程都有不同的重点和目标。帝国理工学院开发出"人工智能应用与创新"硕士课程，由商学院、计算机系、电子信息工程系和数学系四个跨学科的院系共同教授。这个项目旨在强化人工智能创新，期望能给实际工作场景提供有益助力，探索多样化的人工智能应用和商业创新，并提供创业机会。②伯明翰大学的硕士课程则关注"人工智能与机器学习"，教授学生人工智能和机器学习的基本原理，并帮助他们将所学知识用于解决实际问题。③萨里大学所开设的"人工智能"硕士课程则为学生提供全面的人工智能理论、方法和应用方面的培训，使学生掌握实践技能并积累经验，能够在各个行业领域从事人工智

---

① The UK Government，"Generative Artificial Intelligence（AI）in Education"，26 October 2023，https：//www. gov. uk/government/publications/generative－artificial－intelligence－in－education/generative－artificial－intelligence－ai－in－education.

② Imperial College London，"Artificial Intelligence Applications and Innovation"，https：//www. imperial. ac. uk/study/courses/postgraduate－taught/applications－innovation/.

③ The University of Birmingham，"Artificial Intelligence（AI）and Machine Learning"，https：//www. birmingham. ac. uk/postgraduate/courses/taught/computer－science/artificial－intelligence.

能研究、开发和应用工作。这一课程由人工智能研究所（Institute for People-Centred AI）和视觉、语音与信号处理中心（Centre for Vision，Speech and Signal Processing）共同开设。[①] 伦敦大学学院则推陈出新，将人工智能技术与环境及人文研究相结合，开设"人工智能促进可持续发展"的理学硕士项目，将人工智能的技术学习与联合国可持续发展目标（UN Sustainable Development Goals）相结合，旨在助力学生成长为人工智能领域的专家，并使其深刻认识到应如何运用人工智能技术造福环境与人类，并为可持续发展进程中亟待解决的关键问题探寻应对之策。[②]

（二）人工智能在教学与测评场景中的运用

英国大学正在积极探索使用人工智能工具改变传统的教学和评估方式，以提高效率和参与度。例如，使用人工智能工具以辅助课程规划、批改作业和进行其他教学任务。伦敦大学学院出台详细的人工智能工具的使用规范，为教师和学生提供指导建议，使其明确在评估中人工智能工具的使用是否能够被接受，并给出详细的维度以区分哪些学习活动或技能评估适合使用人工智能。比方说，人工智能不适用于展示学生的基础水平技能，如记忆、理解、自主培养批判性思维技能、知识运用以及在课程学习全过程中必备的基本技能。但是人工智能可以按照导师的要求和评估的需要，以特定的方式强化和支持特定技能的发展。例如，学生可以利用人工智能完成数据分析、模式识别或提出见解等任务。[③] 牛津大学强调了人工智能在教育中的积极作用，同时也指出了它对学术规范和学术诚信的潜在威胁。牛津大学支持学生和教职员工在他们的工作中合理使用人工智能，同时须遵循伦理规范。例

① The University of Surrey，"Artificial Intelligence"，https：//www.surrey.ac.uk/postgraduate/artificial-intelligence-msc.

② UCL，"Artificial Intelligence for Sustainable Development MSc"，https：//www.ucl.ac.uk/prospective-students/graduate/taught-degrees/artificial-intelligence-sustainable-development-msc? trk=public_post_comment-text.

③ UCL，"Using AI Tools in Assessment"，https：//www.ucl.ac.uk/teaching-learning/generative-ai-hub/using-ai-tools-assessment.

如，学生可以利用人工智能来培养学术阅读、写作和演讲技能，在学术任务中选择恰当工具。① 牛津大学认为人工智能素养对于教师和学生而言是一项关键技能。② 与此同时，牛津大学对罗素集团发布的全套人工智能素养原则予以充分回应，并从中提炼出了在校本教学和场景中运用 AI 的原则。

一是人工智能可以作为学生学习的辅助工具，但必须合乎道德和适当使用。

二是学术教师和院系可以提供详细指导，允许在特定任务或作业中使用人工智能工具，并规定使用方式。

三是学生应遵循导师和院系的指导，并采取防止作弊的措施。无论何时使用人工智能工具，都应采取与防范作弊相类似的保障措施。作者绝不能把从人工智能平台中获得的观点或文字当作自己的观点或文字，并应明确承认人工智能在作业中的应用情况。

四是在使用大语言模型（Large Language Model，LLM）时，用户须意识到对所写内容的准确性负有责任，因为其输出可能是不正确或虚构的。③

二 AIGC 时代英国高等教育体系的固本策略

（一）2023~2024年全球高校就业力排名

英国是率先在全球范围内推行系统性、全方位就业能力培育举措的国家。英国大学通过与雇主合作、提供实习机会、开设职业发展课程和一对一辅导等多种形式帮助学生为进入职场做好准备，以提升他们的就业能力。

① The University of Oxford, "Advice on Using Artificial Intelligence (AI) Tools to Support Your Learning", 8 January 2024, https://www.ox.ac.uk/students/news/2024-01-08-advice-using-artificial-intelligence-ai-tools-support-your-learning.
② The University of Oxford, "AI in Teaching and Assessment", https://academic.admin.ox.ac.uk/ai-in-teaching-and-assessment.
③ Russell Group, "New Principles on Use of AI in Education", 4 July 2023, https://russellgroup.ac.uk/news/new-principles-on-use-of-ai-in-education/.

　　泰晤士高等教育（Times Higher Education）发布了 2023~2024 年全球高校就业力排名榜单（Global Employability University Ranking 2023-24）。该榜单由人力资源管理专业机构 Emerging HR Consultant 和泰晤士高等教育共同发布。该榜单筛选了全球 250 所最受雇主认可的院校，13 所来自英国，其中又有 5 所位于伦敦地区。剑桥大学和牛津大学分别获得全球第四和第八，也是全球排名前十中唯二的英国大学。此外，苏格兰的圣安德鲁斯大学和爱丁堡大学分别排名第 139 和第 147，而威尔士的卡迪夫大学位列第 187。①

　　剑桥大学之所以脱颖而出，除了其国际声誉外，关键在于其全球校友网络和教学水平。剑桥大学拥有 400 多个校友组织，便于为毕业生提供就业帮助。其毕业生往往在政界或国际顶尖公司就职，一定程度上得益于他们在校期间与教授的密切互动，教授们借助科研经费以及创意项目，探索创新教学方法，为学生综合素质的培养奠定了基础。

　　牛津大学是一所培养了许多国际领袖、英国首相、诺贝尔奖得主和奥运冠军的世界级学府。其严格的入学录取过程和卓越的教育质量使其毕业生备受雇主认可。近年来，该校还专注于数字科技和传播领域的发展，为学生提供了在工作中应用所学知识和技能的机会。

　　帝国理工学院就业力在英国排名第三，全球排名第十一，比 2022~2023 年排名上升了五位。伦敦是受创业者青睐的热门之选，汇聚许多国际企业。2023~2024 年，帝国理工学院举办了许多职业发展活动，包括职业讲座午餐会、职业技能工作坊和模拟面试。此外，学院还为毕业三年内的校友提供职业支持。② 这些务实的举措也是帝国理工学院在就业力榜单上排名得以上升的关键。

---

① SI-UK, "Three UK Universities Feature in Top 15 of Global Employability Rankings 2023/24", 22 December 2023, https：//www.studyin-uk.com/news/three-uk-universities-inthe-global-employability-rankings-2023-24/.

② The Times Higher Education, "Graduate Employability：Top Universities in the UK Ranked by Employers 2023-24", 23 November 2023, https：//www.timeshighereducation.com/student/best-universities/graduate-employability-top-universities-uk-ranked-employers.

（二）进一步推动跨学科教育：以法律学科为例

2023~2024 年，英国一些顶尖法学院的高校，如伦敦政治经济学院（LSE）和爱丁堡大学加强了法律教育，它们通过提供双学位课程、研究生课程和博士研究项目来拓展法学教育。这些课程不仅包括传统的法律学习，还涉及跨学科研究，如法律与商业的结合。例如，LSE 的法学硕士推出了新的学习方向，于 2024~2025 学年正式推行。这些新的专业方向提供了一系列将法律和商业相结合的课程，包括公司法与商法、国际商法、竞争与创新等。① 与此同时，LSE 计划在 2025~2026 学年推出一个新的跨学科硕士项目，名为"法律与金融"理学硕士（MSc Law and Finance）。该项目由法学院和金融系合作开设，旨在为学生提供在法律与金融领域交叉点上所需的知识和技能。课程将涵盖金融基本概念和原则以及它们与法律规则和实践的相关性。该项目提供跨学科课程，包括金融市场、公司金融原理、公司金融与法律、公司交易与法律等课程。这个专业适合有专业经验且有意深入探究法律与金融领域、希望提升现有职业高度或转行投身于这方面工作的学生。② 曼彻斯特大学推出了一门名为法学与政治学（LLB Law with Politics）的本科课程，该课程整合了法学和政治学两个学科的资源。学生在学习法律技能的同时，还将接触到来自政治学和国际关系领域的新思想和知识。③

（三）明确高等教育战略发展目标

2024 年 6 月，英国大学协会发布了 2024~2030 年的战略计划，旨在确

---

① LSE，"LLM, Master of Laws"，https：//www. lse. ac. uk/study - at - lse/Graduate/degree - programmes-2024/LLM.

② LSE，"MSc Law and Finance"，https：//www. lse. ac. uk/law/study/lawandfinance/msc - law - and-finance-introduction.

③ The University of Manchester，"LLB Law with Politics / Course Details"，https：//www. manchester. ac. uk/study/undergraduate/courses/2025/18869/llb - law - with - politics/course - details/#：~：text = In% 20your% 20final% 20year% 2C% 20you，our% 20world% 2Dleading% 20research%20specialisms.

保英国大学在未来能够更好地为社会服务并保持繁荣。该战略计划包括一系列目标和计划，其中重点总结如下。[1]

一是重申大学的共同使命。英国大学协会的使命是支持英国大学的发展，让它们成为社会服务的重要力量。

二是增强影响力。英国大学协会通过影响政策和舆论，推动大学展开合作，提供深刻见解，增进外界对大学的了解，助力大学规划未来走向，提升英国大学群体的整体影响力。

三是实现 2030 年的愿景。英国大学协会的 2030 年愿景旨在确保大学能够凭借其高质量教育、驱动增长和繁荣的知识和技能以及这些知识和技能所创造的繁荣之地，达成改变世界的目标。

四是增加经济贡献。英国高等教育领域对国民经济的贡献包括提供就业机会，促进经济增长，解决全球挑战，并助力毕业生掌握适应未来需求的技能。数据显示，高等教育行业为英国经济贡献了 1300 亿英镑；国际学生的消费为英国经济贡献了 150 亿英镑；英国的大学为超过 76.8 万个工作岗位提供支持等。[2]

五是促进教育和研究发展。英国大学每年培养超过 270 万名学生。英国是世界第四大研究生产国，在提交"科研卓越框架"（Research Excellence Framework，REF）评估的大学研究成果中，有 84% 被评定为世界领先或国际优秀。[3]

三　英国大学国际招生和财务现状分析

2024 年，英国大学积极采取了多项措施以吸引国际学生。例如，它们

---

① Universities UK, "A Common Cause: Thriving Universities, Serving Society", https://strategicplan. universitiesuk. ac. uk/.

② Universities UK, "Impact of Universities: In Numbers", https://www. universitiesuk. ac. uk/what-we-do/policy-and-research/publications/features/impact-universities-numbers.

③ Universities UK, "A Common Cause: Thriving Universities, Serving Society", https://strategicplan. universitiesuk. ac. uk/.

利用"英国大学与学院招生服务中心"（Universities and Colleges Admissions Service，UCAS）平台积极招募国际学生。英国大学因其高等教育全球化的优势，继续在全球范围内吸引学生，提供多样的课程和学习机会。

相较而言，英国大学在国际招生上面临一些挑战，这些挑战主要源于签证政策变化、经济压力、疫情冲击和其他留学目的国的竞争。从 2024 年 1 月开始，英国政府实施了新的签证政策，禁止大多数攻读本科和研究生课程的国际学生携带家属入境英国。这导致来自印度、阿拉伯地区、尼日利亚等国家和地区的国际学生申请人数显著下降。[1] 因此，英国大学的国际招生受到了负面影响，许多大学报告称 2024 年秋季入学的国际学生申请数量同比下降了 1.9%。[2] 由于英国政府收紧毕业生工作签证政策，支付留位费的国际学生人数大幅减少，英国高校财政收入明显下滑。[3] 政策收紧可能会使国际学生流动性的增长态势有所放缓。疫情后，就业市场并未完全恢复稳定，不确定性仍在增加，因此学生在选择留学目的地时更加谨慎。英国大学面临来自其他国家大学的竞争，尤其是美国、加拿大和澳大利亚等国积极招募国际学生。尽管英国作为留学目的国的优势下降，但其顶级名校仍保持严格的申请标准，坚守教育质量。[4]

英国大学在 2024 年面临了财政危机和专业关闭等问题，这是一个共同的挑战。根据英国高等教育监管机构"学生事务办公室"（Office for Students，OfS）发布的报告，40%的英格兰大学在 2023~2024 学年出现财政赤字。然而，从 2024~2025 学年开始，大学将逐步恢复盈余和经营现金流

① Kevin Prest，"UK Visa Statistics Show a Marked Slowdown in Student Recruitment"，29 November 2023，https：//opportunities-insight. britishcouncil. org/blog/uk-visa-statistics-show-marked-slowdown-student-recruitment.

② Kevin Prest，"UCAS Data Shows Slight Drop in Undergraduate Applicants as of June 2024"，30 June 2024，https：//opportunities-insight. britishcouncil. org/blog/ucas-data-shows-slight-drop-undergraduate-applicants-of-june-2024.

③ Peter Foster and Jim Pickard，"International Student Deposits in UK Dive After Graduate Visas Tightened"，*Financial Times*，14 May 2024，https：//www.ft. com/content/5af0fe25-8c5c-46c3-9d9f-883b25a7f8b6. e.

④ 《英国国际学生缘何锐减》，环球网，2024 年 3 月 21 日，http：//www. news. cn/globe/2024-03/21/c_1310768025. htm。

水平。报告显示，大学的净流动资金预计会从 2022~2023 年的 165 亿英镑减少到 2026~2027 年的 138 亿英镑。尽管短期内财务状况可能会面临挑战，但预计中长期内将有所改善。需要注意的是，此预测是建立在对学生招收情况尤其是国际学生的招生数量乐观的前提下，如果实际的招生情况未达预期，那么高校的财务状况可能会更为严峻。[①]

报告还分析了造成目前财务困难的主要原因。第一，学费收入实际价值下降，运营成本通货膨胀压力增加，建设和设施发展成本上升，员工养老金计划支出增加。第二，近期英国本土特别是国际学生申请人数量明显减少。第三，高等教育财务模型越来越依赖国际学生的学费收入，尤其是当招生主要来自单一国家时，这种依赖导致的财务脆弱性尤为突出。第四，大学面临着房产维护与修缮方面的必要费用支出以及为达成净零排放承诺需要大量投资的双重挑战。第五，学生和教职工面临生活成本方面的困难，这不仅给招生带来挑战，也增加了学生在大学就读期间对于各类支持的需求程度。

大学面临财务压力时，可能会削减预算或调整财务模式。这可能导致一些专业尤其是人文类专业，被缩减或调整。肯特大学计划在 2030 年前逐步淘汰人类学、艺术史、健康与社会关怀、新闻学、音乐与音频技术以及哲学/宗教研究等专业。[②] 牛津布鲁克斯大学宣布关闭音乐系，并在 2024 年进行一项新的遣散计划，该计划将影响艺术、人文、社会科学和数学学科的 48 个学术岗位。[③]

这些挑战可能会对学生、教职员工、大学运营和整个社区经济产生深远影响。然而，英国的一些顶级名校如牛津大学、剑桥大学、帝国理工学

---

① Office for Students, "Financial Sustainability of Higher Education Providers in England 2024", 16 May 2024, https：//www. officeforstudents. org. uk/media/ly1buqlj/financial – sustainability – report2024. pdf.

② The University of Kent, "Future Plans for Kent", 21 March 2024, https：//www. kent. ac. uk/news/statements/34743/future – plans – for – kent – 2？ fbclid = IwAR3wAc6hF7Z4ggfehxUJE 18PnmJ1tYnIs–AO9JucaJRDlXyqCopnFpHqHYQ.

③ The Oxford Brookes University, "Oxford Brookes Confirms Music Shutdown", 26 January 2024, https：//slippedisc. com/2024/01/oxford-brookes-confirms-music-shutdown/.

院等并未出现财政危机的迹象。这些大学在学术声誉和财务管理方面保持稳健。

四 英国大学在科研层面的进展与合作

2024年，英国大学在科研领域持续取得进展，这得益于英国国家科研与创新署（UKRI）的大力支持。同时，UKRI发布了一份具有前瞻性的科研洞察报告《英国未来的50项创新技术》，提出未来会影响人们生活的50项新兴技术。这些技术涵盖七大领域，包括人工智能、数字技术和计算技术，先进材料与制造，电子学、光子学和量子技术，能源和环境技术，生物技术，健康与医疗技术，机器人技术和空间技术。报告旨在分享最为显著的新兴技术，这些技术可能会对英国2040年及之后的相关产业发展起到至关重要的作用，不仅改变人们的生活方式，还将促使人们重新审视人类的定义、模糊现实世界和虚拟世界之间的界限，推动家庭及工作场所中技术应用实现跨越式发展。[1] UKRI将人工智能列为2023~2024财年的优先事项，旨在使英国的人工智能行业跻身全球领先行列。[2]

英国大学的科研合作进一步呈现国际化趋势，UKRI强调了国际科研合作的重要性。英国正在确保其专业知识和基础设施能使其与世界各地最优秀的研究人员、创新者和机构合作，并从六大战略目标角度阐述了未来的工作部署。这六大目标主要包括支持研究人员和团队开展国际合作、加强国际基础设施合作、促进以商业为主导的创新、提高国际合作的影响力等。具体来说，这些目标涉及研究人员的职业发展、全球科研联络、基础设施建设、创

---

[1] UKRI, "Insights Report, Welcome to the Future: Innovate UK's 50 Emerging Technologies", https://www.ukri.org/wp-content/uploads/2023/12/IUK-05122023-INO0617_Emerging-Tech-Report_AW2-final.pdf.

[2] UKRI, "UKRI Updates Corporate Plan to Outline Priorities for 2023 to 2024", 6 October 2023, https://www.ukri.org/news/ukri-updates-corporate-plan-to-outline-priorities-for-2023-to-2024/.

新推动、战略主题和变革性技术工作、伙伴关系促进变革。这些举措致力于提升科研活动的效率与效益。①

在科研人才培养方面，UKRI 开展了第 8 轮"未来科研领袖基金计划"的评选工作。该计划助力大学与企业培育那些极富才华且处于职业生涯初期的科研及创新人才，并吸引新人（包括来自海外的人才）加入其中。2023~2024 年，UKRI 共资助了 68 位科研人员，资助经费达 1.04 亿英镑。本轮获批的科研项目涵盖了多个前沿领域，其中包括针对铝离子电池（AiBs）的创新研究，其目的在于促进能源存储技术取得突破；对刑事司法系统中的个人生活经历进行深入探究以改进法律实践；剖析民主稳定性与经济不平等现象及其与政治极化之间的复杂联系，这对促进社会公正与政策制定具有重要意义。②

结　语

2023~2024 年，英国高等教育领域经历了一系列重要发展，尤其在人工智能技术的应用、教育质量提升、国际合作与科研创新等方面。英国大学积极响应技术革新的浪潮，将人工智能融入教学和测评的过程，通过开发相关学位课程和利用人工智能工具辅助教学与测试，不仅提高了教育效率，也为学生提供了更为丰富和个性化的学习体验。同时，英国大学在保障人工智能技术应用的道德性和准确性方面也付出了努力，制定了明确的指导原则和规范，以保障学术诚信和数据安全。

在国际合作方面，英国大学继续扩大其全球影响力，与世界各地的优秀研究者和机构合作，共同应对全球性挑战。UKRI 的战略规划和国际合作政

---

① UKRI, "Explainer：UKRI's Support for International Research and Innovation", https：//www. ukri. org/publications/explainer - our - support - for - international - research - and - innovation/ explainer-ukris-support-for-international-research-and-innovation/.

② UKRI, "68 New Future Leaders Fellows Awarded £ 104 Million in the Eighth Round", 18 July 2024, https：// www. ukri. org/news/68-new-future-leaders-fellows-awarded-104-million-in- the-eighth-round/.

策的推进，展示了英国在全球科研合作中的领导地位。此外，英国大学在科研领域的成就也得到了国际认可，其前沿的研究成果不仅推动了学术界的发展，也为社会和经济的进步做出了贡献。

　　尽管面临财政压力和国际招生挑战，英国大学通过战略调整和创新举措，尽量保持其教育质量和学术研究的高标准。通过优化课程设置、加强与行业的联系、提升学生就业能力，英国大学为学生提供了全面的教育服务，确保毕业生在全球就业市场中的竞争力。

　　总体而言，英国高等教育体系在 2024 年展现出了强大的适应性和创新能力，通过不断优化教育模式、加强国际合作、推动科研创新，为学生和社会创造了更大的价值。展望未来，英国大学有望继续在全球高等教育领域发挥引领作用，为培养未来的领导者和创新者做出贡献。

B.7
英国电影新发展

石同云*

摘　要： 　2023~2024 年的英国影业数据继续回升。2023 年，英国电影市场总票房和观影人次均小幅增长。英国电影在英美合拍大片的加持下延续了高比例市场份额（41%）；独立电影的市场份额（3.8%）惨跌，好在 2024 年上半年有惊人反弹（11.2%）。英国电影的全球票房回升至 61 亿美元。有 207 部电影在英国开机拍摄，制片花销受好莱坞罢工影响而大为减少。电影及电影人仅揽得 11% 的国际奖项。2024 年上半年，英国市场票房和观影人次均不及 2023 年同期，制片花销却恢复至疫情前水平。美国片和英美合拍大片始终垄断票房排行榜。《芭比》《旺卡》票房突出，《利益区域》《可怜的东西》奖项可观。

关键词： 　英国电影产业　票房　奖项　英伦形象

英国影业已从新冠疫情时的谷底快速反弹。2023~2024 年的英国影业发展态势继续向好，但仍与 2019 年的水准有较大差距。2023 年，英国市场总票房和观影人次小幅增长。英国电影延续了高比例市场份额（41%），但独立电影的份额（3.8%）惨跌。英国电影的全球票房回升至 61 亿美元。有 207 部电影在英国开机拍摄，制片花销因受好莱坞罢工的影响而下滑严重。2024 年上半年，英国市场票房和观影人次均不及 2023 年同期，制片花销却恢复至疫情前水平。电影获得的国际奖项在 2023 年不尽如人意，但《利益

---

* 石同云，博士，北京外国语大学英语学院英国研究中心教授，主要研究领域为英国社会与文化、英国电影。

区域》《可怜的东西》横扫 2024 年英国电影学院奖和奥斯卡奖。本文从英国影业现状、年度表现（票房、市场份额、票房榜、电影生产）、电影奖项、佳片银幕形象等方面盘点 2023 年及 2024 年上半年的英国电影产业新发展，并通过对比分析 2014~2022 年的影业业绩加以评估和分析。

一　英国电影的界定和影业现状

电影取得英国国籍须满足以下三个方面的规定（满足其一即可）：一是符合官方"文化测试"的检测标准；二是符合《电影合作制片欧洲公约》的规定条款；三是符合英国与他国官方签署的双边合作制片条约的约定细则。一部电影如果没有申请国籍认证，但从内容、制片人、资金和演艺人才方面极具英国辨识度，也被认定为英国电影。① 大部分英国电影（包括英美合拍大片）通过"文化测试"被认证注册。"文化测试"从文化内容、文化贡献、文化中心、文化从业者四个方面来检测一部电影是否可以归属"英国"，一部电影必须取得总共 35 分中至少 18 分才能获得"英国"国籍，并得以享受税收减免和公共资金资助。

英国电影学会的《影业统计年鉴》（*Statistical Yearbook*）基本按以下三个类别来分析英国影片业绩：一是纯国产片，由英国制片公司全部或部分出资在英国生产；二是外来投资片，由英国之外的资方主要投资和操控，因符合"文化测试"的要求而被注册为英国电影，美国大电影公司完全或部分投资的英美合拍大片归属此类；三是官方合拍片，符合英国官方签署的双边合作制片条约或《电影合作制片欧洲公约》的规定。第二种分类是把英国影片分为美国大电影公司投资片和独立电影两种，美国大公司指环球、派拉蒙、索尼、华特迪士尼和华纳兄弟五家，独立电影则包括纯国产片和没有美国五大电影公司投资的外来投资片及合拍片。2023 年对独立电影的界定更

---

① British Film Institute, *Statistical Yearbook 2022*, p. 227, https：//www. bfi. org. uk/industry - data-insights/statistical-yearbook.

加严格，除了没有好莱坞资金，电影还要被审视在哪里拍摄、是否有英国人才明显的实质性创意投入。因此，第二种分类现在已更改为独立电影和其他英国国籍电影（包含美国大电影公司投资片及不能算作独立电影的外来投资片或合拍片）。①

2020 年，英国影业总营业额达 207 亿英镑，为当年英国 GDP 直接贡献了 106 亿英镑的总增加值（Gross Value Added）；影业出口了价值 18 亿英镑的服务，贸易顺差达 9.15 亿英镑。2021 年，英国继续是全球第四大电影娱乐市场，仅次于美国、中国和日本，预计至 2026 年超越日本。②

英国影业长期笼罩在好莱坞垄断的阴影之下，缺乏像好莱坞那样的集生产、发行和放映于一体的纵向联营的大公司。21 世纪，影业公司数量持续增加。公司集中在制片和后期制作领域，2021 年分别有 8740 家和 3040 家，但其中仅 381 家制片公司有实际拍片活动（355 家只各拍摄了 1 部电影）。③ 2021 年电影发行公司有 375 家（147 家有实际发行活动），数量虽仅占影业公司总量的 2%，却赚得影业总营业额的 44%。好莱坞五大电影集团旗下的英国子公司占据着发行业前五的位置，对发行市场有绝对的垄断。④

2021 年电影放映公司有 290 家，经营着 928 家影院（43% 是多厅影院）和 4610 块银幕（80% 是多厅银幕），平均每 10 万人享有 6.9 块银幕。以银幕数量计算，英国最大的 5 家放映院线是影院世界、欧点、视图、展示影院和帝国影院，共拥有 69% 的银幕。商业影院的电影票平均价格在 2021~2023 年分别是 7.32 英镑、7.70 英镑、7.92 英镑。⑤ 2021 年英国电影多元化的播映市场（包括数字音像、电视播映、影院展映和音像制品）总收入共计 35.55 亿英镑。

---

① British Film Institute, *Statistical Yearbook 2022*, pp. 224 – 227；分项报告 "UK Films at the Worldwide Box Office, 2023", pp. 2, 4.
② British Film Institute, *Statistical Yearbook 2022*, pp. 214, 216, 212, 121.
③ British Film Institute, *Statistical Yearbook 2022*, pp. 205, 169.
④ British Film Institute, *Statistical Yearbook 2022*, pp. 205, 63, 206.
⑤ British Film Institute, *Statistical Yearbook 2022*, pp. 205, 71, 79, 124；分项报告 "The UK Box Office in 2023", p. 2。

二 2023~2024年英国电影市场：票房、观影人次小幅回升，英国片延续高占比①

21世纪英国电影市场票房总体呈小幅增长态势，至2019年翻了近一番。英国观影人次则增幅不大。受新冠疫情导致的影院封控措施的影响，2020年票房和观影人次均跌至谷底，随后逐年快速反弹。2023年，英国电影市场放映总票房（包括2022年发行、2023年仍在放映的影片的票房）为9.8亿英镑，比2022年增长8%，但比2019年仍低22%。英国影院观影人次共计1.24亿，比2022年微增5.5%，但比2019年少29.8%。2024年上半年，英国电影市场总票房达4.19亿英镑，观影人次为5420万，均不及2023年同期。自2014年以来英国票房收入和观影人次详见表1（2001年和2007年数据供对比参照）。②

表1 英国票房收入和观影人次（2014~2024年）

年份	票房			观影人次（百万）
	票房总收入(百万英镑)	年增减幅度(%)	累计占比(%)	
2001	645	—	—	155.9
2007	821	—	27.3	162.4
2014	1063	—	64.8	157.5
2015	1242	16.8	92.6	171.9
2016	1228	-1.1	90.4	168.3
2017	1279	4.2	98.3	170.6
2018	1282	0.2	98.8	177
2019	1254	-2.2	94.4	176.1

① 本节数据出自 British Film Institute 2024年2月1日发布的分项报告 "The UK Box Office in 2023", pp. 2, 4, 8; 2024年8月1日发布的分项报告 "The UK Box Office, January to June 2024", pp. 3, 5。本文所引有关影业表现的各分项报告下载自 https://www.bfi.org.uk/industry-data-insights/official-statistics-release-calendar。
② 此处数据仅限英国一地，不包括爱尔兰市场。

年份	票房			观影人次（百万）
	票房总收入（百万英镑）	年增减幅度（%）	累计占比（%）	
2020	307	-75.5	-52.4	44
2021	542	76.5	-16	74
2022	904	66.8	40.2	117.3
2023	980	8.4	51.9	123.6
2024 年上半年	419			54.2

资料来源：British Film Institute, *Statistical Yearbook 2022*, pp.16, 10; "The UK Box Office in 2023", p.2; "The UK Box Office, January to June 2024", p.3。

美国影片在英国和爱尔兰市场始终占据垄断地位，2003 年所占份额曾高达 81%，但近十年下降趋势明显。取而代之的是英美合拍大片比例的稳步上升。英国影片（含英美合拍大片）的年度票房份额 2019 年创下了 47.1% 的 21 世纪最高纪录，2023 年亦高达 40.8%。英国独立电影份额在 2011~2020 年上升趋势明显，但受到新冠疫情重创，反映出低预算的独立电影脆弱的抗危机能力。独立电影份额 2022 年刚出现好转，2023 年又惨跌至 3.8%，好在 2024 年上半年表现出彩（占 11.2%）。自 2014 年以来英国电影市场具体票房份额详见表 2。

表 2 英国、美国和欧洲电影在英国和爱尔兰电影市场票房份额（2014~2024 年）

单位：%

年份	英国国籍电影			美国电影	其他欧洲电影
	总份额	美国大电影公司投资的合拍片	独立电影		
2014	26.8	10.7	16.1	65.8	4.9
2015	44.7	34.2	10.5	51.1	2.4
2016	35.9	28.5	7.4	58.9	3.2
2017	37.4	27.8	9.6	57.7	1.5
2018	46.1	32.9	13.2	51.3	1.1
2019	47.1	34.1	13	50	1.1
2020	46.5	32.3	14.2	42.1	2.7

续表

年份	英国国籍电影			美国电影	其他欧洲电影
	总份额	美国大电影公司投资的合拍片	独立电影		
2021	40.8	35.9	4.9	55.6	1.1
2022	29.6	21.7	7.9		
2023	40.8	37.0(其他英国国籍片)	3.8		
2024 上半年	26.3	15.1(其他英国国籍片)	11.2		

资料来源：British Film Institute, *Statistical Yearbook 2022*, p. 22；"The UK Box Office in 2023", p. 8；"The UK Box Office, January to June 2024", p. 5。

2023 年，共计 822 部影片在英国和爱尔兰市场①得到了发行（放映 1 周或以上），这些当年发行的影片取得了 9.86 亿英镑的票房（截至 2024 年 1 月 21 日）。英国电影取得了 40.8% 的票房份额（4.02 亿英镑）。其中，其他英国国籍片（包括英美合拍大片及不能算作独立电影的外来投资片或合拍片）占比高达 37%（3.65 亿英镑），主要归功于《芭比》的火爆；英国独立电影的相应市场份额也因此受到挤占，降至仅 3.8%（3740 万英镑），是自 2007 年以来的最低点。2024 年上半年，有 525 部影片在英国和爱尔兰市场得到了发行，票房收获了 4.11 亿英镑。英国电影所占市场份额比较逊色，仅为 26.3%；其中，其他英国国籍片占 15.1%；独立电影表现亮眼，升至 11.2%。

三　2023~2024年英国电影市场：票房榜②

2023 年英国和爱尔兰票房市场前 20 名排行榜（详见表 3）完全被美国片和好莱坞投资的英美合拍大片霸榜；有 10 部英美合拍大片（其中包括 1

---

① 英国和爱尔兰因电影发行目的作为一个统一"区域"计算数据。不包括单独在爱尔兰发行的影片，也不包括 2022 年发行、2023 年仍在放映的影片。

② 本节数据出自分项报告 British Film Institute, "The UK Box Office in 2023", pp. 4-7；"The UK Box Office, January to June 2024", pp. 3-5。

部英美中合拍大片）入榜。其中虽有 16 部是前传、续集、真人翻拍或特许权系列片，但有 4 部原创电影入榜，令人欣喜和振奋。票房冠亚军《芭比》和《奥本海默》都是原创电影。格雷塔·葛维格执导的《芭比》是有记录以来首部由女性执导且荣登年度票房冠军之位的影片。还有 4 部是以玩具、游戏和电子游戏为灵感改编的。音乐剧也彰显了强大的票房吸引力，《旺卡》和《小美人鱼》都闯入前十；《旺卡》（5840 万英镑）是目前英国和爱尔兰市场有记录以来票房第二高的音乐剧，仅次于 2018 年的《妈妈咪呀 2》（6560 万英镑）。榜单票房共计 5.96 亿英镑，占市场全部票房的 60%。

表 3 英国和爱尔兰 2023 年票房前 20 名影片

单位：百万英镑

序号	影片名	出产国	票房
1	芭比	英国/美国	95.6
2	奥本海默 *	美国	58.9
3	旺卡 *	英国/美国	58.4
4	超级马力欧兄弟大电影	美国/日本	54.9
5	银河护卫队 3	美国	36.8
6	蜘蛛侠:纵横宇宙	美国	30.8
7	小美人鱼	英国/美国	27.4
8	碟中谍 7:致命清算（上）	英国/美国	26.6
9	穿靴子的猫:最后的愿望	美国	26.1
10	夺宝奇兵 5:命运转盘	英国/美国	20.4
11	蚁人与黄蜂女:量子狂潮	英国/美国	19.3
12	疯狂元素城 *	美国	18.6
13	饥饿游戏:鸣鸟与蛇之歌 *	美国	18.1
14	疾速追杀 4	美国	17.6
15	魔发精灵 3 *	美国	15.7
16	速度与激情 10	英国/美国	15.3
17	奎迪 3	美国	14.3
18	拿破仑 *	英国/美国	14.2
19	龙与地下城:侠盗荣耀	英国/美国	13.7
20	巨齿鲨 2:深渊	英国/美国/中国	13.1

注：英国和爱尔兰因电影发行目的作为一个统一"区域"计算数据。票房榜仅限当年发行的影片。票房统计截至 2024 年 1 月 21 日。标 * 的影片截至 2024 年 1 月 21 日仍在上映。表 4 同此。

资料来源：British Film Institute，"The UK Box Office in 2023"，p. 5。

2023 年英国和爱尔兰市场票房前 20 名英国影片榜（详见表 4）基本是英美合拍片，仅 2 部独立电影入榜。在英国拍摄的《芭比》领衔该榜单，单片票房就占到全部票房的 9.7%。榜单票房收入为 3.73 亿英镑，占英国片总票房的 92%、市场全部票房的 40%。

表 4　英国和爱尔兰 2023 年票房前 20 名英国影片

单位：百万英镑

序号	影片名	出产国	票房
1	芭比	英国/美国	95.6
2	旺卡*	英国/美国	58.4
3	小美人鱼	英国/美国	27.4
4	碟中谍 7:致命清算（上）	英国/美国	26.6
5	夺宝奇兵 5:命运转盘	英国/美国	20.4
6	蚁人与黄蜂女:量子狂潮	英国/美国	19.3
7	速度与激情 10	英国/美国	15.3
8	拿破仑*	英国/美国	14.4
9	龙与地下城:侠盗荣耀	英国/美国	13.7
10	巨齿鲨 2:深渊	英国/美国/中国	13.1
11	威尼斯惊魂夜	英国/美国	9.9
12	海王 2:失落的王国*	英国/美国	9.4
13	闪电侠	英国/美国	8.9
14	惊奇队长 2	英国/美国	7.2
15	AI 创世者*	英国/美国	7.1
16	魔力麦克 3:最后之舞	英国/美国	5.8
17	萨特本*	英国/美国	5.3
18	伟大的逃兵	英国	5.3
19	小行星城	英国/美国	5.0
20	与爱何关	英国	4.8

资料来源：British Film Institute，"The UK Box Office in 2023"，p. 6。

2023 年，英国独立电影前 10 名票房榜内有 6 部纯国产，4 部与他国合作。票房前三名是《伟大的逃兵》《与爱何关》《光影帝国》（英国/美国，

387 万英镑）。第 4~10 名分别是《哈利路亚》（英国，369 万英镑）、《一个人的朝圣》（英国，338 万英镑）、《笨贼兄弟闯伦敦》（英国，245 万英镑）、《奇迹俱乐部》（英国/爱尔兰，192 万英镑）、《最伟大的时光》（英国/瑞士，155 万英镑）、《黑麦巷》（英国，123 万英镑）、《老橡树酒馆》（英国/法国/比利时，110 万英镑）。获奖的《偶得回响》（英国，58 万英镑）和《如何做爱》（英国，39 万英镑）分列第 13 名和第 16 名。① 《伟大的逃兵》是唯一一部票房超过 500 万英镑的独立电影。

2024 年上半年②，英国和爱尔兰电影市场票房前 10 名排行榜中，仅有 3 部英国影片入榜，也仅 3 部是原创作品。票房前三名分别是《头脑特工队 2》（美国，4570 万英镑）、《沙丘 2》（美国/加拿大，3960 万英镑）和《功夫熊猫 4》（美国，2190 万英镑）。其后依次为《飞鸭向前冲》（美国/法国，2140 万英镑）、《鲍勃·马利：一份爱》（英国/美国，1720 万英镑）、《猩球崛起：新世界》（美国/澳大利亚，1570 万英镑）、《超能敢死队：冰封之城》（英国/美国，1550 万英镑）、《哥斯拉大战金刚 2：帝国崛起》（美国/澳大利亚，1460 万英镑）、《回到黑暗》（英国/美国，1230 万英镑）、《特技狂人》（美国，1220 万英镑）。榜单中有 2 部是音乐传记片——《鲍勃·马利：一份爱》以及独立电影《回到黑暗》，它们是英国和爱尔兰市场有史以来票房排第 4~5 名的音乐传记片，仅次于 2018 年的《波希米亚狂想曲》（5540 万英镑）、2022 年的《猫王》和 2019 年的《火箭人》。榜单票房共计 2.16 亿英镑，占上半年总票房的 53%。

英国和爱尔兰票房前 10 名英国电影排行榜中，有 6 部是美国大电影公司投资的英美合拍大片，4 部为独立电影。《鲍勃·马利：一份爱》高居榜首，其后依次是《超能敢死队：冰封之城》、《回到黑暗》、《一生》（英国，1000 万英镑）、《邪恶信件》（英国/法国，960 万英镑）、《寂静之地：入侵日》（英国/美国，860 万英镑）、《可怜的东西》（英国/美国/爱尔兰，

---

① 分项报告 British Film Institute, "The UK Box Office in 2023", p. 7.
② 2024 年上半年榜单票房统计截至 2024 年 7 月 18 日。英国和爱尔兰因电影发行目的作为一个统一"区域"计算数据。仅限上半年发行的影片。

760 万英镑)、《阿盖尔：神秘特工》（英国/美国，590 万英镑)、《都是陌生人》（英国/美国，530 万英镑）和《养蜂人》（英国/美国，380 万英镑)。榜单票房共计 9590 万英镑，占上半年总票房的 23%。

英国和爱尔兰票房前 10 名英国独立电影排行榜中有 7 部是与他国合作的。《回到黑暗》领衔，其后依次为《一生》、《邪恶信件》、《都是陌生人》、《利益区域》（英国/波兰，350 万英镑）、《爱在流血中》（英国/美国，100 万英镑）、《他们可以面对初升的太阳》（英国/爱尔兰，60 万英镑）、《末日重始》（英国，50 万英镑）、《野生自然》（英国/美国，50 万英镑）和《抓住她们》（英国，30 万英镑)。英国和波兰合拍片《利益区域》是 2024 年奥斯卡最佳国际影片的得主，生态纪录片《野生自然》是上半年票房最高的纪录片。榜单票房共计 4360 万英镑。

四 2023 年英国电影全球市场票房显著增长[①]

随着新冠疫情封控措施的解除，2023 年，全球 23 个市场当年发行影片的总票房达到 272 亿美元[②]，比 2022 年提高 28%，但仍不及 2019 年的表现。英国电影全球票房为 61 亿美元，表现出色，占全球市场的份额也猛增至 22.5%。其中，英美合拍大片占 15%，《芭比》强势引领，独立电影仅占 0.9%。英国影片在中国内地市场取得了 5.49 亿美元的票房，占中国内地市场总票房的 7%。自 2017 年以来的英国电影全球市场票房及份额详见表 5。

[①] 本节数据出自 2024 年 3 月 21 日发布的分项报告 British Film Institute，"UK Films at the Worldwide Box Office, 2023"，pp. 2, 4, 6, 7。票房统计截至 2024 年 2 月 4 日。仅限 2023 年发行的影片。

[②] 根据 Omdia 公司的统计数据，2023 年全球当年发行影片的总票房是 332 亿美元。本节数据是英国电影学会采纳 Comscore 公司对全球 23 个市场的票房统计，因为从 Comscore 公司的数据能追踪到英国电影的具体表现。

表5 英国电影在全球23个市场票房及份额（2017~2023年）

单位：10亿美元，%

年份	全球市场总票房	英国电影全球票房	英国片份额	其他英国国籍片（含英美合拍大片）份额	英国独立电影份额
2017	33.6	8.2	24.4	22	2.4
2018	33.4	9.4	27.4	23.5	3.9
2019	35.8	10.3	28.7	25.8	2.9
2020	8.4	1.1	13	10.1	2.9
2021	18.9	3.6	19	17.5	1.5
2022	21.3	3.4	16.2	14.7	1.4
2023	27.2	6.1	22.5	21.7	0.9

资料来源：British Film Institute，"UK Films at the Worldwide Box Office，2023"，p.2。

英国电影的全球电影市场份额与好莱坞大电影公司投资的英美合拍大片的票房息息相关。2019年的高点得益于《复仇者联盟4：终局之战》和《狮子王》的火爆。2020年的低谷是疫情导致的。2023年英美合拍大片《芭比》以12.3亿美元的票房夺冠，一部影片就占据了全球总票房的5%，将英国电影的份额强势提振至后疫情时代的新高度（22.5%）。

2023年，全球票房前三名的英国电影是《芭比》（12.34亿美元）、《速度与激情10》（5.50亿美元）和《小美人鱼》（5.03亿美元），第四至第十名依次为《旺卡》《碟中谍7：致命清算（上）》《蚁人与黄蜂女：量子狂潮》《海王2：失落的王国》《巨齿鲨2：深渊》《夺宝奇兵5：命运转盘》《闪电侠》。榜单上都是英美合拍大片。此榜单票房共计48.64亿美元，占英国电影全球票房的79%。

2023年全球票房最高的英国独立电影是《金爆行动》（3530万美元），其后是《神奇的莫里斯》（1750万美元）、《伊尼舍林的女妖》（1270万美元）、《与爱何关》、《短信情缘》、《光影帝国》、《老橡树酒馆》、《一个人的朝圣》、《一生》和《奇迹俱乐部》。前十名总票房为9800万美元。获得奥斯卡大奖的《利益区域》以460万美元位列第17。

根据Box Office Mojo的统计数据（截至2024年8月10日），2023~2024

年有4部电影进入了全球票房史上前200名排行榜，分别是《芭比》（第14名）、《速度与激情10》（第141名）、《旺卡》（第167名）和《小美人鱼》（第198名）。

五 2023~2024年电影生产：英国制片花销受挫①

英国的制片花销长期以来依赖外来资金。英国凭借其丰富的故事素材、优秀的影棚设施和人才队伍以及政府税收减免政策持续吸引好莱坞大制片厂来英合作拍片。2019年在英国的制片花销（21.5亿英镑）比21世纪初翻了四五番。2020~2021年，制片花销受到了新冠疫情的重创，但2022年已迅速回弹至疫情前水平，是影业最先恢复正常的部门。但2023年，美国编剧工会148天的大罢工和美国演员工会118天的大罢工，导致许多在英国拍摄的电影被暂停或者开机日期推迟至2024年。因此，2023年在英国的电影制片花销仅为13.6亿英镑，远低于2022年。这也再次印证了英国制片业对好莱坞的严重依赖。2024年上半年的制片花销快速升至11.07亿英镑。2014~2024年在英国的制片花销详见表6。

表6 在英国生产的影片的花销（2014~2024年）

单位：百万英镑

年份	2014	2015	2016	2017	2018	2019	2020	2021	2022	2023	2024年上半年
外来投资片	1294	1266	1507	1913	1744	1879	1325	1276	1938	1044	1041
合拍片	55	46	49	34	30	45	29	58	76	163	5.2

① 本节数据出自2024年2月1日发布的分项报告 British Film Institute，"Film and High-end Television Programme Production in the UK：Full-year 2023"，pp. 2，3，6；2024年8月1日发布的分项报告 British Film Institute，"Film and High-end Television Programme Production in the UK, January to June 2024 and Year Ending June 2024"，p. 2。2023~2024年的制片花销和制片数量的数据因不少低预算片的信息滞后还会被修改提高。如2022年同期汇总的制片花销是19.7亿英镑，后被调整为22.2亿英镑。制片数量从220部被调整为326部。

续表

年份	2014	2015	2016	2017	2018	2019	2020	2021	2022	2023	2024 年上半年
纯国产片	225	283	325	275	318	228	158	221	201	150	61
总计	1574	1594	1881	2222	2092	2153	1512	1554	2216	1357	1107

资料来源：British Film Institute，*Statistical Yearbook 2022*，p. 158；"Film and High-end Television Programme Production in the UK：Full-year 2023"，p. 3；"Film and High-end Television Programme Production in the UK，January to June 2024 and Year Ending June 2024"，p. 2。

2023 年共有 207 部电影全部或部分在英国开机拍摄。其中近半数（95 部）是纯国产片，74 部为外来投资片，38 部属合拍片。在英国的总制片花销为 13.6 亿英镑。74 部外来投资片给英国输送了 10.4 亿英镑（占总花销的 76%），居首位，主要包括《阴间大法师 2》《超能敢死队：冰封之城》《国家元首》；其中 11 部英美合拍大片的制片花销高达 7.04 亿英镑。95 部纯国产片贡献了 1.5 亿英镑（占 11%），主要包括《盐之路》《寒鸦》《拉德利斯一家》；其中有 45 部预算不足 50 万英镑。合拍片花销出现了大幅增长，38 部合拍片奉献了 1.63 亿英镑（占 12%），超过了纯国产片，主要包括《帕丁顿熊 3：秘鲁大冒险》和《我们活在当下》。

2024 年上半年，在英国开机拍摄了 72 部电影，其中 33 部是纯国产片，34 部为外来投资片，5 部属合拍片。在英国的总制片花销达 11.07 亿英镑，其中 10.41 亿英镑为外来投资片（占总花销的 94%），主要包括《寻龙高手 4》《挽救计划》《惊变 28 年》。纯国产片花销为 6080 万英镑，主要包括《龙卷风》《奥德赛》《梦想家》；合拍片为 520 万英镑，主要包括英国与新西兰合拍的《莫斯与弗洛伊德》。英国纯国产片的投资严重不足。（官方）合拍片的数量和制片花销都是有记录以来的同期最低。

六 国际奖项①

英国电影、演艺和技术人才享誉全球，频繁获得国际大奖。近十年来英国影业年均收获 26.5 个奖项②，约占全球的 14.4%。2023 年，英国电影和电影人赢得 20 个奖项，仅占全球 11% 的份额，为 21 世纪以来的最低点。2024 年情况大为好转，已赢得 12 项英国电影学院奖以及 7 项奥斯卡奖。

2023 年，在五大电影节中，6 个奖项花落英国。主要包括：《偶得回响》在圣丹斯电影节获得世界剧情片单元评审团大奖；在柏林电影节，维琪·奈特主演的《银色薄雾》获得泰迪奖；在戛纳电影节，《利益区域》获得主竞赛单元的评审团大奖，《如何做爱》获得关注大奖；《可怜的东西》获得威尼斯电影节最佳影片金狮大奖。

2023 年，英国电影学院奖有 9 项归属英国：《伊尼舍林的报丧女妖》获得最佳英国电影奖和最佳原创剧本奖；《晒后假日》获得最佳英国处女作奖；詹姆斯·弗伦德因《西线无战事》（美国片）获得最佳摄影奖，莱斯莉·帕特森和伊恩·斯托克尔因《西线无战事》获得最佳改编剧本奖；马克·库利尔因《猫王》（美国片）与人分享了最佳化妆与发型奖；最佳英国动画短片奖颁给了《男孩、鼹鼠、狐狸和马》；最佳英国短片奖授予了《爱尔兰式告别》，艾玛·麦基获得最佳新星奖。

2023 年，奥斯卡有 4 项归属英国：《爱尔兰式告别》获得最佳真人短片奖，詹姆斯·弗伦德因《西线无战事》获得最佳摄影奖，《男孩、鼹鼠、狐狸和马》获得最佳动画短片奖，詹姆斯·马瑟因《壮志凌云 2：独行侠》（美国片）获得最佳音效奖。

---

① 本节数据出自 British Film Institute 2024 年 3 月 21 日发布的分项报告 "Awards for UK Films and Talent in 2023/2024", pp. 2-4；2023 年 3 月 23 日发布的分项报告 "Awards for UK Films and Talent in 2022/2023", pp. 3-4。

② 奖项包括奥斯卡奖，英国电影学院奖，圣丹斯、柏林、戛纳、威尼斯和多伦多国际电影节奖。

2024 年，英国电影和电影人赢得 12 项英国电影学院奖和 7 项奥斯卡奖，数量大幅增加，范围也更加宽泛。《利益区域》和《可怜的东西》成为最大赢家。英国大导演克里斯托弗·诺兰凭借执导美国片《奥本海默》赢得了极具权重的英国电影学院奖和奥斯卡奖的双料最佳导演奖。

在英国电影学院奖的 12 个奖项中，《利益区域》赢得了最佳英国电影、最佳非英语片和最佳音效 3 个奖项，《可怜的东西》获得了最佳艺术指导、最佳服装设计、最佳化妆与发型设计、最佳视觉效果 4 个奖项，《大地母亲》获得最佳英国处女作奖，最佳英国动画短片颁给了《蟹的一天》，最佳英国短片颁给了《水母和龙虾》，米娅·麦肯纳·布鲁斯获得最佳新星奖，诺兰获得最佳导演奖。

奥斯卡奖的 7 个奖项多与英国电影学院奖重合：《利益区域》获得最佳国际影片和最佳音效奖；《可怜的东西》获得最佳艺术指导、最佳服装设计、最佳化妆和发型奖，诺兰获得最佳导演奖。最佳真人短片颁给了《亨利·休格的神奇故事》。

七　英伦形象展示

近年来，英国影片在战争史诗和历史/文学古装片的基础上不断拓展题材，如高质量获奖片《困在时间里的父亲》《前程似锦的女孩》《贝尔法斯特》聚焦了阿尔兹海默病、性侵和北爱尔兰 20 世纪的动荡等社会热点议题。2023～2024 年，音乐片异军突起——《芭比》《旺卡》以及音乐传记片《鲍勃马利：一份爱》。《芭比》和《可怜的东西》聚焦女性觉醒，《利益区域》和《一生》关注二战中对犹太人的大屠杀，《伟大的逃兵》纪念诺曼底登陆 70 周年，《与爱何关》探索跨文化的爱情和婚姻，《光影帝国》触及种族议题。

历史战争片《利益区域》讲述了二战期间奥斯威辛集中营的指挥官鲁道夫·霍斯在集中营旁边的"利益区域"为家人建立梦想生活的故事。影片改编自英国作家马丁·艾米斯的同名小说，刻意保留了"利益区域"这

一核心概念，并将书中虚构的主人公变成了历史真实人物、党卫军军官鲁道夫·霍斯。所谓"利益区域"指奥斯威辛集中营周边供德军管理者及其家属居住的区域。

霍斯和妻子住在与集中营一墙之隔的别墅院落里。小院在女主人的打理下鲜花盛开，有温室和泳池。一家人会在花园里聊天嬉戏、接待宾客，也常去附近绿草茵茵的河边纳凉休闲。爱慕虚荣的妻子极其享受丈夫带给她的富足，贪恋从黑市搞来的犹太人的贵重物品，对母亲笑言自己被称为"奥斯威辛女王"。当得知丈夫要被调离集中营，妻子力劝丈夫去向上级求情自身赴任，而让妻子和孩子们留下来，直言在这里"我们过着梦想般的生活"。

影片主要聚焦霍斯一家的日常生活，同时还穿插了霍斯的工作电话、焚尸炉设计以及工作调岗等情节。导演乔纳森·格雷泽以夸张的手法强化了军官家宅与集中营仅一墙之隔这个讽刺。广角镜头以类似"监视器"的视角展现了前者，而将后者的血腥和惨烈隐去，所聚焦的只是凶手的画像。但在一家人田园牧歌般生活的缝隙里，我们能不时地感受到无所不在的死亡幽灵：高耸的围墙和铁丝网、冒着火光和浓烟的烟囱、河面顺流而下的灰烬和人骨、不时传来的惨叫声和枪声、孩子的哭泣声、犬吠声……奥斯威辛的冤魂此时表现出的是"一种不在场的'在场'"。[1] 霍斯是骇人听闻的奥斯威辛"最终解决方案"的核心执行者。墙外他一家人的生活越是精致，墙内犹太人命运的反差就越发令人不寒而栗。履新的霍斯参加了讨论如何将匈牙利70万犹太人押往奥斯威辛集中营的会议。会后，他兴奋地将他以妻子名字命名的毒杀计划电话告知妻子，并分享他即将回归奥斯威辛执行计划的喜悦。影片最后，鲁道夫参加完酒会，下楼时突感不适，在黑暗的阴影中弯腰呕吐，起身后望向远方。这时镜头穿越到当代。伴随着清洁工打扫，画面显现了奥斯威辛集中营旧址和大屠杀纪念馆中陈列的千千万万的死难者遗物。观众此时倍感压抑，心灵受到极大的震撼。

该片极具艺术创新。开场片名出现后银幕一片漆黑，长达3分钟，只有

---

① 陈启文：《利益区域》，《环球银幕》2024年第1期，第68页。

夹杂着持续"轰——轰——"声的令人不安的非和谐配乐不断徘徊。令人震颤的音乐一直贯穿全片。在片尾，电影又是黑屏，幽灵般怪叫的刺耳背景声一浪一浪循环，刺痛着观众的心。影片多次出现全黑、全白、全红的静止画面，令人联想到死亡、焚烧和鲜血。总之，影片"以影像氛围而非生理刺激营造惊悚的感官体验"，① 配乐赢得了奥斯卡最佳音响奖。全片挥之不去的主题是对邪恶的凝视和审判。

《一生》是一部人道主义情感不输于《辛德勒名单》的大屠杀题材片，根据尼古拉斯·温顿的真实故事改编。现实中的温顿也被誉为"英国辛德勒"，因拯救了 669 名犹太儿童的生命而被英国女王授予帝国荣誉勋章。故事主线讲述二战在即，年轻的温顿冒着巨大风险从伦敦赶赴布拉格，帮助人道主义组织解救被迫害的犹太群体。当他发现大量犹太儿童即将遭到纳粹蹂躏时，和朋友一起历经艰难的运作，将 669 名捷克斯洛伐克犹太儿童送往了英国寄宿家庭中。另一条线聚焦半个世纪后的老年温顿。在 BBC 的电视节目《一生》中，温顿带着当年他解救的这些儿童的名单来到了栏目录制现场。最后，他惊讶地发现自己是在和被解救下来的那些儿童（现场观众）重逢。在收获幸存儿童的无限感恩时，饰演温顿的老戏骨霍普金斯以炉火纯青的演技，将温顿埋藏多年的对当时未能救出的儿童的愧疚、自责表现得令人动容。

奇幻剧情片《可怜的东西》融合了现实主义、奇幻和科幻等元素，重塑弗兰肯斯坦的故事。故事设定在维多利亚时代晚期。维多利亚为逃避虐待她的丈夫带着身孕跳桥自杀，获救后古怪的外科医生古德温将她腹中胎儿的大脑移植到她的脑袋里，使她重生为贝拉·巴克斯特——一个被禁锢的实验品。复活的贝拉外形是成年女子，但心智停留在孩童阶段。古德温原想把贝拉一直留在身边，为此把她许配给了自己的助手麦克斯。然而心智不断成长的贝拉渴望自主、独立，探索外面的未知世界。凭着孩童的执拗，她冲破阻

---

① 陈启文：《乔纳森·格雷泽：将血腥转换成无声湮灭》，《环球银幕》2024 年第 1 期，第 69 页。

挠，与心怀鬼胎的律师邓肯远走高飞，踏上了发现自我的冒险"成长之旅"。从里斯本、亚历山大（埃及）到巴黎的妓院，贝拉发现了性爱、贫穷、哲学、青楼，并在逐渐成熟的过程中形成了社会良知。她给穷人送钱、为妓女争取选择权，试图追求人和社会的改进、女性平等与性解放。后来她在与麦克斯的婚礼现场被以前的丈夫指认，随其返家。见识到丈夫的残暴后，她用丈夫的枪将他打伤并在随后的手术中为他移植了羊脑，成功复仇。影片作为女权主义电影，用一个怪诞的科幻故事，讲述了一个女人如何通过性来完成自身身份认同，视角另类，尺度很大，拥有多重解读空间，"充满着奇异的视觉，梦幻、诡异、天马行空，甚至邪念丛生"。①

　　奇幻片《芭比》讲述了芭比娃娃的虚幻故事，聚焦女权议题。芭比是生活在粉红色芭比乐园中的完美存在，每天就是在阳光明媚的芭比乐园狂欢嬉戏。职业上，乐园中的不同肤色和文化背景的女性可以成为任何人——总统、法官、医生、科学家、作家等，她们轻松地掌控着自己的国度，而男性则被排除在政治文化核心之外。某天，女主芭比突然发现自己开始变得不再完美，晨起有了口气，大腿长出橘皮组织，能穿高跟鞋的跷脚变成了扁平足等。于是，她和男友肯辗转来到人类现实世界寻求问题的修复。在芭比世界中，"芭比无所不能，而肯只是肯"，这是影片的一句标志性台词。但在人类现实世界，芭比发现男性占据绝对主导地位，肯也发现自己在这里备受欢迎。尝到甜头的肯带着父权制的"真经"立刻返回了芭比乐园，全力效仿打造出"肯国度"，并通过对女性的洗脑来实现父权统治。葛洛莉亚是芭比曾经的玩伴、现实世界中美泰公司（芭比娃娃制造商）的员工，是能帮助芭比解除不完美魔咒的关键人物。她率先发现了出现在现实世界中的芭比，和女儿一起帮助芭比逃脱了美泰公司的抓捕，并陪伴她一起回到芭比乐园。在"芭比乐园"变成"肯国度"的危难时刻，葛洛莉亚她以发人深省的女性觉醒演讲向被洗脑的芭比们揭示了女性在父权制下受到的压迫和歧视：

---

① 于念慈：《可怜的东西：超现实、表现主义与维多利亚美学的缝合》，《环球银幕》2024 年第 4 期，第 151 页。

"我们必须时刻做到无可挑剔。可事与愿违……到了最后，你不但做错了所有事，而且所有的错误都怪在你头上。"最终，芭比们奋力抗争夺回了女性自主权。芭比乐园的女权至上是建立在女性压迫男性的基础之上，这可以说是美泰公司的创造者依据现实男权社会的简单倒置。乐园重新归于芭比之后，男性恳求获得一些边缘性的政治席位，而旁白不忘提醒观众，"这正如同现实中女性获得的一样"。《芭比》就是以如此幽默的方式调侃和嘲讽了父权制之下男女地位的不平等。

结　语

2023~2024 年，英国影业表现继续好转，但势头偏弱。英国市场总票房和观影人次小幅增长。英国电影占市场份额持续保持高位，独立电影的市场份额从惨跌到高反弹。英国电影的全球票房稳步回升。英国的总制片花销因好莱坞罢工而严重受挫，但得以快速恢复。电影及电影人仅揽得 11% 的国际奖项，不及往年。这里值得点明的是，英国电影国内国际票房以及制片花销的亮丽数据在很大程度上是倚赖好莱坞投资的英美合拍大片，这是基于英国统计方法将英美合拍大片的全部票房笼统计入英国电影名下，而实际上许多利润被美方赚走，英国自身的收益大打折扣，全球观众也更习惯视这些影片为美国电影。好莱坞罢工对英国的波及再次质疑了英国影业的独立性。如何提高英国独立电影的市场竞争力是英国电影人面临的长期挑战。

B.8
英国产业政策：变革与延续*

杨景文　王展鹏**

摘　要： 2023~2024 年度，苏纳克领导下的英国政府围绕半导体等关键产业出台了系列产业政策，在政策文件中制定了雄心勃勃的发展目标，同时放缓了绿色转型的步伐。高目标和盟伴思维体现了英国的帝国怀旧情结，相对保守和稳健的政策内容则展现了一种务实的撒切尔主义。随着工党上台，保守党政府的产业政策面临进一步调整。新一届工党政府上台后的首要任务是兑现重振经济增长的竞选承诺，增强英国的国际竞争力，这对于工党政府改善其不擅经济治理的形象、延长本轮执政周期至关重要。在此背景下，斯塔默政府可能在保守党政府产业政策的基础上重新出台产业战略，扩张投资规模、加强政府干预、延续安全化趋势。但从近年来保守党政府推行的产业政策看，成效并不显著，英国未来的产业政策的效果既受到英国国内政治经济走势的影响，也受到国际环境变化的制约。

关键词： 英国产业政策　苏纳克政府　关键产业　务实主义　撒切尔主义

2021 年，约翰逊政府宣布以《重建更美好的未来：我们的增长计划》取代特雷莎·梅在 2017 年发布的产业战略。自此，英国政府的产业方针从"战略"时代进入"政策"时代，更加注重支持和引导具体关键产业的发

---

* 本报告为北京外国语大学教育部区域国别基地发展建设项目（项目编号：2021SYLZD030）阶段性成果。
** 杨景文，北京外国语大学英语学院英国研究中心硕士生，主要研究领域为英国政治、欧盟政治；王展鹏，博士，北京外国语大学英语学院英国研究中心教授，主要研究领域为英国政治与外交、爱尔兰研究、欧洲一体化。

展，而非出台针对性较弱且同时包括多个产业的宏观战略。具体而言，约翰逊政府以来的英国产业政策聚焦科技创新和战略性技术，将更多资源用于人工智能、航空航天、生命科学、零碳科技等关键产业，这一趋势在苏纳克政府时期得以延续和增强。国内经济治理与产业政策是苏纳克上台后最为重要的施政领域之一。财政大臣出身的苏纳克在上任伊始就公开表示英国经济正面临严峻的挑战，[1] 其能否在特拉斯政府减税风波和疫情冲击之后重振英国经济、整顿财政纪律，被视为衡量苏纳克和保守党执政能力的重要指标。苏纳克政府在 2023 年春季预算案中将数字技术、绿色产业、生命科学、先进制造业和创意产业确定为本届政府的五大关键产业，并在 2023 年 6 月到 2024 年 7 月出台了一揽子产业政策，重点关注英国创新能力的提升以及关键产业竞争力的培育。其间正逢 2024 年英国大选的冲刺阶段，但作为在野党的工党并未提出与保守党政府大相径庭的产业政策，两党在英国产业发展方向上表现出较高程度的共识，主要分歧集中在绿色转型领域以及产业政策落实的具体路径上。斯塔默政府上台后，工党在竞选期间主张的产业政策将逐步落地，英国产业政策也将迎来调整和延续。

一　苏纳克政府产业政策的发展：关键产业的强化与气候政策的倒退

英国产业政策与国内经济形势密不可分。从 2023 年第四季度到 2024 年第三季度，英国宏观经济形势好转，包括自住业主住房成本的英国消费者价格指数（CPIH）从 2023 年 9 月的 6.3% 回落至 2024 年 9 月的 2.6%，俄乌冲突的长尾效应减弱，英国央行进入降息周期。[2] 2024 年英国前二季度国内

---

[1] James Fitz Gerald, "Sunak Warns of Economic Challenge as He Prepares to Become PM", BBC, 23 October 2022, https：//www.bbc.com/news/live/uk-politics-63327087.

[2] Office for National Statistics, "Consumer Price Inflation Time Series", ONS, 16 October 2024, https：//www.ons.gov.uk/economy/inflationandpriceindices/timeseries/l55o/mm23.

生产总值（GDP）分别增长 0.7%、0.5%，① 回到新冠疫情前的常态化增长区间，标志着英国经济已基本走出脱欧、新冠疫情、俄乌冲突相互叠加的困难时期，重拾增势（见图 1）。

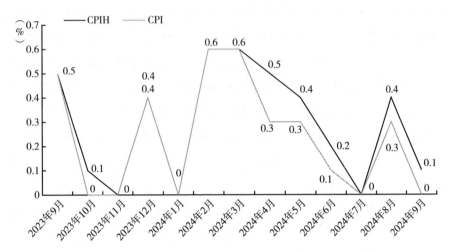

图 1 2023 年 9 月至 2024 年 9 月英国 CPIH 与 CPI 环比变化

资料来源：作者根据英国国家统计局 "Consumer Price Inflation，UK：September 2024" 数据绘制，https：//www.ons.gov.uk/economy/inflationandpriceindices/bulletins/consumer priceinflation/september2024。

在此背景下，苏纳克政府的经济政策也逐步摆脱了新冠疫情以来的危机管理模式，平抑通胀和控制生活成本不再是首要目标，取而代之的是刺激增长、发展关键产业、提升英国的全球竞争力。从 2022 年秋季开始，苏纳克政府的所有预算案均体现了对未来产业的支持，将推动未来产业增长作为重要内容。标志性的举措之一是苏纳克政府收紧了高通胀时期的系列临时性补贴措施，尤其是能源补贴。2023 年 1 月，苏纳克政府宣布以"能源账单优

---

① Office for National Statistics，"GDP Quarterly National Accounts，UK：January to March 2024"，ONS，28 June 2024，https：//www.ons.gov.uk/economy/grossdomesticproductgdp/bulletins/quarterlynationalaccounts/januarytomarch2024；Office for National Statistics，" GDP Quarterly National Accounts，UK：April to June 2024"，ONS，30 September 2024，https：//www.ons.gov.uk/economy/grossdomesticproductgdp/bulletins/quarterlynationalaccounts/apriltojune2024.

惠计划"（Energy Bills Discount Scheme）取代此前的"能源账单减免计划"（Energy Bill Relief Scheme），英国政府对企业的能源补贴也随之从 180 亿英镑大幅减少至 55 亿英镑。[①]"能源账单减免计划"已经在 2024 年 3 月到期，此后至今英国政府未再出台替代政策。相较之下，英国政府将更多资金用于促进就业和投资关键产业发展，财政大臣杰里米·亨特（Jeremy Hunt）在 2023 年 11 月宣布了一项 25 亿英镑的"重返工作计划"（The Back to Work Plan），希望借此促进 110 万人就业。[②]英国科学、创新和技术部则于 5 月宣布通过《国家半导体战略》在十年内对相关企业补贴 10 亿英镑，以此回应此前英国芯片行业的要求。[③]

过去一年，苏纳克在产业政策的制定上延续了约翰逊以来保守党政府的既定路径，在新的宏观经济形势中继续聚焦关键产业，出台针对具体产业的"微观战略"，而非囊括各大产业的"宏观战略"。保守党政府在 2021 年以《重建更美好的未来：我们的增长计划》取代特雷莎·梅在 2017 年发布的产业战略，转而出台系列指向具体关键产业的"微观战略"，包括《国家人工智能战略》《未来的韧性：英国的关键矿产战略》《国家网络战略》等。这些"微观战略"事实上是英国政府支持相关产业发展的系列政策文件集合，相较于过往的"宏观战略"更加具体和更具有可操作性，事实上推动英国政府的产业方针从"战略"时代进入"政策"时代。苏纳克政府接受了这一既定路径，自 2023 年以来相继出台了《医疗技术战略》《国家量子战略》《国家半导体战略》《英国电池战略》《先进制造业计划》五项产业

① The UK Government, "Guidance: Energy Bills Discount Scheme", 24 July 2023, https://www.gov.uk/guidance/energy - bills - discount - scheme; The UK Government, "Guidance: Energy Bill Relief Scheme: Help for Businesses and Other Non-domestic Customers", 20 March 2023, https://www.gov.uk/guidance/energy-bill-relief-scheme-help-for-businesses-and-other-non-domestic-customers.

② The UK Government, "Employment Support Launched for Over a Million People", 16 November 2023, https://www.gov.uk/government/news/employment - support - launched - for - over - a - million - people#: ~: text = The% 20Back% 20to% 20Work% 20Plan, mental% 20health% 2C% 20musculoskeletal%20conditions%20and.

③ The UK Government, "New £ 1 Billion Strategy for UK's Semiconductor Sector", 19 May 2023, https://www.gov.uk/government/news/new-1-billion-strategy-for-uks-semiconductor-sector.

"战略"。加上此前更新的《国家网络战略》，苏纳克任内出台的产业"战略"文件增至六项，超过前三届保守党政府。这些"战略"文件全部指向2023年初财政大臣亨特在演讲中强调的五个关键产业：数字技术产业、绿色产业、生命科学产业、先进制造业和创意产业。①

《医疗技术战略》发布于2023年2月，是英国政府的第一份医疗技术战略文件。发布该战略的目的是确保英国卫生系统能够及时获得安全、有效、先进的医疗技术，促进生命科学产业发展，维护英国作为全球科学超级大国的地位。其中提及英国医疗技术产业包含企业4190家，其中超过85%为中小微企业，全产业年产值约为276亿英镑，占生命科学产业总产值的31%，出口额超过50亿英镑，提供就业岗位138100个。英国政府在文件中说明了对医疗技术创新和应用的一系列支持措施，尤其强调了对知识产权的保护，由此鼓励相关企业创新发展并吸引投资。②

该战略文件设定了英国医疗技术创新和应用的三个目标：正确的产品、正确的价格和正确的位置。"正确的产品"是指安全、有效、创新和可持续的医疗技术产品；"正确的价格"要求体现产品价值、医疗效果和创新成本；"正确的位置"则强调医疗技术的韧性、应用性、普及性和可负担性。为实现上述三个目标，英国政府确定了四个重点领域：确保供应链的韧性与连续性；建设创新的、充满活力的医疗技术市场；改善数据共享机制等基础条件，便利医疗技术的创新和应用；精准施策，因地制宜地打通市场节点。③

《国家量子战略》发布于2023年3月，是英国继2013年版《国家量子科技项目》（NQTP）之后的第二个国家级量子技术发展十年行动规划。虽然冠以"战略"之名，但是实际上是NQTP第二阶段的行动方案。这一战略文件将量子技术确定为未来十年保障英国繁荣和安全的重中之重，并为

① The UK Government，"Chancellor Sets out Long-term Vision to Grow the Economy"，27 January 2023，https：//lordslibrary. parliament. uk/calls-for-a-uk-industrial-strategy/#fn-1.
② Department of Health and Social Care，"Medical Technology Strategy"，3 February 2023，https：//www. gov. uk/government/publications/medical-technology-strategy.
③ Department of Health and Social Care，"Medical technology strategy"，3 February 2023，https：//www. gov. uk/government/publications/medical-technology-strategy.

NQTP 规划了新的十年愿景和扩展行动计划。新的十年愿景较此前的项目文件更加具体，包括要求英国到 2033 年在量子技术的学术产出方面位居全球前三，至少资助 1000 名量子技术研究生，与 5 个新的主要量子技术强国建立实质性双边合作，确保英国量子领域私人投资占全球的 15% 以上、量子技术市场份额占全球总份额的 15% 以上，推动英国关键产业 100% 的企业和全产业 75% 的企业了解量子技术潜力，使英国成为全球量子技术标准与监管框架的领导者。[①]

为达成这些宏大目标，《国家量子战略》制订了具体的行动计划。英国将在 2024~2034 年提供 25 亿英镑的政府投资，用于开展建立研究网络、加速器项目、人才培养、国际合作、国家量子中心建设等一系列促进量子技术研发的行动，投资规模较上一阶段的 NQTP 增加超过 1 倍，并计划吸引至少 10 亿英镑的额外私人投资。英国政府还明确规划了未来十年的投资金额，用于量子技术研究人员培训、政府量子技术采购、量子技术合作网络支持等项目。[②]

《国家半导体战略》发布于 2023 年 5 月，是英国首个半导体产业战略文件，关注半导体的研发、设计、知识产权保护和供应链安全问题，旨在确保英国成为半导体技术方面的领先国家，同时将半导体产业发展与国家安全紧密结合起来，明确将投资审查与出口管制应用到半导体行业的规制领域。[③] 英国政府计划设立独立于政府的半导体研究机构，用于整合政府、学术界和私营部门的力量，从技术研发、技能培养和国际合作方面提升英国半导体产业的竞争力。在国际半导体协议达成后，该机构还将作为英国半导体

① Department for Science, Innovation and Technology, "National Quantum Strategy", 14 March 2023, https://www.gov.uk/government/publications/national-quantum-strategy/national-quantum-strategy-accessible-webpage.

② Department for Science, Innovation and Technology, "National Quantum Strategy", 14 March 2023, https://www.gov.uk/government/publications/national-quantum-strategy/national-quantum-strategy-accessible-webpage.

③ Department for Science, Innovation and Technology, "National Semiconductor Strategy", 19 May 2023, https://www.gov.uk/government/publications/national-semiconductor-strategy/national-semiconductor-strategy#executive-summary.

产业与国际合作伙伴之间的桥梁机构。①

　　文件提出了英国发展半导体产业的三大目标：推动国内半导体产业发展、降低半导体产业供应链断裂的风险、维护国家安全。在推动国内半导体产业发展方面，英国计划由科学、创新和技术部联合产业界成立一个半导体咨询小组，负责推进英国半导体产业的发展。2023~2025 年，英国政府将花费 2 亿英镑用于启动半导体基础设施倡议、支持"创新英国"（Innovate UK）和英国工程与自然科学研究理事会（EPSRC）持续投资半导体领域，并在未来十年内追加投资至 10 亿英镑。此外，英国还将试行一项用于支持半导体初创企业成长的孵化器计划。在降低半导体产业供应链断裂的风险方面，英国在战略文件中主张内外联动，向国内半导体产业发布供应链弹性指南，建立跨政府和行业论坛，密切政府与产业内关键企业的联系，要求外部供应商提高透明度，识别全球范围内最容易受到半导体供应链断裂冲击的关键产业供应链，与价值观一致的国家合作保障供应链安全。在维护英国国家安全方面，英国提出依据 2021 年出台的《国家安全与投资法》审查计算硬件和先进材料的定义范围，通过政企合作评估出口管制制度并将其推广至半导体等敏感技术产业，向投资安全敏感产业发布安全指南，从而保护英国资产安全。英国还将利用自身硬件优势加强网络安全，在 2024 年 4 月正式实施《产品安全和电信基础设施法》，密切政商学界联系，继续支持"数字安全设计"发展，以国际合作促进"数字安全设计"计划研发技术的应用。②

　　《英国电池战略》发布于 2023 年 11 月，是英国出台的首个电池产业战略文件。英国政府描绘了英国电池产业发展的 2030 愿景，即英国到 2030 年

---

①　Department for Science, Innovation and Technology and Saqib Bhatti, "New Independent Institute to Steer UK Semiconductor Innovation and Support Semiconductor Strategy", 20 May 2024, https: //www. gov. uk//government/news/new-independent-institute-to-steer-uk-semiconductor-innovation-and-support-semiconductor-strategy.

②　Department for Science, Innovation and Technology, "National Semiconductor Strategy", 19 May 2023, https: //www. gov. uk/government/publications/national-semiconductor-strategy/national-semiconductor-strategy#executive-summary.

拥有具备全球竞争力的电池供应链，支持英国经济繁荣与零碳转型。英国希望在电池可持续设计和制造方面占据世界领先地位，建立起良好的电池技术创新产业生态。该文件回顾了英国在电池技术研发、初创企业数量、汽车电池和整车制造业等方面的优势，提出了发展英国电池产业的"设计—制造—可持续"路径。[①]

在设计方面，英国计划借助自身全球领先的研发和创新能力，开发体积更小、重量更轻、容量更大、价值更高的未来电池，支持电池产业全价值链创新，探索新的融资机制。在制造方面，英国计划密切国际合作，与国际伙伴一道开拓新市场并保障供应链安全，支持国内外市场发展，在汽车转型基金（Automotive Transformation Fund）和《英国关键矿产战略》（UK Critical Minerals Strategy）的帮助下提高英国电池产业供应链的韧性，并支持电池制造相关的能源密集型产业发展，加速建设电网，加快推进相关改革。在可持续发展方面，英国计划增加全供应链投资，加强电池产业技能培训，增进与国际伙伴的绿色贸易。此外，《英国电池战略》还罗列了英国政府的部分具体投资计划，包括在 2030 年前向零碳汽车、电池及其供应链投资至少 20 亿英镑，向英国电池产业化中心投资 3800 万英镑，投资 1200 万英镑建设先进材料电池产业化中心等。[②]

《先进制造业计划》发布于 2023 年 11 月，旨在通过增加投资和促进国际合作等方式支持先进制造业的发展，刺激国内就业和经济增长。该文件列出了英国政府的系列投资计划，实际上是一份针对汽车、绿色工业、航空航天、生命科学等产业的投资清单，投资总额约为 45 亿英镑，直接目标是扭转 20 世纪 80 年代以来的产业空心化趋势，促进制造业及其资本的回流。[③]

---

① Department for Business and Trade, "UK Battery Strategy", 26 November 2023, https：//www. gov. uk/government/publications/uk-battery-strategy.

② Department for Business and Trade, "UK Battery Strategy", 26 November 2023, https：//www. gov. uk/government/publications/uk-battery-strategy.

③ Department for Business and Trade, "Advanced Manufacturing Plan", 26 November 2023, https：//www. gov. uk/government/publications/advanced-manufacturing-plan.

11 月 14 日，英国的五大先进制造业协会（Manufacturing 5）① 共同发布《先进制造业：赋能英国经济》（Advanced Manufacturing：Powering the UK Economy）报告，敦促政府采取行动支持本国先进制造业发展。②

在促进制造业长期发展方面，英国政府提出在此后五年内向包括电池产业在内的汽车产业投资至少 20 亿英镑，向绿色产业投资 9.6 亿英镑，向航空航天产业投资 9.75 亿英镑，向生命科学产业投资 5.2 亿英镑。在大规模增加政府投资的同时，英国商业和贸易大臣凯米·巴德诺赫（Kemi Badenoch）在文件中表示，每一英镑的政府投资将会拉动五英镑的私人政府投资。在国际合作和供应链方面，英国表示将继续通过自由和开放的贸易推动制造业发展，并与美国、日本等主要盟友合作保障供应链安全。在降本增效和改善市场环境方面，英国政府决定花费 5000 万英镑开展一个为期两年的技能教育项目，加快改善电网和网络基础设施，同时对开展设备更新的企业提供税收优惠等政策支持。③

苏纳克在 2023 年 9 月召开新闻发布会，宣布英国将以"一种更加务实、适度、现实的方式"实现 2050 年碳中和的目标，事实上削弱了英国的减排承诺，特别是在汽车、房屋和能源方面。在汽车产业方面，苏纳克将燃油车禁售令从 2030 年推迟到 2035 年，并将效仿德国、法国、加拿大和美国多个州的政策，允许在禁令生效后购买和销售二手燃油车。在房屋效能方面，苏纳克将淘汰离网燃油锅炉的最后时限从 2026 年推迟至 2035 年，并将完全淘汰离网燃油锅炉和燃气锅炉的目标更改为淘汰 80%，同时取消房屋的强制性能效目标，期望通过增加"锅炉改造计划"的补贴来鼓励英国家庭更换

---

① 英国五大先进制造业协会（Manufacturing 5）包括英国汽车制造商和贸易商协会、航空航天、国防、安全和太空集团、英国制药工业协会、英国化学工业协会、英国食品和饮料联合会。

② Manufacturing 5, "The UK must Harness the Power of Advanced Manufacturing", 14 November 2023, https://www. smmt. co. uk/2023/11/the-uk-must-harness-the-power-of-advanced-manufacturing/.

③ Department for Business and Trade, "Advanced Manufacturing Plan", 26 November 2023, https://www. gov. uk/government/publications/advanced-manufacturing-plan.

热泵。在能源产业方面，苏纳克明确表示将不再禁止北海油气资源开采，解除陆上风电禁令，建设新的核电站，投资新的碳捕集和封存项目。此外，苏纳克明确表示不会执行食肉税、新的飞行税、强制拼车和强制性垃圾分类等争议性环保政策。[1]

苏纳克上任后逐步放缓英国的绿色转型政策，此次新闻发布会是对其绿色转型政策的首次系统性公开阐释。2023年7月，苏纳克政府一次性向100个北海油气开采项目颁发许可证，实际上已经打破了北海油气禁令。[2]而在家庭供暖方面，英国还将取消"锅炉税"。[3] 虽然苏纳克并未直接挑战在英国具有法律效力的2050年碳中和目标，但已从政策上弱化了英国的零碳承诺（见表1）。

表1 2021年以来保守党政府针对特定产业的政策文件

年份	产业	产业政策	主管部门
2021	人工智能	《国家人工智能战略》	科学、创新和技术部，人工智能办公室，数字化、文化、媒体与体育部，商业、能源和产业战略部
2021	氢能	《英国氢能战略》	商业、能源和产业战略部
2021	核聚变	《迈向聚变能源：英国聚变战略》《迈向聚变能源：英国政府关于聚变能源监管框架的提议》	商业、能源和产业战略部，原子能管理局
2022	关键矿产	《未来的韧性：英国的关键矿产战略》	商业贸易部，商业、能源和产业战略部
2022	数字技术	《英国数字战略》	科技和数字经济部
2022	能源	《能源安全战略》	能源安全和净零排放部，首相办公室，商业、能源和产业战略部

---

[1] Rishi Sunak, "PM Speech on Net Zero: 20 September 2023", 20 September 2023, https://www.gov.uk/government/speeches/pm-speech-on-net-zero-20-september-2023.

[2] Kevin Keane, "Rishi Sunak Defends Granting New North Sea Oil and Gas Licences", BBC, 31 July 2023, https://www.bbc.com/news/uk-scotland-66354478.

[3] Zoe Wood, "UK to Scrap 'Boiler Tax' After Makers Raise Prices to Cover Any Fines", *The Guardian*, 4 February 2024, https://www.theguardian.com/business/2024/feb/04/uk-scraps-boiler-tax-after-makers-raise-prices-to-cover-any-fines.

年份	产业	产业政策	主管部门
2022	低碳航空	《航空零排放战略》	交通部
2022	数字技术	《国家网络战略》	内阁办公室
2023	医疗	《医疗技术战略》	健康和社会保障部
2023	量子技术	《国家量子战略》	科技、创新和技术部
2023	半导体	《国家半导体战略》	科学、创新和技术部
2023	电池	《英国电池战略》	商业贸易部
2023	先进制造业	《先进制造业计划》	商业贸易部

资料来源：作者根据官方资料整理。

二 苏纳克政府产业政策的主要特征：帝国怀旧与务实的撒切尔主义

特拉斯的"迷你预算案"风波过后，保守党政府加速转向更加务实的执政路线。进入大选周期后，苏纳克政府更加重视与民生相关的国内政策，对外政策向俄乌冲突、巴以冲突等与国内政治联系较为紧密的议题收缩，"务实主义"成为苏纳克的政治标签，其前任政府提出的"全球英国"等极具政治口号色彩的表述逐渐淡出公众视野。尽管如此，苏纳克的系列产业政策仍旧将英国定位为各产业的领先国家，并设定了领先全球的高目标，反映出明显的帝国怀旧色彩。另外，虽然苏纳克政府多次反对保护主义和干预主义，对外在 G7 峰会等场合高调批评中国和美国采取保护主义政策，对内宣称政府"无法挑选市场上的赢家"，① 附加条件批准了多项据认为涉及"国家安全"的中资收购案，但系列产业政策的市场干预色彩加重，表现出一种务实的撒切尔主义。

① Department for Business and Trade, "Advanced Manufacturing Plan", 26 November 2023, https：//assets. publishing. service. gov. uk/media/65788f51095987000d95df34/advanced－manufacturing－plan. pdf.

在产业政策方面，英国的技术帝国怀旧情结一方面表现为继续以世界强国的地位自居，以及将维系这一地位作为政策目标。苏纳克政府在所发布的系列战略文件中都设定了雄心勃勃的目标，特别是希望英国能在全球地缘政治竞争的关键产业方面处于领先地位。在产业政策中，英国标榜自身为"世界科学强国"，[①] 认为本国仍然是"全球先进制造业的中心之一"。[②]《国家量子战略》提出确保英国建成世界领先的量子科学和工程基地，成为量子产业的首要市场和全球量子产业供应链不可或缺的一部分，让全世界的投资者和量子技术人才将英国作为首选地。在量子技术监管和应用方面，英国也希望能够处于国际领先地位。[③] 在绿色转型方面，苏纳克也在公开场合宣称英国在"碳中和转型中世界领先"。[④]

英国的技术帝国怀旧情结另一方面表现为英国渴望在全球盟伴体系中发挥领导作用。苏纳克政府在所有出台的战略文件中都提及了国际合作的作用，希望主导建立以英国为中心的双/多边合作机制。但这种合作并不是传统自由主义的开放性合作，而是意识形态主导的产业联盟，具有排他性，实际上是运用盟伴资源，打造相关产业的小多边盟伴体系，本质是将产业发展安全化。尤其是在较为敏感的关键产业领域，英国不仅将国际合作作为增强英国产业竞争力和保障供应链安全的手段，并将意识形态而非产业比较优势作为挑选合作对象的标准。英国的《国家半导体战略》直接将外部供应链的国际合作对象限定在"志同道合的国家"，[⑤]《国家量子战略》主张显著

① Department of Health and Social Care, "Medical Technology Strategy", 3 February 2023, https：//www. gov. uk/government/publications/medical-technology-strategy.

② Department for Business and Trade, "Advanced Manufacturing Plan", 26 November 2023, https：//www. gov. uk/government/publications/advanced-manufacturing-plan.

③ Department for Science, Innovation and Technology, "National Quantum Strategy", 14 March 2023, https：//www. gov. uk/government/publications/national - quantum - strategy/national - quantum-strategy-accessible-webpage.

④ Rishi Sunak, "PM Speech on Net Zero：20 September 2023", 20 September 2023, https：//www. gov. uk/government/speeches/pm-speech-on-net-zero-20-september-2023.

⑤ Department for Science, Innovation and Technology, "National Semiconductor Strategy", 19 May 2023, https：//www. gov. uk/government/publications/national-semiconductor-strategy/national-semiconductor-strategy#executive-summary.

扩大与全球盟友的合作伙伴关系，包括在量子技术的监管和标准设定方面加强合作，①《先进制造业计划》提出将与美国、日本等关键盟友建立先进制造业的供应链伙伴关系，《英国电池战略》希望与关系最紧密的贸易伙伴共同推进采用电池再利用和回收相关的国际标准。上述政策在以意识形态掩盖产业安全化和政治化倾向的同时，也缩小了产业合作的范畴，在"特朗普2.0"时代可能会限制自身产业政策腾挪的空间。

两次世界大战以来，英国的国际地位逐渐向与其领土规模和资源禀赋相匹配的位势回归。面对自身综合国力相对式微的现实，撤出苏伊士以东成为英国不得不作出的战略收缩。但自约翰逊时代以来，英国更加直接地表现出通过科技等软实力和盟伴体系重返亚太的战略意图，提出"全球英国"和"向印太倾斜"等战略设想，但在自身实力未发生根本变化的情况下，这些带有帝国怀旧色彩的设想反而印证了英国的"帝国遗产综合征"。特别是在脱欧以后，英国的国际影响力更加受到自身实力的限制。苏纳克政府采取务实主义方针，表面上有意淡化"全球英国"和"向印太倾斜"等前任政府的宏大战略，但帝国怀旧情结仍在系列产业政策中清晰可见。

帝国怀旧情结是英国历史与政治惯性的一部分，也是英国"帝国遗产综合征"的表现之一，即便苏纳克有意推动内外政策的务实主义转向，也难以在短期内将其抛弃，但苏纳克的务实主义仍然给英国产业政策带来了一定的影响。尤其是在短期成本和边际成本较低的领域，苏纳克有足够的意愿和决心承担政治风险，从而采取更加务实的措施。首先是在产业政策的政府投资规模上，苏纳克明显比工党更为保守。以半导体产业为例，苏纳克政府的产业政策将半导体产业作为关键产业，未来十年的承诺投资额却仅为10亿英镑，工党和业界人士因此批评其"相比竞争者雄心不足"。② 相较之下，

① Department for Science, Innovation and Technology, "National Quantum Strategy", 14 March 2023, https://www.gov.uk/government/publications/national – quantum – strategy/national – quantum-strategy-accessible-webpage.

② Dan Milmo and Rowena Mason, "UK's £1bn Strategy for Semiconductor Industry Lacks Ambition, Say Critics", *The Guardian*, 19 May 2023, https://www.theguardian.com/business/2023/may/19/uk-1bn-strategy-semiconductor-industry-lacks-ambition.

欧盟的《欧洲芯片法》投资额高达 1000 亿欧元，[1] 日本政府仅在 2021~2023 年就向半导体产业投资了 39000 亿日元，[2] 韩国政府则计划出台大规模半导体产业支持政策。

其次是在政策步调上，苏纳克更注重政策的成本，倾向于采用更低成本的方案，拒绝为激进主义买单。苏纳克所谓"更加务实、适度、现实"的绿色转型政策多次强调转型成本，以及原有的绿色转型节奏可能给英国家庭造成的负担，认为国家不应"给工薪阶层造成巨大负担"。[3] 在为发放北海油气开采许可证辩护时，苏纳克还公开表示，即便英国到 2050 年实现碳中和的目标，石油和天然气也将占到英国能源消费的 1/4。[4] 这一能源消费结构的预测与英国实际情况较为匹配。在半导体等关键产业上，苏纳克拒绝美国式的激进投资，这种保守做法更符合英国的财政状况。为弥补政府支持的不足，苏纳克选择在英欧关系尚未取得全面突破的情况下率先推进关键产业合作，加入"欧洲芯片计划"，这体现了苏纳克的务实主义。在平衡国家安全和经济发展的问题上，苏纳克政府持相对开放的务实立场，副首相道登（Oliver Dowden）则宣称英国政府仅会在绝对必要时干预市场交易行为。[5]

务实主义维护了苏纳克稳重、保守的政治形象，但无法改变系列产业政策的目标性与计划性。产业政策是克服市场失灵的手段和塑造市场经济活动的工具，从发布英国医疗技术、电池等领域的首份战略文件，到更新英国量

[1] Toby Sterling, "European Commission Official Sees $100 bln in Private Chip Investment by 2030", Reuters, 22 May 2024, https://www.reuters.com/technology/european-commission-official-sees-100-bln-private-chip-investment-by-2030-2024-05-22/.

[2] Kazuhiro Ogawa, "Japan Outspends U.S., Germany on Chip Subsidies as Share of GDP", 10 April 2024, https://asia.nikkei.com/Business/Tech/Semiconductors/Japan-outspends-U.S.-Germany-on-chip-subsidies-as-share-of-GDP.

[3] Rishi Sunak, "PM Speech on Net Zero: 20 September 2023", 20 September 2023, https://www.gov.uk/government/speeches/pm-speech-on-net-zero-20-september-2023.

[4] Dulcie Lee, "Sunak Insists New Oil and Gas 'Entirely Consistent' with Net Zero", BBC, 31 July 2023, https://www.bbc.com/news/live/uk-politics-66357043.

[5] Paul Sandle, "Britain Reviews Scrutiny of Foreign Takeovers", Reuters, 13 November 2023, https://www.reuters.com/markets/deals/britain-reviews-scrutiny-foreign-takeovers-2023-11-13/.

子战略，苏纳克在一定程度上重拾了撒切尔主义。苏纳克政府注重增强政府与市场的联系。尽管投资规模较在野党的主张和其他国家相对更小，从中仍然能够看出苏纳克政府并不避讳通过直接的政府补贴催化关键产业的成长，特别是在市场需要，但是投资成本高、周期长的基础设施方面。苏纳克政府计划投资 3 亿英镑建设人工智能研究资源，包括新建 2 台超级计算机。① 英国科学、创新和技术部先后在 2023 年 5 月和 2024 年 4 月宣布投资总计 4.91亿英镑、用于更新关键产业相关的科研基础设施。② 在商业化和初创企业成长方面，英国政府积极干预，投资 2200 万英镑建立支持下一代半导体技术商业化的"创新与知识中心"，推出 ChipStart 孵化器项目以帮助初创企业推广产品。③ 安全化的产业政策也是苏纳克干预市场的直接手段之一，包括在《国家半导体战略》中提出将《国家安全投资法》和出口控制用于保护本国量子技术产业发展等。④《国家安全投资法》生效后的一年时间内，英国政府已经依据该法对 14 项交易发布了最终命令。⑤

然而，英国相对实力的不断下降限制了苏纳克政府产业政策的效力，

① Department for Science, Innovation and Technology, "Technology Secretary Announces Investment Boost Making British AI Supercomputing 30 Times More Powerful", 1 November 2023, https://www.gov.uk/government/news/technology‐secretary‐announces‐investment‐boost‐making‐british‐ai‐supercomputing‐30‐times‐more‐powerful.

② Department for Science, Innovation and Technology, "Investment in World Class Labs to Maintain UK Infrastructure", 13 May 2023, https://www.ukri.org/news/investment‐in‐world‐class‐labs‐to‐maintain‐uk‐infrastructure/; Department for Science, Innovation and Technology, "Major Research and Innovation Infrastructure Investment Announced", 27 March 2024, https://www.ukri.org/news/major‐research‐and‐innovation‐infrastructure‐investment‐announced/.

③ Department for Science, Innovation and Technology, "National Semiconductor Strategy", 19 May 2023, https://www.gov.uk/government/publications/national‐semiconductor‐strategy/national‐semiconductor‐strategy#executive‐summary.

④ Department for Science, Innovation and Technology, "National Quantum Strategy", 14 March 2023, https://www.gov.uk/government/publications/national‐quantum‐strategy/national‐quantum‐strategy‐accessible‐webpage.

⑤ The UK Cabinet Office, "National Security and Investment Act 2021 Annual Report 2023‐2024", 10 September 2024, https://assets.publishing.service.gov.uk/media/66fff9a6e84ae1fd8592ee62/National_Security_and_Investment_Act_‐_Annual_Report_2023‐24.docx.pdf.

帝国怀旧情结削弱了务实主义的作用。苏纳克政府在系列产业政策中设定的目标过于宏大，与英国当前的实际经济状况和国际地位脱节。过去一年，英国在人工智能、半导体等关键产业领域并未表现出强劲的发展势头。现实和目标的差距反而弱化了苏纳克政府产业政策的说服力。苏纳克政府在气候政策上频频倒退，推迟燃油车禁售令，放松对传统能源的限制，削弱了英国在国际气候治理中的领导力，也与全球绿色转型的大趋势背道而驰。此外，苏纳克政府在关键产业的政府投资规模上相对保守，如半导体产业的未来10年承诺投资额仅为10亿英镑，远低于欧盟、日本等竞争对手，长期来看可能导致英国在关键技术和新兴产业的发展上落后于其他国家。

同时，苏纳克政府的产业政策在应对脱欧后遗症方面显得力不从心，英国食品和饮料行业因脱欧导致的投资下降和出口成本增加，反映出产业政策在促进贸易和吸引投资方面的不足。在平衡国家安全与经济发展时，苏纳克政府采取的附条件批准中资收购案等措施，虽然看似务实，但仍旧无法打消国际投资者对英国政策稳定性的担忧，也削弱了英国关键产业吸引外资的能力。

三　工党的产业政策：重返增长与安全经济学

工党在上台前后大篇幅渲染了英国产业新政，但在主要目标和路径上与苏纳克的产业政策区别有限。斯塔默的产业政策同样体现了促进经济复苏与增长的务实主义色彩，他在2024年5月的演讲中将"稳增长"列为六大执政目标之首，计划"实现七国集团中最高且持续的经济增长"，其产业政策也为这一首要执政目标服务。除此之外，斯塔默政府的产业政策延续了对关键产业的重视，以提高英国在关键产业中的全球竞争力为重要目标，同时继续强调经济与产业发展的安全属性，首次以"安全经济学"的概念统领其经济治理策略。相较于前任政府的产业政策，斯塔默政府产业政策最主要的区别体现在对绿色转型的支持力度更大，在基础设施与住房等民生产业方面

投入更多,与工党在大选期间作出的积极应对气候变化、改善民生福祉的承诺相适配(见表2)。

表2 工党在选举前后提出的部分产业政策

产业	政策内容
金融	加收对冲基金和私募股权公司经理的奖金所得税
基础设施	从新设立的国家财富基金中拨款18亿英镑,用于升级英国港口和建设供应链
	重新国有化铁路并推动开展为期十年的大更新
	推进千兆宽带和全国5G建设
房地产	建设150万套经济适用房,完善绿地和改革规划
	提高非英国居民购置住宅产权的印花税
教育	对私立学校征收增值税和商业税
医疗	推进国家医疗服务体系现代化,雇用新的医疗人员和购买新设备
汽车	从新设立的国家财富基金中拨款15亿英镑,用于投资建设新的超级汽车工厂
能源	从新设立的国家财富基金中拨款5亿英镑,用于支持绿色氢能的生产
	政府出资83亿英镑创建绿色能源公司,用于支持绿色能源项目
	到2030年实现电网脱碳,成立一个新的清洁能源联盟
钢铁	从新设立的国家财富基金中拨款25亿英镑,用于重建钢铁行业
脱碳	从新设立的国家财富基金中拨款10亿英镑,用于加速碳捕获技术的部署
	提供补贴和低息贷款,以支持房屋隔热材料、光伏设备安装等绿色改造,鼓励相关私人融资,确保私人租赁部门的住房在2030年前达到最低能源效率标准

资料来源:作者根据官方资料整理。

  未来工党产业政策可能呈现超高投入、加强干预、重视安全的特点。一是政策规模,工党产业政策需要超大规模的投资。英国产业界批评苏纳克的产业政策过于保守且"朝令夕改",特别是在美国《通胀削减法》等外国干预主义手段的映衬下显得尤为不足,一直呼吁英国政府出台更具连贯性和更大规模的产业战略,而非碎片化的产业政策,[①] 工党在执政后面临积极回应产业界诉求的挑战。从大选前后工党关于其产业政策的表述内容来看,工党

---

① Richard Partington, " UK must Renew Industrial Strategy and Stop ' Flip Flopping ', Say Manufacturers", *The Guardian*, 9 May 2023, https://www.theguardian.com/business/2023/may/09/uk-industrial-strategy-manufacturers-make-uk-joe-biden-inflation-reduction-act.

将基础设施、民生产业、绿色转型产业视为重点领域。从铁路更新计划、解决 NHS 患者积压问题的承诺，再到 2030 年实现电力脱碳，工党在多个领域提出了雄心勃勃的发展目标。为了实现这些目标，工党需要规模宏大的产业政策，甚至需要重新出台涵盖各大产业的宏观产业战略。在此背景下，尽管斯塔默有意稳定市场对英国的投资信心，以撬动更多私人资本，但大量投资仍将来自英国政府。尤其是在私人部门兴趣不足的基础设施更新等方面，英国政府很可能需要大幅增加投资金额。

二是治理路径，工党的产业政策可能继续强化政府干预，体现左翼色彩。工党在竞选期间提出将铁路国有化，并在此基础上推动铁路基础设施更新换代。如果工党兑现这一承诺，将是工党历史上第二次推行铁路国有化。自艾德礼（Clement Attlee）政府以来，国有化已成为工党左翼经济治理路径的象征。斯塔默还将在绿色转型领域建立新的国有企业"绿色能源公司"，将左翼经济治理思路延伸到绿色产业。除国营之外，工党还计划通过大规模政府投资刺激经济增长，并将更新基础设施、革新传统工业、发展先进制造业和推动绿色转型作为投资目标。为实施工党的大规模投资计划，斯塔默表示将设立新的国家财富基金，规模预计超过 73 亿英镑。[1] 未来，为实现经济增长目标，斯塔默可能将重拾部分"新工党"和"第三条道路"放弃的左翼经济治理路径，通过国有化和大规模政府直接投资来加强对市场的干预和刺激。

三是价值取向，工党的产业政策预计将会延续约翰逊政府以来的安全化趋势，将国家安全与产业政策进行深度绑定，但在实际执行过程中会更为务实。商业和贸易大臣雷诺兹（Jonathan Reynolds）在大选期间阐述工党的新贸易政策时提出，工党的贸易政策将反映该党的"安全经济学"方针，将贸易与强化国内产业政策联系起来。他还将承诺工党将促进小型企业的出口贸易，并主张英国应寻求"少而精"的贸易协议，部分协议可以不是全面

---

[1] Virginia Furness and William Schomberg, "New UK Government Puts Wealth Fund at Heart of Investment Push", Reuters, 9 July 2024, https：//www.reuters.com/world/uk/new－uk－government-puts-wealth-fund-heart-investment-push-2024-07-09/.

的自贸协定。① 然而，从执政之初的表现看，斯塔默可能不会在政策执行层面过分强调国家安全而牺牲经济增长。英国仍旧面临较大的财政压力，重振经济需要更加活跃的外部投资与更加开放的营商环境。在具体交易行为的审查上，斯塔默政府可能会延续其前任政府的有限干预政策，对于安全风险较小的交易行为尽可能进行附加条件批准。

工党的产业政策的首要任务是兑现重振经济增长的竞选承诺，增强英国的国际竞争力。这对于改变工党不善经济治理的形象至关重要，落实情况和落实效果将影响工党长期执政的可能性。新一届工党政府将不遗余力地推进产业政策的落实，甚至将产业政策升级为产业战略，使英国产业方针重返战略时代。

四 英国产业政策的前景与展望

英国经济在 2024 年基本回归稳定低增长的常态，总体上超过疫情前的水平，为工党在产业方面创造了一定的施政空间。但同时英国经济仍未完全摆脱颓势，通胀反弹的压力依然存在，欧洲周边跌宕起伏的局部地缘政治冲突和特朗普重回白宫都给英国经济带来更大的不确定性，财政黑洞与高福利等传统国内问题犹存，未来工党产业政策能否取得预期成效仍旧存疑。

工党大规模产业政策亟待面对的首要问题是严峻的财政状况。工党在上台前后多次强调英国财政困难，新任财政大臣蕾切尔·里夫斯（Rachel Reeves）指责保守党政府隐瞒了 220 亿英镑的财政亏空。② 前财政大臣亨特随后称之为虚假指控，是工党增税的借口，但英国政府高居不下的公共债务是无可辩驳的事实。2024 年 7 月，英国政府公共债务约达 2.7 万亿英镑，

---

① George Parker, "Labour Warns Against Watering Down of UK's Takeover Screening Powers", *Financial Times*, 15 November 2023, https：//www. ft. com/content/e7e27e5e - d8e4 - 48ec - 81a5-54b219d1f696.

② Larry Elliott, "Reeves Accuses Hunt of £ 22bn Lie; Nonsense, He Says. What's the Truth?", *The Guardian*, 30 July 2024, https：// www. theguardian. com/business/article/2024/jul/30/rachel - reeves-claims-jeremy-hunt-lied-nonsense-what-is-the-truth.

约占 GDP 的 99.4%。[①] 根据英国全国经济与社会研究所当月发布的报告，如果维持当前政府支出和税收计划不变，未来 5 年的预算赤字率均将超过 GDP 的 3%。[②] 为了缓解财政困境，筹措资金用于大规模产业政策的实施，工党最高效、直接的办法是向高收入群体大幅增税，但若政府的系列政策未能如愿刺激经济增长，高税率可能引发英国高收入群体的不满，引发资金外流。同时，财政扩张也可能导致通胀反复，推高居民生活成本，部分抵消大规模产业政策的刺激效果。如果通胀反复，英国央行的降息预期也将下降，打乱降息节奏或将使英国经济进一步承压，破坏市场信心。

俄乌冲突是制约英国外交关系改善的关键变量之一。社会稳定程度也影响着投资者信心。自巴以冲突以来，欧洲极端事件风险增加，英国多次发生大规模示威。作为周边地缘政治冲突的外溢风险之一，移民问题正持续撕裂英国社会，极右翼势力崛起，持续不断的骚乱破坏了社会稳定。特朗普当选美国总统，实现结束俄乌冲突承诺困难重重，英国经济增长的外部条件或将有所改善。但"特朗普交易"也将带来强势的美元和更多的贸易保护主义政策，英镑承压可能增加工党政府落实产业政策的成本，削弱国际资本投资英国的兴趣，跨大西洋关系的波动也可能损害投资者信心。

斯塔默政府产业政策充分落地还需依靠一个强大而团结的工党。工党将"变革"作为再度上台执政的口号，长达 14 年的在野时间让民众既怀疑工党的执政能力，又期待工党带来与保守党不同的政策。工党的系列产业政策发出了"变革"的信号，反映出该党希望长期执政的政治抱负，但其治国理政的能力仍待考验。工党能否在大选后继续维系党内团结也关系产业政策的未来。经历了科尔宾和米利班德时期的分裂，工党在斯塔默的领导下实现了大选前的团结，但"阿博特事件"暗示内部派

---

① Office for National Statistics, "Public Sector Finances, UK: July 2024", 21 August 2024, https://www.ons.gov.uk/economy/governmentpublicsectorandtaxes/publicsectorfinance/bulletins/publicsectorfinances/july2024.

② Benjamin Caswell, "The UK's Public Finances: Is It Time to Reform the Fiscal Rules?", NIESR, 7 June 2024, https://www.niesr.ac.uk/news/uks-public-finances-it-time-reform-fiscal-rules.

系分化的问题并未得到根本解决，内部斗争的风险给工党执政之路增添了变数。

结　语

　　2023 年以后，英国经济逐步回到合理增长区间，地缘局势对通胀的影响减弱，为苏纳克政府打开了经济治理的施政空间。在大选的压力下，医疗系统危机、罢工潮等国内社会矛盾成为两党竞选的主战场。作为解决系列社会矛盾的突破口，促进增长顺势成为两党共识。在此背景下，苏纳克政府继承往届保守党政府的产业政策思路，更新和发布了系列产业政策，一方面延续了保守党传统的减税和重商路线，另一方面相较往届保守党政府更具针对性和务实性，更加重视发挥政府在市场中的作用，颇具撒切尔主义色彩，同时强调维护和发展英国在关键领域的全球竞争力，以更务实的方式延续了前任政府的经济安全化趋势。不过，囿于政治惯性和帝国怀旧情结，苏纳克为英国擘画的产业蓝图与其国内经济状况、国际地位并不匹配，投资不足和市场规模限制等障碍也阻挠了产业政策的落地，气候政策上的倒退则打击了绿色产业发展势头。同时，产业政策的政治化、安全化恶化了外部投资环境，且不利于市场规模的扩大，反映出政策内容与目标的自相矛盾。在两党共识的国内政治背景下，工党政府不会大幅修改或推翻前任政府的产业政策，但是产业政策落地的困难并未改变。

　　工党上任后的首要任务是兑现重振经济增长的竞选承诺，增强英国的国际竞争力；在产业政策上与其前任政府执政目标、路线基本一致，仍会继续发挥作用。除此之外，斯塔默在大选期间提出的诸多竞选承诺可能转化为体量庞大的产业政策，甚至在前任政府产业政策的基础上升级为新一轮的产业战略。但是，巨大的投资需求意味着英国政府的财政状况将影响产业政策的落实效果，周边地缘政治局势的变动和美国"特朗普 2.0"带来的跨大西洋关系变化也将影响产业政策的发展。在路线选择上，预计工党将会在"新工党"的中间立场基础上重拾部分左翼政策，增强政府对市场的干预能力，特别是在人工智能、绿色转型等重点产业领域强化政府的引导作用，动用国家资本缓解关键产业投资不足的困境。在对外关系方面，英国外交在苏纳克政府的务实转向中完成了对中国的重新定位，摆脱了激进路线，体现出相对于美国的独立性，中英"黄金时代"结束以来的双边关系调整有望在工党上台后结束，双边关系止跌回升既为双方产业合作带来机遇，也有机会从中受益。斯塔默可能寻求在欧洲、亚太两个方向上的外交关系突破，从而改善英国产业发展和经济增长的外部环境。在新的政治经济形势下，英国产业政策的制定和执行不仅肩负着拉动英国经济增长的"政治任务"，而且将成为衡量政党执政能力的重要指标。英国民众普遍期待更加务实的政策和更具实感的经济增长，未来产业政策的走向或将影响本轮工党执政周期的长度。

B.9
英国人工智能新发展[*]

陆准　王展鹏[**]

摘　要： 2023年下半年以来，英国人工智能产业整体平稳，依靠其技术存量优势，英国人工智能产业在规模和技术发展领域仍居世界前列。然而数据、算力、人才等环节的缺口短时间内依旧难以弥补。同时，在当前人工智能技术国际竞争日益转向监管层面的背景下，英国也积极通过组织全球峰会和与盟友进行监管技术开发及合作等方式试图引领人工智能技术的全球治理。随着2024年工党选举获胜，新政府也为人工智能产业带来了新的政策调整。总体而言，工党政府的人工智能产业战略呈现减少政府直接资助、依赖对外投资、强调技术应用、注重技术监管等特点。当前，英国人工智能产业仍旧面临着人才、算力和资金等多方面制约，英国在技术治理层面的竞争优势也不明显。未来新政府如何平衡监管与创新，完善技术治理与吸引外来投资值得关注。

关键词： 人工智能　技术治理　工党产业战略

2023年下半年以来，英国人工智能（AI）总体发展平稳，维持了较大的体量和较强的国际竞争力。保守党政府的人工智能政策也延续了其一贯的政策倾向，即通过制定相对宽松的监管制度、营造鼓励创新的行业生态吸引

---

[*]　本报告为北京外国语大学教育部区域国别基地发展建设项目（项目编号：2021SYLZD030）阶段性成果。

[**]　陆准，北京外国语大学英语学院英国研究中心博士研究生，主要研究领域为英国政治、欧盟政治；王展鹏，博士，北京外国语大学英语学院英国研究中心教授，主要研究领域为英国政治与外交、爱尔兰研究、欧洲一体化。

人工智能人才、资金和产业进入英国，实现英国人工智能产业的全球领先地位。此外，考虑到人工智能国际竞争正逐步从技术竞争向监管竞争转移，英国也于2023年末组织召开全球首次人工智能安全峰会，试图通过搭建平台引领人工智能全球治理进而扩大自身的国际影响力。

然而，随着工党获得选举胜利，新政府对人工智能产业的态度出现了微妙的变化。一方面，工党政府依旧重视人工智能产业的巨大潜力和广阔前景，希望延续和发展英国的人工智能产业竞争力；另一方面，工党也提出加强对人工智能的监管。这种二者兼顾的思路与英国自身窘迫的财政情况叠加，令英国人工智能产业面临新的变数。

一 英国人工智能产业现状

近年来快速发展的人工智能技术在越来越多的领域影响和改变着大众的生活，不断刷新民众认知。凭借其巨大的发展潜力和广阔的应用前景，人工智能也成为各主要技术强国着力发展的关键技术。自2021年英国政府发布《人工智能国家战略》（National AI Strategy）以来，英国人工智能在技术创新与产业规模方面处于世界领先水平，仅次于美国和中国。进入2023年，这一领先优势仍得以保持，并在公共认知、技术监管方面出现了一定变化，例如在研发能力方面，英国的排名仅为全球第五，[1] 牛津洞见（Oxford Insights）2023年末发布的《政府人工智能就绪指数》中，英国凭借其人才、数据和技术伦理监管的综合优势位居世界第三、欧洲第一。[2]

在产业规模方面，英国的全球领先地位依旧得以保持。总体上看，英国的高技术产业长期处于世界领先地位，而人工智能技术作为高技术产业的重

---

[1] Bergur Thormundsson, "Leading 20 Artificial Intelligence (AI) Countries in 2023, by Research Capacity", Statista, 18 June 2024, https://www.statista.com/statistics/1410523/top-20-ai-countries-by-research-capacity/.

[2] Oxford Insights, "Government AI Readiness Index 2023", 6 December 2023, https://oxfordinsights.com/ai-readiness/ai-readiness-index/.

要组成部分，既得益于英国技术产业环境的繁荣，也推动着英国高技术产业的发展。2024年上半年，英国科技产业综合估值达到1.1万亿美元，创历史新高，排名居世界第三、欧洲第一。[①] 在英国技术产业繁荣的大背景下，人工智能对英国高技术产业的推动作用日益明显。政府行业调查显示，2023年全年，英国人工智能相关收入增加36亿英镑，相比2022年增长34%，新增就业相比2022年增长29%。[②] 2024年上半年，英国人工智能产业总产值超过2500亿美元，占全国技术产业总值的22%，相较2019年增长了10%。[③] 同时，人工智能技术也成为高技术产业优化自身的重要工具，半数高技术产业通过人工智能技术优化其产品。另有20%的英国技术专家考虑将其研究内容与人工智能技术结合。与此同时，人工智能产业自身也展现出了较强的竞争力，2024年第一季度，英国人工智能产业总值达到920亿美元，过去10年内（相比2014年的5.3亿美元）增长了17倍，5年内增长了2.2倍。得益于相对宽松的监管，英国人工智能初创公司数量也在不断增加。2023年，英国人工智能初创企业获得融资超过34亿美元，相较2022年增长10%。2024年第一季度，有1800家人工智能初创企业获得了风险投资，占全国各行业所获风投总额的16%。其中人工智能自动驾驶初创企业Wayve一次性获得了10.5亿美元投资，规模为迄今欧洲之最。[④]

在公众认知方面，英国民众对人工智能技术的焦虑情绪随着对技术认知的深入而有所增加。同时，技术的普及也令公众对数据安全的认识更加全

① Tech Nation, "UK Tech in the Age of AI: The Tech Nation Report 2024", 18 June 2024, https://www.techuk.org/resource/tech-nation-s-2024-report-gives-the-spotlight-exploring-uk-tech-in-the-age-of-ai.html.

② DSIT, "Artificial Intelligence Sector Study 2023", 23 October 2024, https://www.gov.uk/government/publications/artificial-intelligence-sector-study-2023/artificial-intelligence-sector-study-2023.

③ "UK AI Investment on Track for Record Breaking Year", 16 July 2024, https://ffnews.com/newsarticle/fintech/uk-ai-investment-on-track-for-record-breaking-year/#:~:text=Year%2Dto%2Ddate%2C%20UK,%2C%20therapeutics%2C%20legal%20and%20finance.

④ Tech Nation, "UK Tech in the Age of AI: The Tech Nation Report 2024", 18 June 2024, https://www.techuk.org/resource/tech-nation-s-2024-report-gives-the-spotlight-exploring-uk-tech-in-the-age-of-ai.html.

面。自 2021 年英国《人工智能国家战略》发布以来，英国民众对人工智能技术的认知程度得到了明显提升。英国政府 2024 年 2 月完成的第三轮人工智能公共认知调查显示，"完全没听说过人工智能"的民众仅占 5%，相比 2022 年第二轮调查中的 11% 又有了进一步的下降。① 舆观 2024 年 6 月的统计显示，仅三成民众对人工智能技术的态度为"不确定"，"无法说清人工智能到底是什么"。根据问题描述，这一群体并非对人工智能技术一无所知，但自认为缺乏足够信息认识这一技术，且此群体主要由中老年人组成。② 与此同时，英国对人工智能技术的应用规模也相对较大。2023 年英国国家统计局数据显示，英国国内超过 43 万个组织或团体至少应用过一项人工智能技术，占比达到 1/6。③ 此外，2024 年有超半数的英国民众至少使用过一次 ChatGPT，且 15% 的民众经常使用相关程序，远超 2023 年。④

但与此同时，人工智能技术的高速发展和应用范围的扩大也使民众对人工智能技术的态度呈现微妙的变化。舆观调查显示，仅有大约 25% 的民众认为人工智能技术对其生活与事业产生积极影响。英国民众认为应用人工智能技术"利大于弊"和"弊大于利"的比例接近，呈现观点的撕裂。调查显示，超过半数（54%）的英国民众认为人工智能技术的发展速度超出预期。在英国民众对人工智能技术态度方面，表现出"好奇""感兴趣"的人群比例仍居首位，但持这一态度的民众占比相较于 2023 年出现了明显回落，与此同

① Center for Data Ethics and Innovation (CDEI), "Public Attitudes to Data and AI: Tracker Survey (Wave 3)", 12 February 2024, https://www.gov.uk/government/publications/public-attitudes-to-data-and-ai-tracker-survey-wave-3/public-attitudes-to-data-and-ai-tracker-survey-wave-3#attitudes-towards-ai.

② "Attitudes Towards Artificial Intelligence (AI), in the Public Sector", 9 July 2024, https://business.yougov.com/content/49495-uk-attitudes-towards-artificial-intelligence-in-the-public-sector, p. 5.

③ ONS, "Understanding AI Uptake and Sentiment Among People and Businesses in the UK: June 2023", June 2023, https://www.ons.gov.uk/businessindustryandtrade/itandin ternetindustry/articles/understandingaiuptakeandsentimentamongpeopleandbusinessesintheuk/june2023.

④ Jonathan Dupont, Denise Baron, Amy Price, Michela Arena and Seb Wride, "What does Public Think About AI? UK 2024", Center for Data Innovation, June 2024, https://www2.datainnovation.org/2024-state-of-ai-uk.pdf, p. 14.

时，对人工智能表示"担忧""焦虑"的民众占比则出现了显著增加。尽管总体而言英国社会对该技术的态度仍相对乐观，但相比 2023 年，英国民众对人工智能技术的负面情绪出现了不同程度的上升。① 调查还显示，39% 的民众对当前使用的人工智能技术表现出不信任，且有超过半数的英国民众不信任未来可能出现的人工智能技术产品/服务，即便是对人工智能技术持最乐观态度的人士也对未来的技术应用抱有怀疑。②

在技术发展方面，英国人工智能技术关键环节的发展依旧有限。从技术发展角度看，人工智能技术需要海量数据投入、算法开发和高性能算力支撑。而数据、算法和算力三根支柱的发展则需要公众对数据获取态度的转变、人才培养和海量投资。自 2021 年《人工智能国家战略》发布至今，英国政府在数据获取层面取得了一定成果。然而，尽管英国政府在技术培训，人才培养和吸引方面采取了一定措施，但人才缺口依旧存在。另外，在支撑算法运行的高性能算力层面，短板依旧存在，甚至与世界一流水平的差距仍在扩大。

在数据获取方面，得益于国家战略出台以来英国政府所做的公众信心建设工作，民众对数据与隐私安全问题的认知出现转变。政府 2024 年第三轮人工智能公共认知调查显示，英国公众认为"利用数据开发的公共服务和产品对自身有益"的比例接近 60%，相比 2021 年末第一轮调查有了明显上升；认为"收集和分析数据有益社会"的民众比例也达到 44%，呈现上升趋势。不仅如此，民众对数据安全的信任也有小幅上升，认为"我能控制个人数据由谁以何种方式使用"的民众比例相比前两次调查有明显上升。③

① Jonathan Dupont, Denise Baron, Amy Price, Michela Arena and Seb Wride, "What does Public Think About AI? UK 2024", Center for Data Innovation, June 2024, https://www2.datainnovation.org/2024-state-of-ai-uk.pdf. p. 8.

② "Attitudes Towards Artificial Intelligence (AI), in the Public Sector", 9 July 2024, https://business.yougov.com/content/49495-uk-attitudes-towards-artificial-intelligence-in-the-public-sector. p. 12.

③ CDEI, "Public Attitudes to Data and AI: Tracker Survey (Wave 3)", 12 February 2024, https://www.gov.uk/government/publications/public-attitudes-to-data-and-ai-tracker-survey-wave-3/public-attitudes-to-data-and-ai-tracker-survey-wave-3#attitudes-towards-ai.

作为与算法和算力并重的关键一环，数据的规模和质量是利用人工智能技术开发产品和服务的基础。因此，民众对数据态度的变化在一定程度上为技术发展奠定了基础。然而，值得注意的是，民众对信息获取态度趋于缓和，对人工智能技术的焦虑和担忧情绪上升，二者的背离反映出民众在认识到人工智能技术利好的同时依旧对人工智能技术和数据获取存在警惕，未来仍旧需要更完善的数据安全措施，才能使更多民众愿意让渡个人数据信息换取技术发展。

在人才方面，英国政府仍依赖培养和引进两条路径扩大人工智能技术人才库。在人才培养层面，2023年11月，英国政府计划投资1.18亿英镑用于人工智能技能提升的一系列项目，包括英国研究与创新署（UKRI）投资1.17亿英镑用于全英16所高校12个新建人工智能博士点的人才培养。[1] 同时，英国政府还设立了价值810万英镑的人工智能和数据科学奖学金，发掘"隐形人才"。[2] 2023年末，科学、技术和创新部设立"曼彻斯特奖"，为引领英国人工智能前沿技术发展的科研团队提供资助和最高100万英镑奖励。到2024年5月，政府从300余份申请中筛选出10项最具潜力的技术，内容涵盖应对气候变化、粮食安全、新能源开发等方面。根据规则，政府为每个团队提供10万英镑资助，而入围团队将在未来8个月优化产品，并于2025年初争夺100万英镑大奖。[3] 在人才引进方面，英国政府不仅面向世界各地的高校设立了奖学金吸引全球人工智能人才，同时也提出了"未来科研创新"签证项目，向外籍科研人员发放1~2年的短期工作签证，通过更便利

---

① UK Research and Innovation, "How We Work in Artificial Intelligence", 30 July 2024, https://www.ukri.org/who-we-are/our-vision-and-strategy/tomorrows-technologies/how-we-work-in-ai/ukri-artificial-intelligence-centres-for-doctoral-training/.

② The UK Government, "Britain to be Made AI Match-fit with £118 Million Skills Package", 31 October 2023, https://www.gov.uk/government/news/britain-to-be-made-ai-match-fit-with-118-million-skills-package.

③ The UK Government, "British AI Pioneers Share £1 Million in Prizes as Government Unveils Inaugural Manchester Prize Finalists", 21 May 2024, https://www.gov.uk/government/news/british-ai-pioneers-share-1-million-in-prizes-as-government-unveils-inaugural-manchester-prize-finalists.

的手续吸引全球人工智能人才。① 然而，相关政策扶持与市场环境的优化并未有效填补英国人工智能产业的人才缺口。根据普华永道的统计，英国人工智能产业相关岗位的需求增幅高达900%，远超其他行业，有限的人才培养和引进手段难以满足快速增加的岗位需求。英国68%的IT行业高层认为技能和专业知识不足是人工智能开发的主要障碍，28%的从业者认为人才缺口是2024年英国人工智能面临的头号挑战。②

在算力方面，英国人工智能产业面临的问题依旧明显。虽然《人工智能国家战略》发布后，英国政府注意到自身高性能算力的短缺，保守党政府也提出了一系列高性能算力提升计划，其中包括对爱丁堡大学的次世代超级计算机价值8亿英镑的投资。据估计，该计算机的运算速度是英国当前最先进水平的50倍。此外，保守党政府还推动了英国与欧盟的超级计算机合作。2024年5月，英国获批加入欧洲高性能计算联合计划（EuroHPC），基于该项目，英国技术人员不仅能申请"地平线欧洲"（Horizon Europe）计划下总价达到7.7亿英镑的资助、参与欧洲项目组的相关人工智能和高性能算力项目工作，同时也能够使用欧洲境内的8台顶级超级计算机，包括当前全球排名前五的芬兰超级计算机Lumi。③ 尽管如此，算力短缺仍旧成为英国人工智能产业面临的最大问题。2024年10月政府发布的年度调查显示，70%的受访人员认为英国需要加强高性能算力，算力的短缺成为英国人工智能缺乏竞争力和产业韧性不得不依赖外国（尤其是美国）的重要因素。④

① The UK Government，"Future Technology Research and Innovation Visa Scheme"，16 April 2024，https：//www. great. gov. uk/campaign-site/ai-futures/new-visa-scheme/.

② Kaleah Salmon，"AI Skills Shortage is Top Challenge for UK IT Leaders in 2024"，19 September 2024，https：//itbrief. co. uk/story/ai-skills-shortage-is-top-challenge-for-uk-it-leaders-in-2024.

③ The UK Government，"UK Joins European Super-Computing Scheme as World-class British Researchers Now Able to Bid for Funding"，13 May 2024，https：//www. gov. uk/government/news/uk-joins-european-super-computing-scheme-as-world-class-british-researchers-now-able-to-bid-for-funding.

④ Department of Science, Innovation and Technology，"Artificial Intelligence Sector Study 2023"，23 October 2024，https：//www. gov. uk/government/publications/artificial-intelligence-sector-study-2023/artificial-intelligence-sector-study-2023#uk-artificial-intelligence-sector-profile.

然而，人才技术和基础设施的短缺使人工智能技术难以获得进一步突破，而产业的繁荣与支柱技术发展迟缓的现实也让人工智能在许多英国科创企业中成了某种营销噱头而非技术现实。[①]

二 英国人工智能监管发展

作为给未来带来重大变革的创新技术，人工智能在推动发展和技术进步的同时也给人与社会既有的行为和运作方式带来了颠覆性的改变，甚至会产生现有法律规定未能触及的新问题，因此被界定为典型的"破坏性创新"。通常而言，外界面临破坏性创新的冲击会经历大致三个阶段，即接触之初的瘫痪期、意识到创新挑战的认识期、应对挑战变化的转型期。[②] 当前面对人工智能的冲击，世界各国基本度过了最初的瘫痪时期，处在认识期和转型期之间。一方面，各国清晰地认识到这一破坏性创新带来的机遇和挑战，并着手制定规则进行治理；但另一方面，对人工智能技术的监管和治理也并未达成共识，难以实现转型。不仅如此，相比其他破坏性创新，人工智能技术的另一不可控因素在于其自身远超预期的快速迭代与发展，为各国转型带来了更大挑战。从全球人工智能发展的整体趋势看，人工智能产业的国际竞争重心也正逐渐从技术本身向技术治理和监管转移。[③]

英国是较早注意到人工智能技术伦理与安全问题的国家，也设立了全球首个数字伦理与创新中心（CDEI）研究和治理相关问题，2024 年 2 月，这一部门更名为技术应用责任部（RTA）并入英国科学、创新和技术部。英

---

① Kaleah Salmon，"AI Skills Shortage is Top Challenge for UK IT Leaders in 2024"，19 September 2024，https：//itbrief. co. uk/story/ai-skills-shortage-is-top-challenge-for-uk-it-leaders-in-2024#:～:text＝A％20skills％20shortage％20has％20been，by％20data％20streaming％20company％20Confluent.

② Rosario Girasa，*Artificial Intelligence as a Disruptive Technology*：*Economic Transformation and Government Regulation*（Switzerland：Palgrave Macmillan，2020），pp. 4-5.

③ Nathalie A. Smuha，"From a 'Race to AI' to a 'Race to AI Regulation'：Regulatory Competition for Artificial Intelligence"，*Law，Innovation and Technology*，Vol. 13，No. 1，2021，pp. 57-58.

国政府也凭借其在人工智能伦理监管领域的布局与数据安全方面的综合优势在牛津洞见 2023 年末发布的《政府人工智能就绪指数》中获评世界第三、欧洲第一。① 一年来，英国政府一方面从国内入手，通过人工智能技术引导和规范，完善自身人工智能技术监管制度，另一方面积极推进国际合作，试图综合利用自身产业优势，通过平台搭建与监管制度的对接引领人工智能治理和规则制定，进而扩大自身在人工智能技术领域的影响力。

在国内方面，英国政府整体采取了引导和规范并举的方式，一方面主动引导人工智能技术开发，争取在人工智能相关产品成型之前预防潜在的问题；另一方面更新和完善监管框架和机制，解决不断出现的新问题。

在技术引导层面，政府通过一系列项目协调相关学者与研究人员沟通和更新人工智能技术最新的问题与技术成果，同时也不断开发人工智能技术监管工具辅助后续的人工智能产品开发。2023 年 6 月，科学、创新和技术部设立了人工智能安全保障技术组合包（Portfolio of AI Assurance Techniques）旨在引导人工智能设计、开发和使用者有效管理自身技术面临的管理、标准、技术伦理与价值观等技术保障问题。② 这一技术组合包涉及技术监测和分析工具、风险评估系统、技术应用平台、数据安全保护、人工智能偏见管控等 70 多个保障技术用例，应用场景几乎涵盖了全部第一、第二和第三产业。③ 2024 年 5 月，科学、创新和技术部又设置了总额 850 万英镑的"系统性人工智能安全快速补助"，④ 在未来一年划拨 400 万英镑，支持 20 个旨在应对人工智能技术挑战、提高人工智能技术安全与可信度的科研项目，每个

① Oxford Insights, "Government AI Readiness Index 2023", 6 December 2023, https://oxfordinsights.com/ai-readiness/ai-readiness-index/.

② The UK Government, "Portfolio of AI Assurance Techniques", 7 June 2023, https://www.gov.uk/guidance/portfolio-of-ai-assurance-techniques.

③ The UK Government, "Find Out About Artificial Intelligence (AI) Assurance Techniques", https://www.gov.uk/ai-assurance-techniques? assurance_technique_approach%5B%5D=technical.

④ The UK Government, "Systemic AI Safety Fast Grants", 22 May 2024, https://www.gov.uk/government/publications/systemic-ai-safety-fast-grants.

项目可获得 20 万英镑补助资金。①

在技术监管层面，英国政府基于监管白皮书进一步完善监管框架并追加投资。在 2023 年 3 月出台的《人工智能监管白皮书》中，英国政府就提出了包括安全、公平、公开透明、可问责、可补救 5 条英国人工智能治理的基本纲领。同时，白皮书也基于英国以行业为主体的人工智能治理模式，即英国不设置中央人工智能监管机构，而是将规则制定与规则解释权交由应用人工智能技术的具体行业监管部门，从而确保能够及时发现问题，并根据具体行业特点给出对应的解决方案。在白皮书发布一年后，保守党政府在 2024 年初发布了针对白皮书的政府意见，在 2024 年政府意见中，保守党政府肯定了英国跨部门原则与具体行业监管相结合的框架，支持在鼓励创新与安全监管之间实现平衡的创新治理框架。② 同时，英国政府也致信各政府监管部门，要求其根据人工智能技术在各自部门的应用现状出具相应的监管计划。③ 这样，包括英国央行、金融行为监管局、政府通信办公室在内的十多个政府部门都基于白皮书给出了各自部门的人工智能监管框架和路线图。④

在国际合作层面，英国政府积极通过组织和参与全球性人工智能峰会引领全球技术治理，同时通过推进双边合作进行监管与治理的对接。2023 年 11 月，英国组织召开了全球首次人工智能安全峰会，邀请包括美国、欧盟、

---

① Tech UK, "UK Launches £200000 Grants for Systemic AI Safety: Fostering Trust and Safety", 16 October 2024, https://www.techuk.org/resource/uk-launches-200-000-grants-for-systemic-ai-safety-fostering-trust-and-safety.html#:~:text=Each%20successful%20project%20can%20receive, growth%20and%20public%20service%20improvement.

② The UK Government, "A Pro-Innovation Approach to AI Regulation: Government Response", 6 February 2024, https://www.gov.uk/government/consultations/ai-regulation-a-pro-innovation-approach-policy-proposals/outcome/a-pro-innovation-approach-to-ai-regulation-government-response#executive-summary.

③ The UK Government, "Request for Regulators to Publish an Update on Their Strategic Approach to AI: Secretary of State Letters", 15 February 2024, https://www.gov.uk/government/publications/request-for-regulators-to-publish-an-update-on-their-strategic-approach-to-ai-secretary-of-state-letters.

④ The UK Government, "Regulators' Strategic Approaches to AI", 1 May 2024, https://www.gov.uk/government/publications/regulators-strategic-approaches-to-ai/regulators-strategic-approaches-to-ai.

中国等 29 个主要经济体的官员、学者、技术专家与企业界人士参加并在会后共同签署了《布莱切利宣言》，承诺关注人工智能技术风险、制定法律积极进行技术治理并加强国际合作。峰会也标志着全球主要经济体首次就人工智能技术治理达成最基本的共识，但考虑到与会各方对风险认知仍有分歧，技术发展与监管路径也存在差异，这一宣言的象征意义高于实际意义。然而，从英国政府、官员和媒体的宣传口径来看，其对峰会为"全球首次"且"由英国主导"的强调也在一定程度上体现出英国政府希望通过召开峰会扩大英国在人工智能技术治理层面的话语权，进而扩大其国际影响力的愿景。

尽管随着国际地位的衰落，目前英国不再能胜任"规则制定"或"议程设置"的角色并逐渐转变为"会议召集者"和"平台搭建者"，但英国仍在一定程度上通过峰会主导了部分人工智能治理的机制化安排，展现出了一定的动员能力。2024 年 5 月，基于布莱切利峰会成果，新一届人工智能安全峰会在首尔举办，由韩国和英国共同主持。此轮会议不仅形成了由参会国家领导人签署的《首尔声明》，也形成了由与会各国部长签署的《首尔宣言》。宣言和声明均肯定了英国布莱切利峰会的遗产，并在人工智能安全、创新和包容性三个主要方面达成了共识，并作出了合作具体安排。① 不仅如此，谷歌、微软、亚马逊、Open AI 等顶尖科技巨头还签署了《前沿人工智能安全承诺》，在人工智能产品开发过程中设定安全标准、接受监督并进行信息公开。这一由科技巨头自愿缔结的安全机制也在英国运行顺利。②

在双边合作方面，英国主要停留在同西方盟友的对接层面。2024 年 4 月，英国政府同美国政府签署谅解备忘录，双方同意各自设置人工智能安全

---

① The UK Government, "Seoul Declaration for Safe, Innovative and Inclusive AI by Participants Attending the Leaders' Session: AI Seoul Summit", 21 May 2024, https://www.gov.uk/government/publications/seoul-declaration-for-safe-innovative-and-inclusive-ai-ai-seoul-summit-2024/seoul-declaration-for-safe-innovative-and-inclusive-ai-by-participants-attending-the-leaders-session-ai-seoul-summit-21-may-2024.

② Anna Gross and Stephanie Stacey, "UK will Legislate Against AI Risks in Next Year, Pledges Kyle", *Financial Times*, 7 November 2024, https://www.ft.com/content/79fedc1c-579d-4b23-8404-e4cb9e7bbae3.

机构，着手建立人员交流、信息共享、技术联合研发等机制，合作制定人工智能安全标准并对外推广。① 首尔峰会前，英国也同韩国建立了人工智能战略合作伙伴关系；5 月，英国-加拿大人工智能安全伙伴关系建立，旨在支持技术合作与信息共享，并承诺推进两国人工智能合作谅解备忘录的签订。②

三　工党新政府的人工智能政策分析

2024 年 7 月工党执政以来，英国人工智能战略出现了一系列变化和调整。新政府对人工智能技术的表述、态度和实际政策也在不断发生着变化。总体而言，工党更强调人工智能的工具特性，重视技术应用但减少了对技术的直接投资和支持。在监管方面，工党政策也出现了一定的温和化转变，首相斯塔默在对人工智能技术的表态上比保守党政府更加宽容。

首先，工党政府对人工智能技术的重视程度并未降低，但产业扶持方式发生了变化，技术发展的重心也出现了转移。一方面，工党政府对技术的直接投资力度有所减小。2024 年 8 月，工党执政不足一个月后即取消了价值 13 亿英镑的人工智能和科技资助项目，其中就包括了保守党时期颇为重视的爱丁堡大学次世代超级计算机项目。③ 但另一方面，工党政府寄希望于外部对人工智能技术的投资弥补国家财政资金的不足。2024 年 9 月末，英国首相办公室确认，美国黑石资本（Blackstone）将在英格兰北部诺森伯兰地区（Northumberland）投资 100 亿英镑建立数据中心，该设施及相关配套产

① The UK Government，"Collaboration on the Safety of AI：UK-US Memorandum of Understanding"，2 April 2024，https：//www. gov. uk/government/publications/collaboration－on－the－safety－of－ai－uk－us－memorandum－of－understanding/collaboration－on－the－safety－of－ai－uk－us－memorandum－of－understanding#：～：text＝In%20November%202023%2C%20the%20UK，and%20use%20of%20advanced%20AI%20.

② Tech UK，"UK Government to Partner on AI Safety with the Republic of Korea"，12 April 2024，https：//www. techuk. org/resource/uk－to－partner－on－ai－safety－with－the－republic－of－korea. html.

③ Julia Kollewe and Dan Milmo，"UK Shelves £1. 3bn of Funding for Technology and AI Projects"，*The Guardian*，2 August 2024，https：//www. theguardian. com/business/article/2024/aug/02/uk－funding－technology－and－ai－projects.

业将为英国创造 4000 个就业岗位。① 工党政府对技术直接投入的减少和对外来投资的开放态度清晰地揭示了其既希望延续和发展本国人工智能产业优势，又缺乏足够资金的尴尬现状。

而诉诸外来投资虽有助于解决英国人工智能技术发展的资金问题，但跨国资本的介入也使英国 AI 产业更容易受到国际因素影响。例如，诺森伯兰数据中心在接受美国资本投资建设的同时，也被英国政府列为"关键国家基础设施"（Critical National Infrastructure，CNI）。② 从这个角度来看，该投资项目既符合英国自身对人工智能技术的发展需要，也在一定程度上迎合了美国在人工智能国际竞争中的地缘政治战略。正如高盛集团全球研究所所长贾里德·科恩（Jared Cohen）所说，下一次技术革命的核心技术是人工智能，而人工智能技术竞争的关键是数据。随着数据中心建设遭遇瓶颈，美国在与中国"东数西算"战略的竞争中需要利用"数据中心外交"（data center diplomacy），与盟友进行数据中心合作转移压力，而且已经与法国、澳大利亚等传统盟友开展了相关合作。③ 而通过诺森伯兰数据中心项目，英国参与到"数据中心外交"之中，在实现自身人工智能发展的同时，也在一定程度上成为服务西方联盟人工智能国际竞争的工具。

与此同时，相比在技术发展层面的直接支持力度减小，工党对人工智能技术的应用的支持力度更大。在 2024 年竞选宣言中，工党承诺将调整政策支持人工智能技术实现增长，提高和保障公共服务。④ 而在执政首月，工党

① "Blackstone Confirms $ 13 Billion Investment in Britain for AI Data Centre", Reuters, 26 September 2024, https://www.reuters.com/technology/artificial-intelligence/blackstone-confirms-13-bln-investment-britain-ai-data-centre-2024-09-25/.
② 商务部：《英国将数据中心列为"关键国家基础设施"》，2024 年 9 月 21 日，https://gb.mofcom.gov.cn/jmxw/art/2024/art_5b313c3e9f0a40e4b0dc986bb67c86ee.html。
③ Jared Cohen, "The Next AI Debate Is About Geopolitics", Foreign Policy, 28 October 2024, https://foreignpolicy.com/2024/10/28/ai-geopolitics-data-center-buildout-infrastructure/; Kate Rooney, "Goldman Institute Calls for 'Data Center Diplomacy' as U. S. Competes in Global AI Race", CNBC, 29 October 2024, https://www.cnbc.com/2024/10/29/goldman-institute-calls-for-data-center-diplomacy-in-global-ai-race.html.
④ Labour Party, "Change: Labour Party Manifesto 2024", https://labour.org.uk/wp-content/uploads/2024/06/Labour-Party-manifesto-2024.pdf, p. 35.

便启动了人工智能行动计划，设立"人工智能机遇部门"（AI Opportunities Unit），动员专家和企业家参与，寻求通过人工智能技术赋能英国增长。科学、技术和创新大臣彼得·凯尔（Peter Kyle）也在上任之初就提出"工党将把人工智能技术置于政府议程的核心，用以刺激增长，优化公共服务"。[①]在10月出台的产业战略中，工党政府也将人工智能发展视作重大机遇，并把数字科技作为实现增长的八个重要领域之一，而人工智能更是数字科技的核心。[②] 2024年11月，工党政府再次提供200万英镑的奖励资金，以资助国内研究机构，旨在为关键行业的人工智能竞争力提升提供解决方案。[③]

工党政府重视技术监管，并不断推进人工智能监管政策落地。工党在执政之初就在国王演讲中提出限制人工智能的影响，强化安全框架，同时还承诺通过立法方式对最强力的人工智能模型加以限制。[④] 2024年11月，工党政府发布了《保障负责任人工智能技术的未来》（Assuring a Responsible Future for AI）的研究报告，提出建立人工智能保障平台、借助第三方机构设计人工智能保障路线图、鼓励人工智能技术安全研究、进一步统一标准和框架并完善安全工具箱四大具体措施。[⑤] 工党执政以来，限制人工智能模型和算法的立法进程也在稳步推进，科学技术和创新大臣彼得·凯尔在《金融时报》"人工智能未来峰会"上表示，当前英国人工智能产品的测试与信

① The UK Government, "AI Expert to Lead Action Plan to Ensure UK Reaps the Benefits of Artificial Intelligence", 26 July 2024, https：//www. gov. uk/government/news/ai－expert－to－lead－action-plan-to-ensure-uk-reaps-the-benefits-of-artificial-intelligence.
② The UK Government, "Invest 2035：the UK's Modern Industrial Strategy", 24 October 2024, https：//www. gov. uk/government/consultations/invest－2035－the－uks－modern－industrial－strategy/invest-2035-the-uks-modern-industrial-strategy.
③ Innovative UK, "AI Solutions to Develop AI Competencies in Key Sectors", 11 November 2024, https：//apply－for－innovation－funding. service. gov. uk/competition/2072/overview/37897e42－6e3e－43af－b13d－3e302bc0bcf9.
④ Prime Minister's Office, "The King's Speech 2024", 17 July 2024, https：//assets. publishing. service. gov. uk/media/6697f5c10808eaf43b50d18e/The _ King _ s _ Speech _ 2024 _ background _ briefing_notes. pdf, pp. 4-7.
⑤ The UK Government, "Assuring a Responsible Future for AI", 6 November 2024, https：//www. gov. uk/government/publications/assuring－a－responsible－future－for－ai/assuring－a－responsible-future-for-ai#conclusion.

息公开属于科技公司自愿行为，政府不做强制要求，但未来工党政府将寻求立法设置具有法律约束力的工具，强制要求科技巨头的人工智能模型参与测试。同时，他还计划在议会提案，将科学、创新和技术部下辖的人工智能安全研究所（AI Safety Institute, AISI）升格为相对独立的政府机构，① 一定程度上表现出工党政府试图收紧和集中人工智能监管权力的趋势。然而，与之形成对比的是，工党政府对人工智能技术的表态又较为温和，旨在吸引民间投资。在竞选宣言中，工党也曾承诺废除不必要的法律限制，鼓励民间投资发展人工智能技术。② 而在 10 月中旬召开的国际投资峰会上，英国首相斯塔默在与谷歌前 CEO 埃里克·施密特谈话时提出人工智能将在未来十年带来"难以置信的变化"，政府将拥抱这一改变。斯塔默还表示"认为这一技术令人害怕并试图监管它是错误的"，甚至提出前任保守党政府过度关注人工智能安全隐患的看法。同时，英国政府也关注到人工智能技术有助于提升政策效率的重要价值，试图通过人工智能技术赋能其能源政策，用新技术加持其积极推动的绿色战略。③ 而曼彻斯特奖的新一轮入围项目也印证了工党政府利用人工智能技术赋能其绿色战略的趋势。工党政府明确表示，希望借助人工智能技术实现其清洁能源超级大国的愿景。④

　　工党执政以来，逐步深化人工智能治理的国际合作。2024 年 9 月，英国同欧盟、美国签署了全球首个具有法律约束力的人工智能国际公约。该公约主要对人工智能技术的三类潜在风险进行了规范，包括保障人权和隐私、保障民主以及维护规则秩序，在实际安全风险之外，公约对西方价值观的强

---

① Anna Gross and Stephanie Stacey, "UK will Legislate Against AI Risks in Next Year, Pledges Kyle", *Financial Times*, 7 November 2024, https://www.ft.com/content/79fedc1c－579d－4b23－8404－e4cb9e7bbae3.

② Labour Party, "Change: Labour Party Manifesto 2024", https://labour.org.uk/wp－content/uploads/2024/06/Labour－Party－manifesto－2024.pdf, p.35.

③ Laurie Clarke, "UK's Keir Starmer: Don't be Scared of AI", Politico, 14 October 2024, https://www.politico.eu/article/britain－must－run－towards－ai－opportunities－says－keir－starmer/.

④ The UK Government, "AI Innovators to Fuel UK's Clean Energy Future as New Competition Launches", 19 November 2024, https://www.gov.uk/government/news/ai－innovators－to－fuel－uks－clean－energy－future－as－new－competition－launches.

调从一个侧面反映出技术竞争的安全化和政治化趋势，而英国在其中也发挥了关键作用。9月末，美、英、加三国防务部门又共同签署网络安全与人工智能合作协议，进一步深化在人工智能融入防务体系进程方面的合作。

事实上，工党政府人工智能战略的微妙调整是当前英国政府面临困境的反映，其在人工智能战略上的矛盾也是英国政府诸多问题的缩影。一方面，产业转型带来的失业、劳工权益受损等阵痛与工党的价值观相矛盾；另一方面，通过产业带动增长的切实需求与拮据的财政状况相冲突，迫使工党转向吸引民间投资，进而造成了投资与监管之间的平衡难题。

面对保守党14年执政遗留的诸多问题，工党政府难以在短时间内提出有效的解决方案，因此工党不断渲染保守党遗留的"预算黑洞"，将高新技术作为刺激经济增长、优化公共服务和节省政府开支的重要工具。在此背景下，人工智能技术带来的首要问题便是该技术对就业和劳工待遇的冲击。前首相布莱尔领导的智库"托尼·布莱尔全球变化研究所"（Tony Blair Institute for Global Change，TBI）预测，未来数十年中，人工智能技术每年会取代全英国6万~27.5万个就业岗位，最终导致100万~300万个工作岗位消失。[①] 因而，工党作为传统代表劳工利益的政党，未来如何在利用人工智能技术带动经济增长与应对人工智能给就业造成的负面影响间寻求平衡值得关注。

结　语

2023~2024年，英国人工智能产业的规模与技术水平仍维持在世界第三，但也始终面临人才、资金和基础设施的不足，不仅相比中美存在差距，同时印度、沙特阿拉伯等新兴技术强国也在人才、算力和数据基础设施领域

---

① Dan Milmo, "AI may Displace 3m Jobs but Long-Term Losses 'Relatively Modest', Says Tony Blair's Thinktank", *The Guardian*, 8 November 2024, https：//www.theguardian.com/ technology/2024/nov/08/ai-may-displace-3m-jobs-but-long-term-losses-relatively-modest- says-thinktank.

加大投入力度，逐渐缩小同英国的差距。同时，英国在人工智能技术伦理与标准制定领域仍保有一定的话语权和全球影响力。但是，规则制定话语权与国际影响最终取决于技术的先进性、治理的有效性和本国市场对其他参与者的吸引力。英国自身的产业规模、管理框架与市场前景都不足以使其推广自身规则，无论是借助国际影响力提升人工智能技术治理话语权，还是借助人工智能技术治理扩大影响力都面临不小的困难。

2024年的政府更迭也给人工智能产业带来了一定影响。两党都重视人工智能技术发展及其对其他产业的赋能作用，但工党政府的人工智能战略相比保守党政府出现了一定调整。考虑到当前英国窘迫的财政状况带来的诸多制约，工党政府需要将有限的资源向更为紧迫的住房、医疗、教育方向倾斜，也要落实其长期宣传的绿色战略，对人工智能技术的资源直接投入相对有限。其人工智能产业战略也表现为减少直接投资，重视引入私人资本；重视技术应用和赋能；进一步强化和完善技术监管。

从技术发展角度看，英国在支撑人工智能技术发展的算力、人才、数据等关键环节存在短板，且算力和数据基础设施等方面的短板仍有被扩大的可能。工党政府通过政策调整增加人工智能产业私人投资一定程度上缓解了资金短缺，也拓展了英国人工智能的对外合作空间。但是，这种策略也可能导致英国人工智能产业发展更加不均衡：大型跨国技术企业往往会挤占算力、数据和资金等关键资源，增加中小型企业和初创企业的生存难度。

从技术应用角度看，工党政府重视技术应用，人工智能技术有望在英国诸多部门落地，其技术赋能路径与经验值得关注和借鉴，同时英国在具体产品开发层面的合作空间也将扩大。此外，工党政府如何应对人工智能赋能产业造成的就业阵痛也值得关注。

从技术监管角度看，英国如何平衡技术发展与完善监管制度是其面临的主要挑战。工党政府一方面需要履行承诺，降低不必要的制度壁垒，方便民间资本投资人工智能产业促进创新，另一方面要兑现立法加强监管人工智能模型的承诺。考虑到私人投资的增加也会提升跨国技术巨头和国际资本对英国人工智能产业的话语权，未来工党政府对人工智能算法和数据应用领域监管的立法可能受到来自行业的更强阻力。

对于中国而言，当前英国人工智能产业的机遇和挑战共存。工党以实现增长为目标的总体经济战略和以扩大外来投资为手段的人工智能产业战略为中英合作提供了更大空间。中英两国可在人才交流、技术开发和产业投资等领域深化合作。但是考虑到当前全球排名前 10 的人工智能技术巨头均来自美国，排名前 20 的企业有 18 家来自美国，未来英国人工智能产业的投资、合作都会受到美国的更深影响。中英人工智能合作也无疑会受到中美博弈大环境的扰动。不仅如此，英国在技术监管和审查方面与欧美国家的对接以及在技术基础设施上的融入也为合作带来更多不确定性。

当前世界范围内人工智能技术竞争日益激烈，技术竞争地缘政治化、安全化日趋明显，考虑到英国未来的人工智能产业发展将更加受制于国际因素，工党政府也有意强化同盟友的合作，未来英国同西方国家合作对接并参与到人工智能治理和标准制定的话语权争夺乃至参与"数据中心外交"的趋势也值得关注。

B.10
英国科研安全治理与影响

杨 洋*

摘 要： 近年来，科技成为影响地缘政治与地缘经济的重要因素。作为全球第三大科研国家，英国为维护其军事、经济与国家利益，快速建立起科研安全治理新框架，显著提升了科研安全治理能力。在新框架下，英国情报与安全部门成为科研安全治理的主导力量，ATAS、"可信研究"、《国家安全与投资法》、盟友协调机制成为四大支柱性治理工具，学术自由等价值观风险、网络安全风险、军事能力和经济竞争力风险成为科研安全治理的重点内容，人工智能等关键新兴技术领域成为重点审查和管制领域。当前，新框架实施的效应正迅速向大学等科研机构和科研人员传递，并已经引发一定的"寒蝉效应"，导致英国与非盟友国家的科研合作受到重大冲击。未来，除气候变化等人类共同挑战且非敏感领域外，英国对华科研交流与合作将持续收紧。

关键词： 科研安全 可信研究 国家安全 中英合作

随着新一轮科技革命与产业变革加速演进，科技对经济竞争力、国家安全、军事能力等方面的影响越来越大，成为决定地缘政治与地缘经济的重要变量。作为仅次于中美的全球第三大科研国家①，英国为维护其

---

* 杨洋，中国科学技术发展战略研究院研究员，经济学博士，主要研究领域为国家创新体系、科技体制改革、全球科技创新治理。

① 国际论文发表在很大程度上代表了一国的科研能力和水平。根据 Web of Science 数据，2023年，英国的国际论文发表量为226142篇，是仅次于中国（818627篇）和美国（719463篇）的第三大论文生产国，可被称作第三大科研国家。

竞争优势和地缘政治利益，近年来大幅升级科研安全治理，试图在保持开放合作的情况下，尽可能减少科技交流合作带来的安全风险，英国的科研安全制度发生重大转折。2019 年，英国议会外交事务委员会开始针对外国对英国大学和科研活动的影响展开调查、听证和质询，当年 11 月该委员会发布了《谨慎拥抱：在独裁时代捍卫民主》报告，正式揭开英国强化科研安全治理的序幕。① 2023 年 2 月，外交事务委员会召开听证会，对自报告发布后英国各利益相关者的反应和制度调整展开书面和现场咨询。② 2023 年 3 月，英国苏纳克政府发布了《英国国际技术战略》（The UK's International Technology Strategy），明确提出安全是英国科技国际化战略的四项基本原则之一和六大战略重点之一，将科研安全作为多领域安全目标的首要任务之一，并提出了英国正在部署和将要部署的多项政策工具。③ 2024 年，英国已经形成了科研安全治理的新框架，在制度层面针对科研安全治理的重大调整已经基本完成。新的制度性调整深刻影响了英国大学、企业等主体，冲击着留学生、学者、科研项目合作等科技交流合作的方方面面。

一　英国科研安全治理演进的主要历程

自 21 世纪以来，英国的科研安全治理大体分为三个阶段。近年来，英国快速升级科研安全管控，涉及大学、科研人员、协会、政府部门、议会等

① The UK Parliament Foreign Affairs Committee, "A Cautious Embrace: Defending Democracy in an Age of Autocracies Contents", 5 November 2019, https://publications.parliament.uk/pa/cm201919/cmselect/cmfaff/109/109.pdf.

② The UK Parliament Foreign Affairs Committee, "Foreign Affairs Committee Issues Call for Evidence on UK Universities and Autocracies", 8 February 2023, https://committees.parliament.uk/work/7295/uk-universities-engagement-with-autocracies/news/186096/foreign-affairs-committee-issues-call-for-evidence-on-uk-universities-and-autocracies.

③ The UK Government, "The UK's International Technology Strategy", 22 March 2023, https://www.gov.uk/government/publications/uk-international-technology-strategy/the-uks-international-technology-strategy.

多个利益相关者，同时媒体和智库也深度参与其中，对科研安全治理的多方博弈和演进推波助澜。正是在诸多力量的共同作用下，英国以学术技术审批计划（Academic Technology Approval Scheme，ATAS）、"可信研究"、《国家安全与投资法》、盟友协调机制为四大基础性支柱的科研安全治理新框架迅速形成。

第一阶段（2007~2018 年）：重点对留学生群体进行风险管控。2007年英国外交部推出 ATAS，用于审核与管控申请在英国"敏感学科"学习的留学人员和长期从事科研的外籍人员，意在阻止大规模杀伤性武器（WMD）及其运载工具的知识和技能的扩散传播。[①] 该政策主要由英国外交与安全部门推动，由英国外交部负责具体实施，主要涉及核能、化学、生物、放射、病毒、弹道导弹相关学科领域。最初，除了欧洲经济区和瑞士具有豁免权外，其余国家人员在涉及敏感学科时，均需申请 ATAS 作为获得留学签证的必要条件。2012 年，该证书被扩展到一些可获得研究生资格的本科课程，如工程硕士课程。[②] ATAS 是自冷战结束后英国提升科研安全的一个重要里程碑，成为英国科研安全治理的第一个基础支柱。

第二阶段（2019~2021 年）：全面触及留学、科研合作和对外交流的科研安全治理新框架迅速建立。自 2018 年起，随着地缘政治与全球科技创新趋势变化，科研安全问题成为热点议题。[③] 一方面，英国对科研风险的界定从原来的军事安全、科研诚信，扩展到学术自由、经济安全、外国干涉等领域，科研开始与政治、经济、军事乃至意识形态问题捆绑。另一方面，英国

① The UK Government, "The Academic Technology Approval Scheme（ATAS）：STY04", 25 August 2011, https：//www. gov. uk/government/publications/the－academic－technology－approval－scheme-atas-sty04/the-academic-technology-approval-scheme-atas-sty04.

② Foreign & Commonwealth Office, "Academic Technology Approval Scheme（ATAS）", 3 July 2013, http：//www. ukcisa. org. uk/uploads/media/70/16896. pdf.

③ "Intelligence Agencies Warn Universities of China Threat", 2 November 2019, https：//www. universityworldnews. com/post. php? story＝20191101144452131；"Scrutiny over Huawei University Ties Increases after Ban", 16 July 2020, https：//www. universityworldnews. com/post. php? story＝20200716121936610.

政府快速出台以安全为导向的国际科研合作指南规范，建立起新的科研安全治理框架。

2019 年 11 月，隶属于英国军情五处的国家基础设施保护中心（CPNI）与隶属于英国国家情报总部的国家网络安全中心（NCSC）联合推出《可信研究指南》（Trusted Research）并每年更新，针对学术界、产业界、高级研究人员以及涉外会议旅行分别制定了科研安全规范与注意事项，从而建立起英国科研安全治理的第二个基础性支柱。2020 年 10 月，英国大学协会（Universities UK，UUK）发布了《国际化风险管理：安全相关议题》，对英国大学快速适应政府《可信研究指南》的要求提出了更为具体的操作建议。① 2021 年 8 月，英国研究与创新署（UKRI）推出《可信研究和创新原则》，正式将"可信研究"的相关规则纳入政府科研资助体系。②

2020 年底，ATAS 将学科管制范围从 WMD 或其运载工具的学科领域扩展到先进常规军事技术（ACMT）学科领域以及任何可能"违背英国国家利益"的活动。2021 年 5 月，ATAS 将人员管制范围从留学生群体和长期交流的研究人员扩展到通过技术工人、政府授权交流（临时工作）（GAE）或访客途径申请进入或留在英国的相关国际研究人员。③ 这两次变革，尤其是 2021 年的扩展，使任何进入英国从事博士级以上科研活动的人员无论时间长短都需申请 ATAS 签证，这一要求甚至覆盖了部分社会人文领域。④ 与此同时，ATAS 的豁免国家从欧盟扩展到美国、日本、韩国、新加坡、澳大利

---

① Universities UK，"Managing Risks in Internationalisation：Security Related Issues"，15 October 2020，https：//www. universitiesuk. ac. uk/what－we－do/policy－and－research/publications/managing-risks-internationalisation.

② UKRI，"UK Research and Innovation Trusted Research and Innovation Principles"，August 2021，https：//www. ukri. org/wp－content/uploads/2021/08/UKRI－170821－TrustedResearchand InnovationPrinciples. pdf.

③ University of Cambridge，"Academic Technology Approval Scheme（ATAS）"，https：//www. hr. admin. cam. ac. uk/academic-technology-approval-scheme-atas.

④ The UK Government，"Immigration Rules Appendix ATAS：Academic Technology Approval Scheme（ATAS）"，10 September 2024，https：//www. gov. uk/guidance/immigration－rules/immigration-rules-appendix-atas-academic-technology-approval-scheme-atas.

亚、加拿大和新西兰。至此，英国科研安全治理的第一个基础性支柱完成重要升级。

2021年7月，英国通过了《国家安全与投资法案》；同年，政府发布了《国家安全和投资法：高等教育和研究密集型行业指南》，明确了大学等实体在17个敏感技术经济领域进行知识、数据、技术与产品跨国流动时的强制申报规则。① 这意味着在受控领域内，英国高校、研究机构及其衍生企业的任何与国外实体有关的科研经费资助、知识产权和无形资产收购乃至合作研发活动等，只要涉及有形和无形的知识、技术等转移扩散，都必须进行申报。同年，英国政府成立研究合作建议团队（RCAT），为大学等机构处理相关风险提供具体指导和咨询支持。② 至此，英国科研安全治理的第三个基础支柱形成。

第三阶段（2022年至今）：在进一步完善制度的同时与盟友强化合作构建科研安全治理协调机制。2022年至今，英国科研安全治理新框架基本构建完成，并进入完善实施阶段。与此同时，英国开始与美国等盟友通过多边与双边机制强化交流，围绕科研安全展开协调。

2022年2月，UUK发布了《国家安全和投资法：大学指南》，为大学遵守新的安全法规提供具体指引；③ 2022年7月，UUK、UKRI、CPNI联合发布了《管理国际研究和创新风险：高等教育部门指导概述》，为英国大学

---

① UK Cabinet Office, "National Security and Investment Act：Guidance for the Higher Education and Research-Intensive Sectors", 20 July 2021, https：//www. gov. uk/government/publications/national-security-and-investment-act-guidance-for-the-higher-education-and-research-intensive-sectors/national-security-and-investment-act-guidance-for-the-higher-education-and-research-intensive-sectors.

② The Department for Science, Innovation and Technology, "Research Collaboration Advice Team（RCAT）：Privacy Notice", 13 April 2022, https：//www. gov. uk/government/publications/research-collaboration-advice-team-rcat-privacy-notice/research-collaboration-advice-team-rcat-privacy-notice#about-the-research-collaboration-advice-team-rcat.

③ Universities UK, "The National Security and Investment Act：Guidance for Universities", 9 February 2022, https：//www. universitiesuk. ac. uk/what-we-do/policy-and-research/publications/national-security-and-investment-act.

提供了一份跨部门的综合性指南。① 在这些指南的引导和推动下，英国大学与科研机构快速进入落实政府科研安全新规的阶段。

与此同时，英国将"可信研究"理念推广至 G7 等盟友，科研安全成为这些国家科研治理的重要协调内容。2021 年，G7 签署《科研契约》，宣称打造"可信研究"环境，新组建研究生态系统安全性和完整性工作组（SIGRE），强化科研安全与科研诚信治理协调。② 2022 年 6 月，G7 发布了《科研安全与科研诚信共同原则》，提出了科研完整性与科研安全性的价值观与治理原则，强调了科研活动必须遵守基本"价值观"，注意维护国家利益、经济利益和战略利益。③ 2023 年 5 月，G7 科学部长会议公报再次强调通过强化研究安全和研究诚信措施推进"可信研究"。④ 2024 年 2 月，SIGRE 发布了《G7 安全开放研究最佳实践》，英国"可信研究"治理成为典型案例之一。⑤ 2024 年 8 月，G7 联合成立"七国集团研究安全和科研诚信虚拟学院"，用于汇集各国研究人员、创新者、企业领导人和政策制定者的技能和经验，共同培养对科研诚信和科研安全的理解。⑥ 此外，自 2022 年以来，英国教育科技管理部门、大学自治组织（协会）等纷纷赴美国等国，加强

① Universities UK, UKRI and CPNI, "Managing Risks in International Research and Innovation", 20 Jun 2022, https：//www.universitiesuk.ac.uk/what-we-do/policy-and-research/publications/managing-risks-international-research.

② G7, "G7 Research Compact", 13 June 2021, https：//www.international.gc.ca/world-monde/international_relations-relations_internationales/g7/documents/2021-06-13-research_compact-pacte_recherche.aspx? lang=eng.

③ G7, "G7 Common Values and Principles on Research Security and Research Integrity", June 2022, https：//www.bmbf.de/SharedDocs/Downloads/de/2022/220812-g7-sigre-paper.pdf? __blob=publicationFile&v=2.

④ G7, "G7 Science and Technology Ministers' Communique", 12-14 May 2023, https：//www8.cao.go.jp/cstp/kokusaiteki/g7_2023/230513_g7_communique.pdf.

⑤ G7 Security and Integrity of the Global Research Ecosystem (SIGRE) Working Group, "G7 Best Practices for Secure and Open Research", February 2024, https：//science.gc.ca/site/science/en/safeguarding-your-research/general-information-research-security/international-research-security-resources/g7-best-practices-secure-and-open-research.

⑥ G7, "G7 Virtual Academy on Research Security and Integrity", https：//europa.eu/sinapse/sinapse/community/0505f60a-287b-11ed-b6d0-0050568bf5be/login.

科研安全治理交流。① 至此，英国科研安全治理的第四个基础支柱初步
建立。

二 英国科研安全治理的基本架构与演进趋势

到目前为止，英国科研安全治理的四个基本支柱建设完成，形成了相对
完善的治理体系，很大程度上改变了英国大学传统的学术自治氛围与权限。
纵观整个治理体系建立过程，虽然其强调安全与开放的平衡，但政府对安全
的追求显然超过对开放的坚守，加之地缘政治紧张趋势与盟友的同频操作，
未来英国科研安全的管制力度将进一步加大。

（一）科研安全治理基本架构

按照治理目标、治理内容、治理主体、治理客体和治理工具等进行分
析，英国科研安全治理体系的基本架构如下。

治理目标方面，从宏观到微观分为三大目标。一是维护和加强英国高等
教育和研究部门的声誉与诚信，这主要涉及对外合作等过程中可能产生的影
响学术自由、言论自由和侵犯"基本人权"等价值观风险，也包括科研诚
信风险。二是确保大学和研究机构能够保护自身和研究人员、学生免受各种
安全风险威胁。三是确保科研人员、学生具有风险意识，能够保护自身的权
利和敏感信息。这些目标的背后实际上是英国维护自身军事、经济和地缘政
治优势的考量，也有配合美国等亲密盟友的动机。

治理内容方面，主要是涉外科研与教学活动中人员、信息和成果的分享
与流动可能产生的风险。这些风险主要包括五类。一是与学术声誉相关的风
险，包括违反学术自由等基本价值观和研究人员的言论自由等基本权利的风
险。二是网络安全风险，涉及科研信息和成果等信息安全。三是知识安全风

---

① Russell Group, "UK Universities' Engagement with Autocracies – Foreign Affairs Committee Inquiry", February 2023, https：//committees. parliament. uk/writtenevidence/118711/html/.

险，涉及合作领域和成果可能有助于所谓"敌对"国家（更确切地说是非盟友国家）增强军事能力和经济能力。这是治理的重点，被视为危害英国国家利益。四是出国旅行过程中可能遭遇的人身伤害或财物损失等。五是在国际科研合作中可能产生的一些财务风险等。前三类风险（尤其是第三类风险）是英国构建新治理框架的主要初衷和目标。

治理主体方面，情报安全部门和外交部门主导了大部分政策与规则制定，科技与教育管理部门以及大学自治组织等主要负责推进落实。无论是ATAS 还是"可信研究"与《国家安全与投资法》，英国的安全机构与情报部门都在其中起着主导作用。英国的科技部、UKRI 等科技管理服务部门，以及 UUK 等大学自治组织虽然也参与政策协商，但主要负责就安全部门与情报部门主导制定的新规进行解析，并出台具体指导意见，推动各大学和研究机构落实。英国议会通过调查、质询、听证等多种方式，推动了新规的出台与升级。只有在涉及多边协调时，科技与教育管理部门以及大学等相关主体的参与度才比较高，例如 G7 的全球研究生态系统安全与完整性工作组、G7 最佳实践与原则工作小组。①

治理客体方面，大学和科研机构、科研人员、留学生以及企业都成为科研安全治理的重要对象。实际上，大学和科研机构既是治理主体又是治理客体，起着承上启下的枢纽作用。英国政府部门出台的政策需要大学来具体实施，并施加给具体的科研人员和科研活动，同时大学也需要就政策落实过程中出现的问题和困难通过议会、大学协会等传递给政府部门。从客体的具体形式看，既包括大学、科研机构、留学生群体、科研人员、涉密项目和实验室、企业等有形实体，也包括知识、技术、资金、学术自由氛围等无形事务。其中，在"敏感"领域与"敏感"国家的科研合作、人员交流、信息和成果转移、影响学术自由的外国干涉等活动被重点监控和管制。

---

① G7, "G7 Common Values and Principles on Research Security and Research Integrity", June 2022, https：//www.bmbf.de/SharedDocs/Downloads/de/2022/220812-g7-sigre-paper.pdf?__blob=publicationFile&v=2.

治理工具方面，以 ATAS、"可信研究"、《国家安全和投资法》、盟友协调机制为四大核心工具，政府和大学构建了一系列新机构与平台。在国家层面，ATAS 对进入英国学习的留学生群体和从事科研活动的研究人员进行筛选和管制；"可信研究"对大学、科研机构和企业开展的国际科研合作、涉外履行、信息安全等进行筛选与规制，并通过将其纳入政府科研资助流程等方式强制执行；《国家安全和投资法》主要对外国实体在英国的科研资助、知识产权获取和企业并购等实施筛选与管制；盟友协调主要是通过与其他 G7 国家盟友共同发声，建立信息沟通机制与开展协调行动，分享科研安全治理的经验与案例。此外，国家层面的治理工具还包括出口管制法规以及《瓦森纳协议》等多边协调机制。在国家层面治理工具的基础上，为推进政策落实、解决大学等实体在执行新规过程中的疑问，英国政府 2022 年 3 月启动运行研究合作咨询团队（RCAT）。截至 2023 年底，RCAT 为大学等研究机构提供了 350 多条建议，其中 100 多条涉及复杂事件，问题主要集中在出口管制、背景调查、《国家安全和投资法》、机构科研安全政策、ATAS 等方面。[1] 在机构层面，UUK 以及大部分大学和研究机构出台了具体操作指南和流程平台，便于科研人员和大学管理人员在开展国际合作时进行自我审查。其中，设立专门处理科研安全问题的高级管理职位和团队、构建在线平台进行自查分析和备案审核等举措成为不少大学的标准动作。[2]

（二）演进趋势

根据英国各利益相关者的反应及其外部环境，英国科研安全治理在未来

---

[1] UK Research Collaboration Advice Team, "Research Collaboration Advice Team: Progress Made from 2022 to 2023", 9 November 2023, https://www.gov.uk/government/publications/research-collaboration-advice-team-progress-made-from-2022-to-2023/research-collaboration-advice-team-progress-made-from-2022-to-2023.

[2] Universities UK, UKRI and CPNI, "Managing Risks in International Research and Innovation", 20 June 2022, https://www.universitiesuk.ac.uk/what-we-do/policy-and-research/publications/managing-risks-international-research.

一段时间将呈现以下几方面趋势。

一是整体趋势持续趋紧，但趋紧的速度将显著下降。目前，美国、加拿大、澳大利亚、欧盟以及日韩等均在强化科研安全治理，英国的举动是整个西方国家大趋势下的产物，与地缘政治、地缘经济以及全球科技竞争态势密不可分，而这些因素短期内难以扭转，且有愈演愈烈之势。同时，英国科研安全治理的主导者是国家情报与安全部门，科研与教育管理部门以及大学等机构的话语权偏小。因此，英国科研治理的大趋势不会扭转，只会进一步趋严。但由于英国科研安全治理的新框架已经基本完成，接下来主要是监督落实，因此，出台诸如四大支柱类的重磅举措的可能性很小，进一步升级科研安全的力度和速度会明显减小和下降。

二是大学等科研机构的压力增加，政府将强化对大学等机构的监督评估。科研安全治理，尤其是将安全与价值观、国家安全和经济安全等进行捆绑，与科研活动（尤其是基础研究）开放合作的本质和规律相冲突。在英国不断升级科研安全治理过程中，科研人员与机构也曾发出反对声音。2020年7月，英国高等教育政策研究所发布了《英国大学与中国》报告，来自英国牛津大学等机构的10余位专家针对英国以安全为由快速收紧对华科技合作表达担忧，认为这种安全导向的思维和举措将毁掉英国良好的国际科研合作生态。[1] 2023年起，英国科研安全治理的效应加速向大学等科研机构以及科研人员等微观层面传递，可能引发科研人员的抵触反弹，导致部分举措难以快速推进。这反过来又会导致政府通过强化监督与评估加大对大学等机构的压力。

三是与盟友更为协调，针对部分国家与重点领域的限制将加强。目前，英国通过G7机制与盟友密切交流信息与经验。未来，随着交流机制的完善，盟友间的共同关切将得到进一步强化，盟友间的不同关切将扩散蔓延，从而在整体上加大针对中国、俄罗斯等国家在重点领域的科研合作管制。尤

---

[1] HEPI, "UK Universities and China", 9 July 2020, https://www.hepi.ac.uk/2020/07/09/uk-universities-and-china/.

其像美国近两年推出的"恶意外国人才招募计划"①、SECURE 中心②等举措，以及加拿大推出的科研安全风险"实体机构清单"③ 等举措可能被英国效仿，G7 或"五眼联盟"内部可能会建立敏感学科领域、敏感机构甚至敏感人员的信息共享数据库。这将导致针对部分国家与实体的科研合作、人才与信息交流受到进一步限制与压缩。

三 英国科研安全治理的影响与中英科技合作展望

英国科研安全治理的重大调整对英国科研人员、留学生群体、大学等科研机构、企业乃至整个英国科技创新生态都产生了重大而深远的影响。这些制度变化对中英科技合作交流产生了重大冲击，在新兴关键技术领域，中英合作快速、显著下降，但在气候变化、农业等人类共同挑战和非敏感领域，双方合作势头依然。未来，英国对华科技合作会持续收紧，但双方的合作空间依然存在。

（一）对国际合作交流的主要影响

对学科领域的影响集中于数学、计算机、生物科学、物理学等学科，以及人工智能、先进材料、先进机器人、合成生物学、空间技术等关键新兴技术领域。其中，人工智能、量子科技、先进材料等是 ATAS、"可信研究"与《国家安全和投资法》共同管制的技术领域，RCAT 也将这些领域列为高

---

① Office of Science and Technology Policy, "Guidelines for Federal Research Agencies Regarding Foreign Talent Recruitment Programs", 14 February 2024, https：//www. whitehouse. gov/wp-content/uploads/2024/02/OSTP-Foreign-Talent-Recruitment-Program-Guidelines. pdf.

② NSF, "NSF-backed SECURE Center will Support Research Security, International Collaboration", 24 July 2024, https：//new. nsf. gov/news/nsf-backed-secure-center-will-support-research.

③ Government of Canada, "Named Research Organizations", https：//science. gc. ca/site/science/en/safeguarding-your-research/guidelines-and-tools-implement-research-security/sensitive-technology-research-and-affiliations-concern/named-research-organizations.

风险领域，同时这些领域也是美国、加拿大、澳大利亚等其他 G7 国家共同关注的领域。英国在这些领域与盟友的合作交流基本不受影响，但与非盟友的合作明显受到冲击。

对科研人员与科研机构的影响，主要表现在科研人员的"寒蝉效应"以及科研机构的自治困境方面。虽然英国的科研安全治理并不像美国的"中国行动计划"所产生的"寒蝉效应"那样严重，但其多管齐下的新治理框架迅速在科研人员群体中形成了"恐惧"氛围。同时，大学等机构成为政府政策举措实施的关键环节，但其对外合作交流意愿与大学自治传统也不弱，导致其在科研安全治理方面容易陷入困境。这也成为英国政府专门成立 RCAT 等平台解答大学疑惑、给予具体指导的重要原因。

对合作伙伴的影响。一方面，对美国等盟友，英国进一步强化了其合作意愿和渠道，但对非盟友国家，交流合作的良好态势被冰封和扭转。科研安全限制打破了英国在"敏感"领域的原有国际合作网络，政府、科研机构和科研人员无论是出于安全考虑还是出于科研经费等考虑，与盟友围绕关键新兴技术的合作意愿越来越强，① 英国新建立了英美技术和数据全面对话，启动了英日数字伙伴关系等，② AUKUS 等新机制的建立也为盟友间扩展合作渠道提供了支撑。③ 而另一方面，针对非盟友的合作交流显著减少，英国不仅在新版《科学技术框架》和《国际技术战略》中不再

---

① Department for Science, Innovation and Technology, "The UK Science and Technology Framework", 9 February 2024, https://www.gov.uk/government/publications/uk-science-and-technology-framework/the-uk-science-and-technology-framework#progress-and-next-steps.

② Government Office for Science, "Statement on Harnessing Science and Technology to Address the Challenges of Today and Open Doors to the Future", 7 August 2024, https://www.gov.uk/government/publications/joint-statement-between-the-uk-australia-canada-new-zealand-and-the-united-states-august-2024/statement-on-harnessing-science-and-technology-to-address-the-challenges-of-today-and-open-doors-to-the-future-html.

③ The UK Government, "World First as UK Hosts Inaugural AUKUS AI and Autonomy Trial", 26 May 2023, https://www.gov.uk/government/news/world-first-as-uk-hosts-inaugural-aukus-ai-and-autonomy-trial.

提及这些原有的重要合作伙伴，而且与这些伙伴的实际合作也出现了显著下滑。

（二）中英科技交流合作展望

中英互为亲密国际科研合作伙伴已有多年。2023 年，中英合作论文数量为 22719 篇，中国成为英国第二大国际论文合作方，而英国保持中国第二大国际论文合作方地位已有近 40 年。[①] 尽管如此，随着英国科研安全治理新框架的建立，中英科研合作交流已经受到不利冲击。未来，双方在人工智能等关键新兴领域的合作将越来越少，交流合作的重点可能将集中在气候变化、生物多样性、农业和健康等领域。

总体来看，英国对华科研合作的趋势将日益趋紧且短期内不会扭转。2019 年[②]、2021 年[③]与 2023 年[④]，英国议会组织了 3 次以安全为主题的调查与听证会，与中国的科研合作风险始终是重要议题。在这样的氛围下，英国对华科研交流与合作将日益趋紧且短期内不会改变。在 2021 年中英科研合作达到近几十年来的顶峰后，中英科研合作出现 30 年来首次停滞乃至下滑。2000~2021 年，中英论文合作年均增长率在 15% 以上，但 2022 年首次出现增长停滞（1%），2023 年首次出现下滑（-3%）（见表 1）。

---

① Web of Science，InCites Dataset and ESCI，exported date 30 July 2024.

② The UK Parliament Foreign Affairs Committee，"A Cautious Embrace：Defending Democracy in an Age of Autocracies Contents"，5 November 2019，https：//publications. parliament. uk/pa/cm201919/cmselect/cmfaff/109/109. pdf.

③ The UK Parliament，"The UK's Security and Trade Relationship with China Inquiry Launched"，26 February 2021，https：//committees. parliament. uk/work/1067/the-uks-security-and-trade-relationship-with-china/news/145355/the-uks-security-and-trade-relationship-with-china-inquiry-launched/.

④ The UK Parliament Foreign Affairs Committee，"Foreign Affairs Committee Issues Call for Evidence on UK Universities and Autocracies"，8 February 2023，https：//committees. parliament. uk/work/7295/uk-universities-engagement-with-autocracies/news/186096/foreign-affairs-committee-issues-call-for-evidence-on-uk-universities-and-autocracies.

表 1　中英国际论文合作情况（2018~2023 年）

单位：篇

年份	2018 年	2019 年	2020 年	2021 年	2022 年	2023 年
所有领域	15138	18562	20980	23057	23311	22719
"敏感"领域						
人工智能	715	768	938	1335	1242	1259
量子科技	20	49	30	43	16	25
电子电气工程	2285	2567	2825	2833	2804	2589
生物技术与应用微生物学	138	195	205	215	211	195
核技术	53	58	42	40	47	36
应用数学	147	170	174	173	198	154
"非敏感"领域						
气象学与大气科学	190	223	284	307	300	309
生物多样性保护	50	66	86	104	91	97
农业和动物科学	19	18	21	29	26	27

资料来源：Web of Science，InCites Dataset + ESCI，数据采集时间为 2024 年 7 月 30 日。

同时，双方在所谓"敏感"领域的合作将进一步下降，但在气候变化等领域具有增长潜力。中英在人工智能、量子科技、电子电气、生物技术等"敏感"领域的合作受到影响，如表 1 所示，与 2020 年或 2021 年的合作高峰相比，上述领域 2023 年的中英合作论文数量出现 6%~42% 的下滑，但气候变化、农业和生物多样性等非敏感领域的下降幅度远小于敏感领域，甚至气象学等领域已经出现复苏并恢复到 2020 年之前的增长态势。这些趋势都预示着在人类共同挑战领域，双方的合作意愿与空间依然很强与很大。

政治外交篇

B.11
苏纳克政府的气候与能源政策新发展*

张 茜**

摘 要： 2023~2024 年度，在大选年背景下，英国气候和能源政策出现明显的起伏波动。2023 年 9 月，前首相苏纳克宣布保守党政府将采取实现净零排放目标的"新方式"，推迟或放弃部分关键减排措施，以减轻英国家庭的经济负担。苏纳克在气候领域的这一重大政策转向引发了广泛的批评和质疑。在 2024 年英国大选期间，保守党延续了苏纳克消极、"务实"的气候能源政策，相较之下工党则提出了更加雄心勃勃的气候行动目标，承诺将扭转保守党政府的部分气候倒退政策，并将"使英国成为清洁能源超级大国"设定为五大施政目标之一。斯塔默就任英国首相后，新一届工党政府将清洁能源政策列为核心议程，希望恢复英国在全球气候领域的领导地位。然而，英国在如何落实气候能源行动计划、履行国际减排承诺方面仍面临财政资金短缺、经济增长乏力和社会分歧加大以及国际环境的不确定性等制约与挑战。

---

* 本报告为北京外国语大学 2022 年度"双一流"建设重大（点）标志性项目（2022SYLA004）"大变局下欧盟在全球治理中的角色研究"阶段性成果。
** 张茜，博士，中国政法大学外国语学院讲师，主要研究领域为欧洲研究。

关键词：　气候政策　能源政策　苏纳克政府　斯塔默政府　净零排放

以 2024 年英国大选为分水岭，2023~2024 年英国气候政策经历了显著转向。2023 年，受能源危机、通货膨胀、选举压力等多重因素影响，苏纳克政府在气候领域趋于保守，对英国绿色政策进行了"倒退式"调整，决定放弃或推迟实施部分关键的气候和能源战略措施，引发国内外争议。工党赢得 2024 年英国大选以来，大力推进雄心勃勃的绿色议程，将清洁能源转型作为首要优先事项，迅速推出一系列气候、能源政策和新的减排目标，大力推进绿色转型，重建英国在气候变化领域的领导地位。当前，斯塔默政府的气候能源政策取得了一定效果，但英国能否由此重拾气候雄心仍不明朗。

一　苏纳克政府气候与能源政策转向

2023 年下半年，苏纳克政府的气候政策举措呈现明显的收缩态势。面对严峻的经济形势和能源危机，苏纳克转向采取"可负担的、务实的"新方式实现净零目标，弱化部分关键的气候能源政策措施，在确保能源独立和生活增长的框架下推进净零排放承诺。苏纳克的气候政策逆转主要集中在以下两方面。

第一，扩大北海油气开发，能源安全优先。2023 年 7 月 31 日，苏纳克宣布英国政府计划颁发数百个新的北海石油和天然气开采许可证，以最大限度提高英国化石燃料储备，减少对进口能源的依赖；首批 100 个许可证计划在 2023 年秋季发放。许可证发放流程由北海转型管理局（NSTA）监管，采用更加灵活的方式，允许企业在现有许可区域附近进行钻探，从而"释放能够更快投入使用的重要储备"，不过该流程仍将对所有许可证进行"气候兼容性测试"。环保组织、部分保守党成员和工党对苏纳克的这一决定进行了严厉批评，称继续在北海开采化石燃料将对英国的气候目标造成严重破坏，政府应将重心放在低碳经济转型以及清洁能源投资上。苏纳克回应称，

发放新的油气开采许可证"完全符合"英国 2050 年净零排放承诺，因为"即使到 2050 年达到净零排放，英国 1/4 的能源需求仍将来自石油和天然气，而国内天然气生产的碳足迹约为进口天然气的 1/4 或 1/3"。因此，本届政府将采取措施延缓国内油气产量下滑，以"适度和务实"的方式向净零排放过渡。① 2023 年 9 月，罗斯班克油田获批准开发，由挪威国家石油公司（Equinor）和英国伊萨卡能源公司（Ithaca Energy）共同投资。罗斯班克油田是英国最大的未开发油田，预计可采 3 亿桶石油，创造约 1600 个就业岗位。该油田计划于 2026~2027 年投产，高峰期每天可生产 6.9 万桶石油，前 10 年每天可生产约 4400 万立方英尺天然气。环保人士对这一油田可能产生 2 亿吨二氧化碳表示质疑和担忧，苏纳克则表示在英国向可再生能源转型的过程中，利用本国石油和天然气是合理的，这是"英国能源安全的正确长期决定"。②

第二，放宽净零排放政策，延长化石燃料淘汰期限。2023 年 9 月，苏纳克发表演讲，宣布为了减轻英国普通民众的负担，政府将采取"更加务实、适度和现实的新方法"实现净零排放目标，推迟或取消部分核心气候政策措施。苏纳克对气候能源政策的调整主要包括以下几个方面。首先，推迟汽油和柴油汽车销售禁令：将禁止销售新的内燃机汽车（包括汽油和柴油汽车及厢式货车）的日期从 2030 年推迟至 2035 年；2035 年之后，英国将效仿德国、法国和西班牙的做法，允许继续销售二手内燃机汽车。其次，放宽逐步淘汰化石燃料锅炉政策：针对未接入天然气网络家庭的化石燃料锅炉销售禁令将从 2026 年推迟至 2035 年实施；新建房屋从 2025 年起仍将禁止安装化石燃料锅炉，但那些"最难以转向热泵或其他低碳替代品"的房

---

① The UK Government, "Hundreds of New North Sea Oil and Gas Licences to Boost British Energy Independence and Grow the Economy", 31 July 2023, https：//www.gov.uk/government/news/hundreds-of-new-north-sea-oil-and-gas-licences-to-boost-british-energy-independence-and-grow-the-economy-31-july-2023.

② Mary McCool and Nichola Rutherford, "Rosebank Oil Field Given Go-ahead by Regulators", BBC, 27 September 2023, https：//www.bbc.com/news/uk-scotland-scotland-business-66933346.

屋除外；增加通过"锅炉升级计划"提供的补贴，其中，从燃气集中供暖转向热泵的补助金上限将从 5000 英镑提高到 7500 英镑。再次，废除强制房东提升房屋能源效率的"最低能源效率标准规定"（MEPS），不再强迫房东进行所谓的"昂贵的隔热升级"，而是"鼓励"家庭进行房屋能效升级，政府为此提供补贴。根据原规定，从 2025 年起，只有能源性能证书（EPC）达到 C 级以上房产才能签订新的租房合同；从 2028 年起，这一规则将适用于已有租约。上述两个规定均被苏纳克取消。最后，叫停部分鼓励可持续行为的提议，例如拼车、征收航班税、公布肉类碳足迹等。苏纳克还强调，为保证英国能源独立、减轻对进口能源的依赖，政府将取消北海油气开发禁令。苏纳克将这一重大政策转向称为英国实现净零排放的"唯一现实途径"，并将新方法定位为介于"气候狂热"和"气候否定"两个极端之间的第三条道路。①

为了兑现英国 2050 年整体达成净零排放的目标，苏纳克政府加大了清洁能源投资力度，推动能源转型。2023 年 10 月 26 日，《2023 年能源法案》（以下简称《法案》）获得御准正式成为法律。《法案》在 2022 年 7 月由苏纳克政府推出，被称为"英国史上规模最大的能源立法"，旨在通过加强英国能源安全、提升能源系统效率、支持向净零排放转型以及降低能源价格对英国能源系统进行改革。《法案》主要涵盖核能、海上风能、油气与碳捕集、利用和封存、氢能、低碳供暖等领域，预计将撬动 1000 亿英镑私营部门投资，用于能源基础设施建设，并在能源领域带来数千个就业岗位。②2024 年 1 月，英国能源安全和净零排放部（DESNZ）发布了《民用核能：2050 年线路图》（以下简称《路线图》），提出核能是英国实现净零排放和能源安全的重要部分。到 2050 年，英国将有 1/4 的能源来自核能。为此，《路线图》阐明了英国部署核能的方式和关键行动时间线，包括部署

---

① The UK Government，"PM Speech at COP28 Climate Summit：1 December 2023"，1 December 2023，https：//www.gov.uk/government/speeches/pm-speech-at-cop28-climate-summit-4-january-2023.

② The UK Government，"Energy Act 2023"，https：//www.legislation.gov.uk/ukpga/2023/52.

小型模块化反应堆，在欣克利角（Hinkley Point）和塞斯维尔（Sizewell）核电项目之后进一步探索大型反应堆项目等，向核能领域和投资者发出明确信号。① 2023 年 12 月，在《联合国气候变化框架公约》第 28 次缔约方大会（COP28）新闻发布会上，苏纳克宣布阿联酋可再生能源公司马斯达尔（Masdar）和德国能源巨头莱茵集团（RWE）达成协议，将为英国多格滩（Dogger Bank）投资 110 亿英镑，建设世界上最大的海上风电场。

尽管苏纳克一再表示进行气候政策调整的主要原因是在绿色转型过程中降低经济困难家庭的生活成本，确保英国能源供应安全。但这一决定更大程度上是出于选举政治考量，苏纳克将净零排放目标作为政治工具，意在通过此举在 2024 年的大选中吸引更多选票。② 一方面，俄乌冲突导致英国能源和食品价格上涨，通货膨胀率随之攀升，英国生活成本居高不下。2022 年 10 月英国通货膨胀率达到 11.1%，创下 40 年来的最高纪录，食品通胀率更是在 2023 年 3 月达到了 19.3% 的峰值。英国国家统计局在发布 2023 年 8 月消费者价格通胀数据时指出，汽车燃料价格上涨是导致通胀率上涨的最主要因素。③ 苏纳克担心过快推进绿色政策可能会加剧民众的不满情绪，"导致失去英国民众支持的风险"。另一方面，自 2021 年以来保守党的支持率不断下滑，在 2024 年英国大选前的民意调查中，工党支持率一直大幅领先保守党。面对不容乐观的选举前景，苏纳克领导的保守党希望通过与工党划清界限，争取更多保守派选民的支持。2023 年 7 月，保守党凭借反对伦敦超低排放区扩张的竞选活动，在乌克斯布里奇补选中意外获胜，为苏纳克调整气候政策提供了功利动机。这次补选结果体现了生活成本危机下，净零排放长

---

① The UK Government, "Civil Nuclear: Roadmap to 2050", January 2024, https://www.gov.uk/government/publications/civil-nuclear-roadmap-to-2050/civil-nuclear-roadmap-to-2050-accessible-webpage.

② Charlie Cooper, "Rishi Sunak Weaponizes Net Zero as Election Looms", Politico, 20 September 2023, https://www.politico.eu/article/britain-prime-minister-rishi-sunak-weaponizes-net-zero-climate-policy-general-election/.

③ Office for National Statistics, "Consumer Price Inflation, UK: August 2023", 20 September 2023, https://www.ons.gov.uk/economy/inflationandpriceindices/bulletins/consumerpriceinflation/august2023.

期目标与选民短期诉求之间的矛盾。基于此，苏纳克政府决定以气候政策为突破口，将自身塑造成在经济衰退期减轻普通民众负担的"利益捍卫者"，扭转不利的选举局面。①

　　苏纳克的气候政策逆转在英国国内和国际社会引发了广泛质疑与批评。首先，苏纳克此举打破了几十年来两党在气候变化问题上达成的共识，在英国国内引发了政治争议。反对党工党指责苏纳克的新政策"缺乏主见"，表示一旦在 2024 年大选中胜出，将恢复在 2030 年禁止销售新汽油和柴油汽车的计划。工党影子内阁能源安全和净零排放大臣米利班德（Ed Miliband）称："推迟淘汰汽油和柴油汽车将使英国家庭增加数十亿美元的生活成本，并损害投资者对英国的信心。"此外，保守党成员也对苏纳克此举提出批评，保守党内部因此产生严重分歧。前首相约翰逊警告称，必须让企业对英国净零排放承诺保持信心，不能动摇也不能以任何形式放弃气候雄心，否则将影响英国经济增长和在应对气候变化方面的领先地位。② 曾任第 26 届联合国气候大会主席的保守党议员夏尔马（Alok Sharma）则表示，撕裂英国在气候行动领域的跨党派共识将对企业界造成极严重的破坏，并且认为此举并不能帮助保守党赢得选举优势。③ 保守党内部仅有小部分对净零目标持怀疑态度的团体对苏纳克所谓"明智的实用主义"表示欢迎。

　　其次，苏纳克气候政策逆转将对英国经济产生长期负面影响。一方面，英国对化石燃料依赖程度较高，由于 OPEC 成员国和俄罗斯等主要产油国减产，国际油价不断上涨，推迟淘汰化石燃料将最终增加英国消费者的生活成

① Rowena Mason, Pippa Crerar et al., "Sunak's Big Green Gamble: The Story Behind the PM's Decision to U-turn", *The Guardian*, 20 September 2023, https://www.theguardian.com/environment/2023/sep/20/sunaks-big-green-gamble-the-story-behind-the-pms-decision-to-u-turn.

② Pippa Crerar, "Boris Johnson Warns Sunak He 'Cannot Afford to Falter' on Net Zero Commitments", *The Guardian*, 20 September 2023, https://www.theguardian.com/environment/2023/sep/20/boris-johnson-warns-sunak-he-cannot-afford-to-falter-on-net-zero-commitments.

③ Lauren Boland, "Rishi Sunak's U-turn on Climate Slammed as 'Chucking the Environment into a Political Fire'", *The Journal*, 21 September 2023, https://www.thejournal.ie/rishi-sunak-climate-u-turn-cars-6174869-Sep2023/.

本。英国能源和气候情报部门（Energy and Climate Intelligence Unit）的一项研究提出，推迟两年实施节能措施可能导致个人租户的能源支出增加 10 亿英镑。① 根据英国预算责任办公室的数据，英国在能源领域持续依赖天然气所产生的成本约为实现净零排放所需成本的两倍。② 另一方面，苏纳克决策带来的不确定性有可能动摇国内外企业对英国净零排放承诺的信心，导致对电动汽车、清洁供暖等低碳产业的投资大幅缩水。在全球绿色转型的激烈竞争中，英国相较于中国、美国以及欧盟明显处于劣势，长期来看不利于经济发展。英国制造商协会（Make UK）首席执行官斯蒂芬·菲普森（Stephen Phipson）表示，苏纳克的声明对于亟须稳定营商环境与投资信心的制造商而言，无疑是一个巨大的挫折；如果英国政府继续频繁更改直接影响企业的政策，将面临在绿色技术领域落后于国际同行的风险，这对汽车供应链中的中小企业造成的打击尤为沉重。国会议员克里斯·斯基德莫尔（Chris Skidmore）指出推迟落实净零措施，将使英国失去未来的就业机会、外来投资和经济增长。超过 400 家企业和非政府组织签署公开信，反对苏纳克的气候政策调整，敦促英国政府停止取消净零政策，立即行动起来解决全球气候变暖问题。③

最后，削减之后的气候政策将阻碍英国兑现具有法律约束力的减排目标和国际气候承诺，有损英国在全球气候治理中的领导者形象。英国是应对气候变化问题的先行者，以往采取了相对稳定、连贯的气候相关政策。2019 年修订的《气候变化法》以法律形式确立了 2050 年净零排放目标，使英国成为首个将该目标纳入立法的主要经济体。1990~2022 年，英国温室气体排

---

① Energy and Climate Intelligence Unit, "Government Delay to Insulation Could Cost Private Renters £1bn in Energy Bills", 28 March 2023, https://eciu.net/media/press-releases/2023/government-delay-to-insulation-could-cost-private-renters-1bn-in-energy-bills.

② Office for Budget Responsibility, "Economic and Fiscal Outlook-March 2023", 15 March 2023, https://obr.uk/efo/economic-and-fiscal-outlook-march-2023/#:~:text=The%20economy%20narrowly%20avoided%20contracting, forecast%20little%20changed%20from%20November.

③ Carbon Brief, "In-depth Q&A: What do Rishi Sunak's U-turns Mean for UK Climate Policy?", 22 September 2023, https://www.carbonbrief.org/in-depth-qa-what-do-rishi-sunaks-u-turns-mean-for-uk-climate-policy/.

放量减少了50%，同期经济增长了近80%，减排速度领先其他G7国家。① 然而，英国仍未达到《巴黎协定》框架下作出的2050年净零排放承诺以及2030年国家自主贡献目标，即到2030年将英国温室气体排放量在1990年的基础上减少68%。其中，截至2023年，实现2030年目标所需的减排量中，仅有1/3得到了足够的政策支撑。② 针对苏纳克的演讲，英国气候变化委员会临时主席皮尔斯·福斯特（Piers Forster）表示，英国气候变化委员会对于英国政府能否兑现2030年和2050年气候承诺比以往更为悲观，而苏纳克的气候政策新动向可能会使英国进一步偏离其法定气候承诺。③ 在COP28期间，苏纳克也因消极务实的气候立场，被多方批评为放弃英国的全球领导地位。苏纳克表示，由于净零排放的成本，"气候政治正处于崩溃的边缘"；虽然在气候变化问题上不作为将付出沉重的代价，但他会以务实的方式采取行动，不增加消费者的成本。英国一向是气候问题的领导者，现在应由其他国家采取更多气候行动。对此，斯塔默抨击苏纳克正"抛弃全球领导角色"，"试图使有关气候变化的辩论两极分化"。④

二 工党政府气候与能源政策

随着全球气候挑战加剧和能源安全需求上升，气候和能源成为2024年英国大选的核心议题之一。工党强调清洁能源转型的重要性，将其视作经济增长、应对生活成本危机以及实现能源独立的重大机遇，展现出积极的气候

① The UK Government, "UK First Major Economy to Halve Emissions", 6 February 2024, https：//www. gov. uk/government/news/uk - first - major - economy - to - halve - emissions #：~：text = New% 20official% 20statistics% 20confirm% 20UK，50% 25% 20between% 201990% 20and% 202022.

② Climate Change Committee, "2023 Progress Report to Parliament", 28 June 2023, https：//www. theccc. org. uk/publication/2023-progress-report-to-parliament/.

③ Office for Budget Responsibility, "Fiscal Risks and Sustainability-July 2023", 13 July 2023, https：//obr. uk/frs/fiscal-risks-and-sustainability-july-2023/.

④ Sam Francis, "Rishi Sunak Denies Abandoning Climate Fight at COP28", BBC, 2 December 2023，https：//www. bbc. com/news/uk-politics-67591724.

行动立场。2024 年 7 月 5 日，工党击败了执政 14 年的保守党，以压倒性优势赢得大选，为实施激进的气候政策提供了保障。英国气候和能源政策面临新一轮调整。

在 2024 年选举期间，工党将"使英国成为清洁能源超级大国"列为仅次于经济增长的第二大使命，提出了雄心勃勃的气候和能源政策纲领，旨在实现降低能源价格、创造优质就业岗位、保障能源安全和发挥全球气候领导力。

第一，工党承诺 2030 年之前实现英国电力系统净零排放，比苏纳克政府的目标提前了 5 年。为此，其提出的主要措施如下。（1）工党政府将加紧与私营部门合作，到 2030 年将陆上风电增加 1 倍、太阳能发电增加 3 倍、海上风电增加 4 倍。（2）大力投资碳捕捉、氢能和海洋能源，发展核电作为低碳能源的重要组成部分，同时保留一批燃气发电站作为战略储备，以确保英国能源供应安全。（3）不再批准新的北海油气开采许可证和煤炭开采许可证，"以分阶段、负责任的方式"逐步淘汰化石燃料。（4）恢复从 2030 年起禁止销售内燃机汽车的计划。

第二，成立国有"大不列颠能源公司"（Great British Energy）。该公司在新议会期间将获得 83 亿英镑新资金，以促进对英国本土清洁能源生产的投资。

第三，设立国家财富基金，用于投资英国清洁能源和增长型产业，并支持政府新产业战略的实施。工党将为该基金划拨 73 亿英镑。

第四，启动"温暖家园计划"，工党将额外投资 66 亿英镑用于对 500 万户家庭进行隔热升级改造，包括增添太阳能板、电池和低碳供暖设备等设施，从而降低家庭能源开支。工党希望到 2030 年私人租赁住房能达到最低能源效率标准。

第五，承诺通过要求英国受监管的金融机构制订与《巴黎协定》相符的转型计划，使英国成为"全球绿色金融之都"。[①]

斯塔默出任英国首相后，将清洁能源转型作为首要优先事项，迅速出台

---

① Labour Party, "Labour Party Manifesto 2024: Our Plan to Change Britain", 13 June 2024, https: //labour. org. uk/updates/stories/labour-manifesto-2024-sign-up/.

多项措施对英国气候和能源政策进行改革，兑现工党的竞选承诺，推进净零排放的力度远超苏纳克政府。2024 年 7 月 8 日，上任仅三天的斯塔默政府发布了《陆上风能政策声明》，宣布取消保守党政府自 2015 年起实施的新建陆上风力发电厂禁令，同时对英国规划政策进行修订，以便在《国家规划政策框架》中将陆上风能与其他能源开发置于同等地位。① 2024 年 7 月 9 日，财政大臣蕾切尔·里夫斯（Rachel Reeves）宣布将在一周内推出国家财富基金，为英国境内的大型基础设施项目吸引私营部门投资，目标是每 1 英镑纳税人资金能吸引约 3 英镑的私人投资。英国政府将按计划为该基金提供 73 亿英镑资金支持，其中至少 58 亿英镑集中在竞选纲领中提及的领域，以协助能源密集行业实现脱碳：18 亿英镑用于港口，15 亿英镑用于电动汽车相关的超级工厂，25 亿英镑用于清洁钢铁产业，10 亿英镑用于碳捕获，5 亿英镑用于绿色氢能。该基金将由英国基础设施银行管理，改革后的英国商业银行提供支持。斯塔默政府表示，国家财富基金将"助力在未来清洁能源行业创造数以千计的就业岗位，增强英国的能源独立能力并应对气候变化"。②

2024 年 7 月 17 日，英国新一届议会正式开幕，国王查尔斯三世在演讲中提到，新一届政府致力于推动清洁能源转型，降低消费者的能源费用支出，因此将推出多个净零相关新法案，为政府的绿色能源政策规划提供立法支持。其中包括《法案》，设立总部位于苏格兰的国有清洁能源公司大不列颠能源公司，推动对海上风能等可再生能源的投资；《英国皇家地产法案》，以扩大皇家财产局的借款和投资权力，加快由皇家财产局管理的海床区域海上风电项目的开发进程；《可持续航空燃料（收入支持机制）法案》，支持

---

① The UK Government，"Policy Statement on Onshore Wind"，8 July 2024，https：//www.gov.uk/government/publications/policy-statement-on-onshore-wind/policy-statement-on-onshore-wind#：~：text = The% 20removal% 20of% 20these% 20tests，July% 2C% 20following% 20the% 20State% 20Opening.

② The UK Government，"National Wealth Fund：Mobilising Private Investment"，14 October 2024，https：//www.gov.uk/government/publications/national-wealth-fund-mobilising-private-investment.

可持续航空燃料的生产。政府还宣布将推行其他影响减缓与适应气候变化的政策，涵盖房屋隔热、自然与生物多样性、土地管理以及水务等领域。①

成立大不列颠能源公司是工党将英国打造为清洁能源超级大国的核心抓手，也是新政府进行改革的首要举措。2024 年 7 月 25 日，斯塔默政府正式发布了《大不列颠能源公司成立声明》，阐述了公司设立理由、公司架构、公司职责和后续措施，并任命西门子前英国首席执行官于尔根·迈尔（Juergen Maier）为公司主席，在组建大不列颠能源公司的进程中迈出重要一步。大不列颠能源公司是英国国有能源企业，旨在通过重塑英国能源行业推动清洁能源投资，使英国在 2030 年前实现电力系统脱碳，减少化石燃料依赖，降低能源成本。在新一届议会 83 亿英镑的初始资金支持下，大不列颠能源公司将与行业、社区、地方政府和其他公共部门密切合作，在全国范围内开发、拥有并运营可再生能源资产，为加速推进大型清洁能源项目提供关键支持。该公司还将撬动更多私营部门投资，提高英国的可再生能源产量，进而推动实现能源独立目标。海上风能、潮汐能、碳捕获与封存、氢能以及其他新兴技术将成为大不列颠能源的投资重点。② 同日，斯塔默和能源大臣埃得·米利班德还宣布，大不列颠能源公司与皇家财产局将首次建立合作伙伴关系，为推动英国实现能源独立，可能撬动高达 600 亿英镑的私人投资。皇家财产局估计，到 2030 年，这项合作将使高达 20~30 吉瓦的新海上风电开发项目进入海底租赁阶段，所产生的电量几乎可供 2000 万户家庭使用。此次合作还将通过投资本土电力促进英国能源独立，伴随着相关政策改革，海上风电项目投入运营并向家庭供电所需的时间最多可缩短一半。③

---

① The UK Government, "The King's Speech 2024", 17 July 2024, https://www.gov.uk/government/speeches/the-kings-speech-2024.

② The UK Government, "Great British Energy Founding Statement", 25 July 2024, https://www.gov.uk/government/publications/introducing-great-british-energy/great-british-energy-founding-statement#what-is-great-british-energy.

③ The UK Government, "New Great British Energy Partnership Launched to Turbocharge Energy Independence", 25 July 2024, https://www.gov.uk/government/news/new-great-british-energy-partnership-launched-to-turbocharge-energy-independence.

2024 年 10 月，斯塔默政府发布对碳边境调节机制（CBAM）政策设计咨询的回应文件，阐述了具体实施方案，英国碳边境调节机制迎来新进展。2023 年 3~6 月，苏纳克政府以应对碳泄漏风险、减少全球温室气体排放和支持英国实现净零排放目标为由，就如何应对碳泄漏风险展开咨询，内容涵盖了碳边境调节机制、产品标准等一系列政策措施。2023 年 12 月 18 日，苏纳克政府发布了此次咨询的成果情况说明，表示计划在 2027 年实施英国碳边境调节机制，初步覆盖铝、水泥、陶瓷、化肥、玻璃、氢气、钢铁 7 个行业。2024 年 3 月 21 日，苏纳克政府就碳边境调节机制的设计和实施方案进行了为期 12 周的咨询，收到来自国内外各类利益相关方的 340 多份回复，其中包括英国及海外企业、行业协会、进口商、智库和学术界人士等。根据斯塔默政府最终公布的政策回应文件，英国确认将于 2027 年 1 月 1 日正式实施碳边境调节机制，对铝、水泥、化肥、氢气以及钢铁 5 个碳泄漏风险较高的排放密集行业产品征收碳税，玻璃和陶瓷产品因平均排放量低于其他几个行业，此次未被纳入该范畴。2027 年之后，英国碳边境调节机制的行业覆盖范围将持续根据评估审查确定。英国成为继欧盟之后全球第二个实施碳边境调节机制的经济体。[1]

在国际层面，斯塔默试图通过提升减排目标、扩大气候融资，重新确立英国在全球气候治理中的领导地位。工党在其竞选纲领中明确表示，本届政府的外交目标之一是促成"协调一致的全球行动"以应对气候变化。[2] 米利班德被任命为能源安全与净零排放大臣后表示，他的首要任务之一是让英国在"国际气候行动"中发挥引领作用。[3] 2024 年 7 月 26

---

[1] The UK Government, "Consultation on the Introduction of a UK Carbon Border Adjustment Mechanism", 30 October 2024, https: //www.gov.uk/government/consultations/consultation-on-the-introduction-of-a-uk-carbon-border-adjustment-mechanism? lang=en-gb.

[2] Labour Party, "Labour Party Manifesto 2024", June 2024, https: //labour.org.uk/wp-content/uploads/2024/06/Labour-Party-manifesto-2024.pdf, pp. 122-123.

[3] The UK Government, "Energy Secretary Ed Miliband Sets Out His Priorities for the Department", 8 July 2024, https: //www.gov.uk/government/news/energy-secretary-ed-miliband-sets-out-his-priorities-for-the-department/.

日，米利班德在与历任联合国气候大会主席及各国领导人会晤时，表示"英国决心在气候行动方面成为全球领导者与可靠伙伴"，承诺英国将与各方合作，达成具有雄心的气候融资集体量化目标（NCQG），并强调了"英国在国内重新发挥引领作用，以推动各国在国际上积极采取行动的重要性"。[①]

2024年11月，在阿塞拜疆巴库举行的COP29上，斯塔默宣布到2035年英国温室气体排放量将在1990年的基础上减少81%，更新了上届苏纳克政府到2035年减排78%的目标，也超过了之前2030年减排68%的目标。此外，英国还承诺将向易受气候变化影响的国家提供更多支持。COP29期间，英国外交大臣戴维·拉米（David Lammy）承诺发起一项新倡议，以支持亚马孙流域原住民和当地社区的森林土地所有权；向保护刚果盆地的当地科学家提供910万英镑资金；建立旨在改善森林管理的合作伙伴关系，以及一项为期10年的新投资计划，以减少非法采伐。除了公共资金外，英国还将调动私人资本为全球转型提供融资。英国将为英国国际投资公司（BII）的新动员基金提供1亿英镑资金，该基金可以带动高达5亿英镑的私人资本用于投资其他国家的净零转型项目。英国还将向新的国际气候融资加速平台（IFCAP）倡议提供2.8亿美元（约2.2亿英镑）的担保，这笔资金将释放12亿美元的额外气候融资。[②]

结　语

过去一年，英国气候和能源政策经历了明显波动，保守党和工党两

---

① The UK Government, "Energy Secretary Convenes COP Leaders Past, Present and Future to Offer UK Support and Leadership in Responding to the Climate Crisis", 26 July 2024, https://www.gov.uk/government/news/energy-secretary-convenes-cop-leaders-past-present-and-future-to-offer-uk-support-and-leadership-in-responding-to-the-climate-crisis.

② The UK Government, "UK Confirms Help for Developing Countries to Tackle Climate Change and Build Greener Future", 13 November 2024, https://www.gov.uk/government/news/uk-confirms-help-for-developing-countries-to-tackle-climate-change-and-build-greener-future.

届政府的气候治理理念和政策措施呈现明显差异。在能源危机和经济衰退的双重压力下，苏纳克政府选择在净零承诺问题上作出妥协，通过弱化关键的净零排放政策措施，包括推迟燃油车禁令、扩大北海油气开采等，试图平衡短期政治经济利益与长期气候目标。苏纳克这种消极、保守的气候政策转向，不仅破坏了英国国内在气候问题上达成的跨党派共识，还损害了英国作为全球气候治理领导者的形象；长期来看，将削弱英国在全球绿色转型中的竞争力，增加消费者的能源成本，阻碍经济发展。2024 年工党胜选后，斯塔默政府以清洁能源转型为国家战略核心目标，加大国家干预力度，在国内推行激进的气候能源政策改革，促进对可再生能源和技术创新的投资，在国际积极参与全球气候行动，提高减排目标，同时宣称要加大对发展中国家的气候支持力度，希望重新确立英国在气候领域的领导地位。自 2024 年 7 月上台以来，斯塔默政府恢复了燃油车 2030 年销售禁令，取消了对新建陆上风电项目的禁令，承诺不再发放任何新的北海油气开采许可证，并于 2024 年 10 月关闭了最后一座煤电厂，结束了英国 140 多年的煤电史，气候变化政策改革取得了一定成效。然而，工党气候能源政策在实施过程中也存在局限。由于财政紧张，工党 280 亿英镑的绿色投资计划已被缩减至 150 亿英镑。近年来，英国财政赤字和国家债务居高不下，2024 年英国政府公共债务达到 GDP 的 99%，斯塔默提出的大规模绿色投资计划面临财政压力。此外，工党还需妥善处理社会阻力、政党分歧、技术和基础设施不足、国际协调等问题。因此，英国在全面落实绿色转型、实现气候雄心方面，仍面临众多内外部制约和实施层面的挑战。

B.12
苏格兰政治版图的变革与重构

黄 洋[*]

摘 要： 过去的一年对于苏格兰政坛而言是多事之秋，各主要政治势力都处在变化与调整之中。苏格兰民族党的内部混乱还在继续。优素福继任首席部长后，不仅未能在标志性的《性别承认改革（苏格兰）法案》上取得突破，又突然终止与绿党的合作，导致该党陷入危机，自己也辞职下台。继任者斯温尼虽然重新定位了该党的路线，但在处理党内成员违规的问题上不够果断，匆忙迎战大选又遭遇大溃败。与此同时，工党抓住机会重回巅峰，自由民主党也脱颖而出，保守党则不出意外地继续低迷。苏格兰政治版图似乎有向苏格兰民族党全面崛起前回归的趋势。

关键词： 苏格兰民族党 苏格兰工党 苏格兰保守党 苏格兰自由民主党

2023~2024年，苏格兰政治版图经历了近十年来最剧烈的一次变化，集中体现在2024年7月4日举行的全国大选中。自2015年起在连续几届大选中以绝对优势获胜的苏格兰民族党遭遇大溃败，苏格兰工党乘势翻盘，重新夺回苏格兰地区第一大党地位。苏格兰自由民主党位居第三，在得票率并不占优的情况下成功将苏格兰保守党挤到第四名的位置。虽然变化如此之大，但在整个英国政坛变动的大背景下，这一结果并非完全出人意料。而在选前近一年的时间里，苏格兰主要政党内部也出现了不同程度的变动与调整，这也是此次苏格兰政治版图出现变革与重构的重要原因。

---

* 黄洋，浙江外国语学院英语语言文化学院讲师、环地中海研究院副研究员，主要研究领域为英国政府与政治、英国内部民族问题以及民族主义理论。

一 优素福继任首席部长与《性别承认改革（苏格兰）法案》的失败

2023 年 3 月，胡穆扎·优素福（Humza Yousaf）在苏格兰民族党领导人选举中胜出，并接替先前宣布辞职的尼古拉·斯特金（Nicola Sturgeon）出任苏格兰首席部长。斯特金本人在苏格兰民族党崛起并统治苏格兰政坛的过程中发挥了毋庸置疑的重要作用，但在辞职之际留下了一个"烂摊子"：第二次苏格兰独立公投的计划被英国最高法院彻底否定；《性别承认改革（苏格兰）法案》引发巨大社会争议，导致党内出现分裂；苏格兰民族党的财务丑闻被曝光，斯特金本人也被牵扯其中。这些都是作为继任者的优素福必须直面的难题。作为苏格兰民族党内的一名政治新星，优素福拥有若干令人瞩目的标签——年轻、亚裔出身、信仰伊斯兰教，这些都与他的历届前任截然不同，似乎预示着他或可为苏格兰民族党带来一股革新之风。优素福本人也的确踌躇满志。在胜选之后发表的演讲中，他称："作为首席部长，我不会回避严峻的挑战，那些需要做出艰难决定的挑战，但只要有挑战，我就会利用它来寻找机会。"[①] 4 月 18 日，优素福领导下的苏格兰新政府发布了一份纲领性的文件，阐述了他本人和其政府希望在 2026 年之前实现的目标，主要集中在"平等""机遇""社区"三个方面。[②]

然而，优素福并未展现出卓越的领导力。作为苏格兰民族党的领导人，如何处理独立这一核心议题是无法避免的。尽管优素福在当选后第一时间就

---

① "Humza Yousaf's Leadership Victory Speech", SNP, 27 March 2023, https：//www.snp.org/humza-yousafs-leadership-victory-speech/.

② Scottish Government, "Equality, Opportunity, Community：New Leadership-A Fresh Start", April 2023, https：//www.gov.scot/binaries/content/documents/govscot/publications/strategy - plan/2023/04/equality-opportunity-community－new-leadership-fresh-start/documents/equality-opportunity－community－new－leadership－fresh－start/equality－opportunity－community－new－leadership-fresh－start/govscot%3Adocument/equality-opportunity-community－new-leadership-fresh-start.pdf.

向时任首相苏纳克要求获得举行第二次独立公决的授权，以及在6月和7月主持发布了《建设一个新的苏格兰》系列报告的第四和第五部分。但考虑到2022年英国最高法院的判决已经基本上断送了第二次独立公投的可能性，这些活动基本只是政治姿态的展示和理念的宣传。在优素福承认实现苏格兰独立的路径必须合法的情况下，如何能使独立计划具备可行性便成了棘手难题。相比前任斯特金提出的将大选作为"事实上的公投"的方案，优素福在这一问题上较为务实，他在2023年6月表态称，若苏格兰民族党在大选中获胜便足以证明该党拥有向英国政府进行"施压"的授权，[①] 并计划将这一方案提交给该党在10月举行的年会进行审议。[②] 这一较为低调的立场遭到支持苏格兰独立的激进派阵营的反对。苏格兰前首席部长和苏格兰民族党前领导人、后另创立阿尔巴党（Alba Party）的阿历克斯·萨蒙德（Alex Salmond）就批评道："将大选多数席位视作实现独立可靠授权的观点不会有人当真。"[③] 苏格兰民族党内部也存在不同意见。当该党年会于10月在阿伯丁召开时，七名资深下院议员和部分选区代表对优素福的方案提出了修正案，即该党应赢得大选中苏格兰议席的绝对多数（即在57个席位中至少赢得29个），才可被视作拥有与英国政府进行谈判的授权。最终该修正案被年会采纳，"赢得大选多数方有授权"取代了优素福的"赢得大选即有授权"成为该党正式立场。[④]

相比苏格兰独立方案，摆在优素福面前更为紧迫的任务是如何调整党内政策路线并弥合党内分歧。苏格兰民族党本就以左翼立场为鲜明特色，但在

① Libby Brooks, "SNP Leader Says General Election Win would be Mandate for Independence Push", *The Guardian*, 24 June 2023, https：//www. theguardian. com/politics/2023/jun/24/snp-leader-general-election-win-mandate-independence-push-humza-yousaf.

② "Humza Yousaf Sets out Scottish Independence Plan", BBC, 15 September 2023, https：//www. bbc. com/news/uk-scotland-scotland-politics-66812774.

③ "Humza Yousaf Sets out Scottish Independence Plan", BBC, 15 September 2023, https：//www. bbc. com/news/uk-scotland-scotland-politics-66812774.

④ Severin Carrell & Libby Brooks, "Humza Yousaf Quells SNP Rebellion with Independence Strategy Compromise", *The Guardian*, 15 October 2023, https：//www. theguardian. com/politics/2023/oct/15/humza-yousaf-quells-snp-rebellion-independence-strategy-compromise.

斯特金任内,该党在某些议题上步子迈得更大。以性少数群体权利为例,斯特金在 2016 年竞选宣言中就提出要改革性别承认法。2021 年,该党在 5 月举行的苏格兰议会选举中以一席之差未能取得绝对多数,当时斯特金决定寻求与更加激进的苏格兰绿党进行合作以巩固执政地位,并达成《布特宫协定》,涵盖应对气候变化、加强保护生态环境、保护少数群体权益等议题。苏格兰绿党同样支持更加宽松的变性法律,因而双方也一致决定将加快推动变性法律的改革。然而此项改革并不顺利。尽管 2022 年底苏格兰议会通过了更加宽松的《性别承认改革(苏格兰)法案》[The Gender Recognition Reform(Scotland)Bill],但苏格兰民族党内反对声不断,甚至出现该党多名议员公然违背党鞭投票指令的情况。英国政府也罕见地援引《1998 年苏格兰法》第 35 条,事实上否决了该法案。[①]

优素福本人起初是《布特宫协定》及《性别承认改革(苏格兰)法案》的坚定支持者,支持向最高法院上诉以推翻英国政府的否决。在 2023 年的党内领导人竞选中,他也是三位候选人中唯一明确表态支持该法案的。然而,后续事态的发展显示该法案面临的阻碍越来越多。2023 年 10 月,优素福的竞选对手之一、曾高调辞去苏格兰政府职务以示对该法案抗议的阿什·里根(Ash Regan)宣布转投阿尔巴党。12 月,英国最高法院正式宣布苏格兰政府败诉,认为英国政府的否决并没有违反法律规定,这是继 2022 年 11 月第二次独立公决被最高法院否决后,苏格兰民族党遭遇的又一次重大挫败。2024 年 4 月,受英格兰国家医疗服务体系(NHS)和国家医疗服务发展署委托、英国皇家儿科和儿童健康医学院前院长希拉里·卡斯(Hilary Cass)领衔的课题组发布了针对儿童和青少年性别认同问题的"卡斯评估"报告,针对青少年性别干预的合理性给出了否定意见。"卡斯评估"的建议得到了英国政府和医疗界的采纳。英格兰 NHS 已经早在 3 月就

---

① Akash Paun, Briony Allen, "The Use of Section 35 of the Scotland Act to Block the Gender Recognition Reform(Scotland)Bill", Institution for Government, 9 October 2023, https://www. instituteforgovernment. org. uk/explainer/section-35-scotland-gender-recognition-bill.

暂停了为临床试验范围外的未成年人提供青春期阻断剂,① 而苏格兰 NHS 下属的性别门诊也于 4 月 18 日宣布暂停对 16 岁和 17 岁的青少年提供激素治疗。② 在这种氛围下,苏格兰民族党推动的《性别承认改革(苏格兰)法案》中有关合法变性年龄下限降至 16 周岁的举措已明显与主流意见背道而驰。

二 优素福下台与继任者斯温尼的初步应对

毫无疑问,优素福也意识到了风向的改变,不得不重新审视与绿党的合作,权衡利弊。苏格兰民族党内反对与绿党合作主要是因为担心过于激进的政策路线会影响该党对于独立议题的专注,且会失去大量观念较为保守的支持者。在这种情况下,优素福领导下的苏格兰民族党开始了调整。2024 年 4月 18 日,苏格兰政府零排放与能源部长梅里·麦克阿伦(Màiri McAllan)在苏格兰议会中承认,在 2030 年前减排 75%的目标是无法实现的,标志着苏格兰政府正式放弃了这一目标。③ 这一举动引发了绿党的强烈不满。4 月20 日,绿党宣布将于近期召开特别全体会议,以决定是否继续与苏格兰民族党保持合作。或许是为了体现主动性,优素福于 25 日召开发布会,主动宣布终止与绿党签署的《布特宫协定》,并且"立即生效"。④

这一举动不仅令苏格兰绿党震惊(该党两位联合领导人直至 25 日早晨才得知这一决定),也引发苏格兰议会中的连锁反应。在苏格兰民族党重新回到少数党执政的状态后,苏格兰保守党立即发起了一项针对优素福的不信

---

① Josh Parry, "NHS England to Stop Prescribing Puberty Blockers", BBC, 13 March 2024, https://www.bbc.com/news/health-68549091.

② Mary McCool, "Scotland's Under-18s Gender Clinic Pauses Puberty Blockers", BBC, 18 April 2024, https://www.bbc.co.uk/news/uk-scotland-68844119.amp.

③ "Scottish Government Scraps Climate Change Targets", BBC, 18 April 2024, https://www.bbc.com/news/uk-scotland-68847434.

④ "Bute House Agreement Ends: First Minister Speech-25 April 2024", Scottish Government, 25 April 2024, https://www.gov.scot/publications/first-minister-speech-bute-house-agreement/.

任案，苏格兰绿党亦表示会在该信任案表决中反对优素福。这一戏剧性的变化顿时使上台刚满一年的优素福处于岌岌可危的境地。起初，优素福表态会坚守现职，甚至暗示考虑提前举行苏格兰议会选举，但最终还是于 4 月 29 日宣布辞去苏格兰民族党领导人和苏格兰首席部长的职务。他在辞职讲话中称"并不愿意仅仅为了保有权力而以我的价值观和原则做交换，或者与任何人做交易"。[①] 不过，反对党对苏格兰民族党的"进攻"并未结束。在苏格兰保守党撤回针对优素福的不信任案后，苏格兰工党又提出了针对整个苏格兰民族党政府的不信任案，若此案得以通过，则除优素福本人外，整个苏格兰民族党的执政团队都将不得不辞职。5 月 1 日，该修正案表决结果出炉，58 名议员选择不信任苏格兰民族党政府，70 名议员则选择继续支持，因而苏格兰民族党保住了执政地位。

优素福下台的直接原因是其贸然终止与绿党的合作协议，导致自身陷入极其被动的境地。但是从更深层次看，优素福此举确为务实之举，是不得不做出的理性选择。苏格兰民族党领导层原希望通过推动某些社会议题吸引更多选民的支持，但该党内部对这些议题以及与绿党合作的不满反而日益加深，认为一方面在这些议题上采取过于激进的立场会引起主流选民的反感，另一方面也会令广大民族主义者怀疑苏格兰民族党已经不再专注于推动"独立"这一核心事业。然而，优素福处理问题的方式明显不够老练和圆滑，他选择在未进行充分沟通的情况下贸然停止与绿党的合作，不仅引发绿党的愤怒，还让苏格兰民族党骤然陷入少数地位的危险境地。

优素福辞职后，苏格兰新一轮领导人选举火速展开。在前一年领导人选举中被优素福击败的凯特·福布斯（Kate Forbes）起初被认为是此次选举的有力竞争者（当时同样参选的阿什·里根已经转投阿尔巴党）。不过，曾于 2000~2004 年担任过该党领导人且于 2014~2023 年担任副首席部长的约翰·斯温尼（John Swinney）也表达出参选之意。4 月 30 日，斯

---

① "First Minister to Resign", Scottish Government, 29 April 2024, https://www.gov.scot/publications/first-minister-resign/.

温尼与福布斯见面协商参选一事，随后福布斯宣布将放弃参选，而斯温尼则承诺若当选将对福布斯委以重任。斯温尼从政经验丰富，资历也远胜福布斯，在苏格兰民族党再度陷入动荡之际，很可能比属于"90后"新生代的福布斯更能稳住人心。此外，还有一位名叫格雷姆·麦克密克（Graeme McCormick）的素食活动家有意参选，但在与斯温尼会谈后他也宣布退出。因而斯温尼成为此次选举的唯一候选人，很快于5月6日当选，并接任苏格兰首席部长一职，同时他也履行选前承诺，将福布斯任命为副首席部长。

在不到两年的时间里，斯温尼已是苏格兰民族党所经历的第三位领导人，并且此时该党所面临的混乱状况与一年多前斯特金辞职时相比恐怕只会有过之而无不及。斯温尼上任后迅速在先前困扰苏格兰民族党的部分争议问题上表明立场。他在胜选后立刻表示不会回到先前与绿党合作的《布特宫协定》，而是要领导一个"温和的中左翼少数政府"。① 5月9日，斯温尼在首次出席苏格兰议会首席部长质询环节时遭到绿党攻击，后者质疑他任命具有保守倾向的福布斯为副首席部长是要将苏格兰带回"20世纪50年代的压迫性价值观"，对此斯温尼再度强调该党将以"温和的中左"立场来执政。② 5月10日，斯温尼正式承认性别承认改革无法推动。在独立相关问题上斯温尼也做出了重大改变，如取消了政府中的独立事务次官（Minister for Independence）一职，并明确表示要通过"创造充满活力的经济"和应对公共服务中的挑战来说服民众支持独立。③ 尽管斯温尼为此辩护时称"所有的部长和次官"都将会为实现苏格兰独立而努力，但此举还是引发了阿尔巴党的猛烈抨击，认为苏格兰民族党政府已经不再将追求苏格兰独立作为优

① Angus Cochrane, "New SNP Leader Swinney Vows Fresh Chapter for Party", BBC, 7 May 2024, https：//www.bbc.com/news/articles/c72pk2qpqevo.

② Angus Cochrane, "Greens Attack Kate Forbes at Swinney's First FMQs", BBC, 10 May 2024, https：//www.bbc.com/news/articles/czd8lljj545o.

③ Libby Brooks & Severin Carrell, "John Swinney Scraps Post of Minister for Independence to Focus on Economy", The Guardian, 9 May 2024, https：//www.theguardian.com/politics/article/2024/may/09/john-swinney-scraps-scottish-minister-for-independence-focus-economy.

先事项。① 尽管面临各种批评之声，但斯温尼的意图明显是要延续优素福辞职前就开始的路线调整，即将苏格拉民族党从先前激进的路线上拉回来，向温和务实的方向靠拢。这一点在 5 月 22 日时任英国首相苏纳克宣布将提前于 7 月 4 日举行大选的背景下显得更为重要，因为一个缺乏明确方向的政党想要在选举中取得好成绩无疑是极其困难的事。

不过，斯温尼此时却未能在另外一个重大问题上采取恰当措施。2023 年 11 月，时任苏格兰政府卫生部长的迈克尔·麦瑟森（Michael Matheson）被曝出其所使用的苏格兰议会公务 iPad 于 2022 年圣诞节期间产生了一笔高达约 11000 英镑的漫游费用，并且他曾试图通过自己的公务经费报销其中 3000 英镑，剩余金额则会由苏格兰议会支付。② 这笔费用比 2022~2023 年所有其他苏格兰议会议员报销的通信费用加起来还要多，顿时引发轩然大波。最终麦瑟森承认这笔费用是在摩洛哥度假期间因其儿子用公务 iPad 观看球赛所产生，并同意由个人支付全部费用，他也于 2024 年 2 月辞去卫生部长一职。苏格兰议会下属相关委员会则启动了对麦瑟森的调查，认定其违反了苏格兰议会议员的行为准则，建议对其停权 27 天并扣除 54 天薪资作为处罚，这一处理意见于 5 月末被苏格兰议会通过并正式生效。③ 然而，苏格兰民族党前任领导人优素福以及接任的斯温尼从事件曝光开始就一直为麦瑟森辩护，认为这仅是失误，并不存在恶意，斯温尼还多次质疑调查委员会的公正性。

无论优素福和斯温尼为麦瑟森辩护的动机和理由是否存在合理之处，从客观角度看此事都对苏格兰民族党的形象造成负面影响。毕竟，苏格兰民族党先前已经深陷贪腐丑闻，包括前领导人斯特金在内的多名高官被警方传唤

---

① Andrew Learmonth, "Swinney Defends Decision to Scrap Minister for Independence", *The Herald*, 10 May 2024, https://www.heraldscotland.com/news/24310151.swinney－defends－decision－scrap－minister－independence/.

② "Minister Michael Matheson Racks up ￡11k Roaming Fee on Parliament iPad", BBC, 9 November 2023, https://www.bbc.com/news/uk-scotland-scotland-politics-67363645.

③ Angus Cochrane, "Matheson Given Record Holyrood Ban over iPad Scandal", BBC, 29 May 2024, https://www.bbc.com/news/articles/cp00ved057jo.

乃至逮捕过，苏格兰警方对该党财务问题的调查也仍在进行中，尤其是2024年4月18日，苏格兰民族党前首席执行官、斯特金的丈夫彼得·穆雷尔（Peter Murrel）被第二次逮捕，并正式被控犯有贪污罪行。[1] 在这一背景下，作为领导人的斯温尼公开对麦瑟森表示支持，不仅成为反对党集中攻击的目标，也与苏格兰社会舆论背道而驰。有民调显示，65%的苏格兰民众认为麦瑟森应当辞去苏格兰议会议员的职务。[2] 在距离大选仅剩一个多月的情况下，这对苏格兰民族党来说明显是一个不妙的迹象。

2024年6月19日，苏格兰民族党发布竞选纲领，在上任仅两个月的斯温尼的带领下仓促投入选战。尽管其在竞选纲领中再次重申该党的"温和中左政策"，[3] 但最终结果显示苏格兰民众并未被这一立场所打动。7月4日，选举结果揭晓，苏格兰民族党迎来了一场大溃败，丧失了原先47个席位中的38个，得票率下降幅度达15个百分点。警方对该党财务问题的调查和麦瑟森的通信费用问题被公认是选民不再信任该党的重要原因之一。[4]

三 苏格兰其他主要政党的格局变化

在苏格兰民族党呈现低迷状态的同时，苏格兰其他主要政党的格局也在发生变化，其中最令人瞩目的无疑是工党的强势复苏。在7月4日的大选中，工党不仅在全英国范围内大获全胜，也在苏格兰地区重回第一大党的地

---

① Katy Scott, "Peter Murrell Charged with Embezzlement in SNP Finance Probe", BBC, 19 April 2024, https://www.bbc.com/news/uk-scotland-68850088.

② David Bol, "SNP Faces 'Self-inflicted Injury' as Poll Finds Majority of Scots Want Michael Matheson to Quit", *The Scotsman*, 1 June 2024, https://www.scotsman.com/news/politics/snp-faces-self-inflicted-injury-as-poll-finds-majority-of-scots-want-michael-matheson-to-quit-4649871.

③ SNP, "A Future Made in Scotland", 19 June 2024, https://s3-eu-west-2.amazonaws.com/www.snp.org/uploads/2024/06/2024-06-20b-SNP-General-Election-Manifesto-2024_interactive.pdf, p.3.

④ Libby Brooks, "SNP will Lose Scottish Election without Complete Rethink, Say Senior Party Figures", *The Guardian*, 27 August 2024, https://www.theguardian.com/politics/article/2024/aug/27/snp-will-lose-scottish-election-without-complete-rethink-senior-party-figures.

位，赢得了全苏格兰 57 个席位中的 37 个。这一成绩与工党之前在 2015 年、2017 年和 2019 年连续三次大选中均只赢得 1 个席位的情况相比更为突出。然而，此次工党在苏格兰的大胜也并非那么令人意外，基本还是在情理之中，且有迹可循。2023 年 10 月，工党在拉瑟格伦和西哈密尔顿选区举行的英国议会席位补选中成功击败苏格兰民族党，且得票率比后者高出约 20 个百分点。另据 YouGov 民调结果，2023 年 10 月，工党在苏格兰民众中的支持率仅比苏格兰民族党落后了 1 个百分点；到 2024 年 4 月初，工党的支持率已经反超苏格兰民族党，[①] 自 5 月中旬开始更是大幅领先。[②]

在苏格兰民族党陷于各种动荡和丑闻而明显失去民众支持的背景下，工党成为最大赢家这一结果并不难理解。一方面，苏格兰本就是政治氛围长期偏左的地区，在苏格兰民族党崛起前，工党已经垄断苏格兰政坛几十年。在苏格兰民族党逐渐令人失望的情况下，工党无疑是最有可能吸引偏左翼的苏格兰民众回归的选项。尽管自由民主党的意识形态一般也被认为处于中间稍左的位置，但与工党相比显然"左"的程度还不够。更重要的是，此次大选还被广泛认为是迫使保守党政府下台的绝佳机会，这一点对于长期厌恶保守党的苏格兰民众来说非常具有吸引力，而有实力在大选中战胜保守党的显然也只有工党，而非自由民主党这样较小的政党。因此对苏格兰民族党和保守党的不满情绪叠加在一起，明显为工党创造了极其有利的选举环境。另一方面，工党也确实表现出了重视苏格兰的积极态度，试图从苏格兰民族党手中夺回苏格兰利益"捍卫者"的形象。如 5 月 24 日，斯塔默在竞选活动启动的第二天就亲赴苏格兰展开宣传。[③] 同时，工党还承诺将新计划成立的国

---

① "Labour Ahead of SNP in Scotland for First Time since Independence Referendum", YouGov, 10 April 2024, https：//yougov. co. uk/politics/articles/49101-labour-ahead-of-snp-in-scotland-for-first-time-since-independence-referendum.

② Matthew Smith, "General Election 2024：Labour Leads SNP in Scotland by Six Points", YouGov, 29 June 2024, https：//yougov. co. uk/politics/articles/49880-general-election-2024-labour-leads-snp-in-scotland-by-six-points.

③ Katy Scott, "Scotland Central to Labour Mission for Government-Starmer", BBC, 24 May 2024, https：//www. bbc. com/news/articles/cn443r7q33mo.

有能源企业"大英能源"（Great British Energy）的总部设在苏格兰的阿伯丁。

同样脱颖而出的还有自由民主党。在苏格兰民族党崛起之前，自由民主党也是苏格兰政坛不可忽视的一股力量，基本在大选中稳居第二大党的位置。但随着苏格兰民族党的崛起，自由民主党每次只能赢得零星几个席位，在2019年大选中连时任该党领导人乔·斯温森（Jo Swinson）也败选而归。针对此次大选，自由民主党早早就定下了选举策略——将人力、物力等资源集中在那些有望获胜的关键选区，目的在于获得更多的席位而非更多的选票。① 事实证明这一策略是成功的，尤其是对于苏格兰而言。在此次大选中，自由民主党在苏格兰的得票率只有9.7%，仅比极右翼的英国改革党7%的得票率略高，落后于保守党的12.7%得票率。然而就选举结果而言，自由民主党相当成功，该党一共获得了6个席位（保守党5席），英国改革党则一席未得。可见，自由民主党以较低的得票率取得了较为理想的结果，令外界印象深刻。

保守党则未能利用苏格兰民族党的衰落为自身创造机会。尽管2023年10月苏格兰民族党原议员丽莎·卡梅伦（Lisa Cameron）因党内矛盾宣布转投保守党，为保守党带来一丝意外之喜，但这毕竟是偶发事件，民调显示保守党的支持率依然处于较为落后的水平。② 保守党本就在苏格兰不受欢迎，在21世纪以来的历届大选中多次只能获得1个席位。2017年大选，保守党难得赢下13个席位，但在2019年大选中又丧失几近一半。在此次大选前，受到约翰逊"派对门"、短期内多次更换领导人等大量负面新闻影响，保守党选情低迷是众所周知的事。更加不利的是，由奈吉尔·法拉奇领导的极右翼政党——英国改革党又吸引了大量对保守党不满的右翼选民。特别是在选

① "Not-so-cuddly Lib Dems Laser Focused on Target List of Seats", *The Guardian*, 26 September 2024, https://www.theguardian.com/politics/2023/sep/26/not-so-cuddly-lib-dems-laser-focused-on-target-list-of-seats.

② Matthew Smith, "General Election 2024: Labour Leads SNP in Scotland by Six Points", YouGov, 29 June 2024, https://yougov.co.uk/politics/articles/49880-general-election-2024-labour-leads-snp-in-scotland-by-six-points.

前阶段，民调显示英国改革党上升势头迅猛，① 最终虽未能在苏格兰赢得席位，但得票率也达到了不容忽视的 7%。

此外，苏格兰保守党领导人道格拉斯·罗斯（Douglas Ross）在选前的举动也引发不少批评。由于身兼英国议会议员和苏格兰议会议员两个职务，罗斯早在 2021 年就宣布不再寻求连任英国议会议员。然而，2024 年 6 月 6 日，就在离大选仅剩数周时，罗斯突然宣布参选，并且取代了该选区原定的保守党籍候选人、时任议员大卫·杜吉德（David Duguid）。尽管苏格兰保守党方面给出的理由是杜吉德当时出于健康原因正在住院接受治疗，但杜吉德本人仍然表达出继续参选的意愿。罗斯违背了自己先前的承诺，又未尊重杜吉德本人的意愿，被指存有私心。② 最终罗斯未能胜选，也辞去了苏格兰保守党领导人一职。杜吉德后来坚持认为自己本可以在住院的同时赢下选举。③ 显然，这一事件的影响对于保守党而言也是相当负面的。

结　语

从过去一年苏格兰主要政党的表现来看，苏格兰的政治版图似乎有向苏格兰民族党全面崛起前回归的趋势。苏格兰民族党严重受挫，工党重新成为占据优势的政治势力，自由民主党也脱颖而出，而保守党则一如既往地不受欢迎。就目前情况来看，苏格兰民族党面临的困难非常大，除了内部组织和财务方面的问题外，该党最严峻的挑战是中心思想的缺失与混乱。一方面，由于英国最高法院判决的一锤定音，合法推动第二次独立公投的路基本被堵死，苏格兰民族党过去一年这一立党根本目标变得迷茫，如何取信于支持独

---

① Matthew Smith, "General Election 2024: Labour Leads SNP in Scotland by Six Points", YouGov, 29 June 2024, https://yougov.co.uk/politics/articles/49880-general-election-2024-labour-leads-snp-in-scotland-by-six-points.

② Glenn Campbell & Angus Cochrane, "Scottish Tory Leader Douglas Ross to Stand in Election", BBC, 7 June 2024, https://www.bbc.com/news/articles/c9xxe8xe59eo.

③ David Wallace Lockhart, "Dropped Tory MP: I would have Won My Seat from Hospital", BBC, 30 August 2024, https://www.bbc.com/news/articles/cged8n8wedxo.

立的苏格兰民众成为棘手的难题；另一方面，该党试图将较为激进的社会政策作为突破口，但事与愿违，导致出现巨大争议，伤害了自身形象，又反过来引发民众对于该党是否还专注于独立目标的怀疑。另外，此次大选中工党在苏格兰卷土重来，显示苏格兰民众的选择与全英国民众的选择达成一致，也在一定程度上削弱了"苏格兰独立"主张的合法性。

不过值得注意的是，此次大选中苏格兰民族党仍然拥有30%的得票率，和工党得以胜选的35%得票率相比，差距并不太大。因此，苏格兰民族党是否真的大势已去，还不宜过早下定论。未来最有必要观察的是将于2026年举行的苏格兰议会选举。当然，未来的苏格兰政坛走向也取决于其他主要政党的表现，工党能否在苏格兰站稳脚跟，自由民主党能否扩大自己的优势，保守党能否止跌企稳，都是非常值得关注的议题。

B.13
英国安全防务政策的发展

张　飚　任怡静*

摘　要： 为应对全球地缘政治挑战，英国的安全防务活动经历了诸多变化与发展。在欧洲，英国不断加强与北约、联合远征力量和其他欧洲盟友的安全防务合作，积极参与对乌克兰的军事援助，并且升级了对俄罗斯的制裁。在中东地区，英国积极参与打击胡塞武装，坚定支持以色列并同时向加沙难民提供人道主义救援，并且加大了对伊朗的制裁力度。在印太区域，英国与澳大利亚、美国通过三方安全伙伴关系协定深化了合作，加强核潜艇技术和高新技术的共享，并发展了和日本、韩国、五国联防成员国的合作。整体而言，由于英国所面临的挑战出现了多区域、多层次的特点，其安全防务活动也比往年更为积极活跃。

关键词： 英国防务　北约　巴以冲突　印太倾斜

在苏纳克政府执政后期，英国安全防务领域面临多重严峻挑战。一是在欧洲地区，乌克兰危机持续升级，北欧国家海底运输管道受到破坏，科索沃局势紧张。二是在中东地区，胡塞武装持续攻击英国商船，加沙地区冲突不断，英伊关系持续恶化。三是在印太区域，英国试图制衡中国的"影响力"，向澳大利亚提供先进核动力推进技术和其他高新技术，同时强化同日韩两国的安全合作。过去一年中，英国所面临的挑战呈现多区域、多层次的特点。

---

* 张飚，中国政法大学政治与公共管理学院副教授，主要研究领域为英国对外关系、国际政治；任怡静，外交学院国际关系研究所博士生，主要研究领域为经济外交、中国外交。

一　安全防务领域基本情况：人员与战略

在人事层面，苏纳克政府对安全防务领域的人员做出重要调整。2023年8月31日，苏纳克任命格兰特·夏普斯（Grant Shapps）为新一任防务大臣，接替原防务大臣华莱士。[①]

在战略层面，英国国防部更新了其战略学说，分别出台了《对愈发竞争和动荡世界的防务应对》和《防务无人机战略——英国的防务无人机系统发展之道》两项战略。[②] 英国外交发展部则第一次出台了英国的制裁战略。[③]

（一）英国防务战略更新：《对愈发竞争和动荡世界的防务应对》

2023年7月18日，英国国防部发布了新的战略文件《对愈发竞争和动荡世界的防务应对》。[④] 该文件是对2021年出台的《竞争时代下的防务》的更新，反映了在新时代条件下英国应对全球威胁的战略转变。[⑤] 文件概述了

---

① The UK Government, "Grant Shapps Appointed as New Defence Secretary", 1 September 2023, https：//www. gov. uk/government/news/grant-shapps-appointed-as-new-defence-secretary.

② Ministry of Defence, "Defence Command Paper 2023：Defence's Response to a More Contested and Volatile World", 18 July 2023, https：//assets. publishing. service. gov. uk/media/64b55dd30ea2cb 000d15e3fe/Defence_Command_Paper_2023_Defence_s_response_to_a_more_contested_and_volatile_ world. pdf；Ministry of Defence, "Defence Drone Strategy：The UK's Approach to Defence Uncrewed Systems", 22 February 2024, https：//assets. publishing. service. gov. uk/media/65d724022197b201e 57fa708/Defence_Drone_Strategy_-_the_UK_s_approach_to_Defence_Uncrewed_Systems. pdf.

③ The UK Government, "Deter, Disrupt and Demonstrate-UK Sanctions in a Contested World：UK Sanctions Strategy", 22 February 2024, https：//assets. publishing. service. gov. uk/media/ 65d720cd188d770011038890/Deter-disrupt-and-demonstrate-UK-sanctions-in-a-contested-world. pdf.

④ Ministry of Defence, "Defence Command Paper 2023：Defence's Response to a More Contested and Volatile World", 18 July 2023, https：//assets. publishing. service. gov. uk/media/64b55dd30ea 2cb000d15e3fe/Defence_Command_Paper_2023_Defence_s_response_to_a_more_contested_and_ volatile_world. pdf.

⑤ 张飚、王国伟：《英国安全防务活动的新发展》，载王展鹏主编《英国发展报告（2021~2022）》，社会科学文献出版社，2022，第213页。

英国国防部如何实现武装力量现代化，以应对日益变化的全球形势。英国国防战略的新目标是"保护国家安全并维护其繁荣"，重点是如何在全球范围和所有领域应对广泛的威胁。① 文件主要分为两个部分，第一部分强调要确保并维持英国的战略优势，对军事人员的支持、技术创新与投资、建立与产业界的新型关系、提高国防部整体生产力是确保实现这一优势的关键。② 第二部分重点探讨英国实现上述目标的途径：一是提升作战能力，制订了发展独立核威慑计划、常规作战能力的现代化计划以及网络和太空领域的建设措施，并重申对北约的防务承诺。③ 二是开展全球行动，制订"全球作战计划"，建立"全球反应部队"，确保持续部署和长期存在，整合全球网络以及增加国防出口等。④ 三是强调与盟友和伙伴国家合作在应对威胁方面的重要性，包括欧洲-大西洋盟友及伙伴、大西洋-太平洋伙伴关系等。⑤ 四是提高战略韧性，加强国土防御和关键基础设施保护，维护经济安全和供应链安全，强调跨政府部门合作应对各种威胁的重要性。⑥

总体而言，新版国防战略文件反映了英国的战略转变，即以更灵活、技术更先进、全球参与的军队应对现代安全挑战，体现了英国国防部通过硬实力与软实力并举，以及前瞻性军事基础设施投资来主动适应变化中的全球威胁环境的决心。

---

① Ministry of Defence, "Defence Command Paper 2023: Defence's Response to a More Contested and Volatile World", 18 July 2023, pp. 10, 12, https://assets. publishing. service. gov. uk/media/64b55dd30ea2cb000d15e3fe/Defence_Command_Paper_2023_Defence_s_response_to_a_more_contested_and_volatile_world. pdf.

② Ministry of Defence, "Defence Command Paper 2023: Defence's Response to a More Contested and Volatile World", 18 July 2023, pp. 16-51.

③ Ministry of Defence, "Defence Command Paper 2023: Defence's Response to a More Contested and Volatile World", 18 July 2023, pp. 56-62.

④ Ministry of Defence, "Defence Command Paper 2023: Defence's Response to a More Contested and Volatile World", 18 July 2023, pp. 66-76.

⑤ Ministry of Defence, "Defence Command Paper 2023: Defence's response to a More Contested and Volatile World", 18 July 2023, pp. 77-86.

⑥ Ministry of Defence, "Defence Command Paper 2023: Defence's Response to a More Contested and Volatile World", 18 July 2023, pp. 87-92.

（二）英国无人机战略：《防务无人机战略——英国的防务无人机系统发展之道》

2024年2月22日，英国政府出台了《防务无人机战略——英国的防务无人机系统发展之道》战略文件。[①] 该文件概述了英国在无人系统领域的国防发展战略，反映了英国国防部应对现代战场上迅速变化的无人机技术及其对国家安全的影响。文件阐明了英国希望在无人驾驶防御系统处于世界领先地位的愿景，希望利用研究、开发和制造能力来维护国家安全、促进经济增长和繁荣。[②] 为此，英国将进行"无与伦比的合作和大胆的创新"，加快收购改革、建设具有韧性的工业基础、定义数字架构、培养创新文化。[③] 文件指出，成功交付乌克兰－英国无人系统计划是英国下一阶段的首要任务，英国还将继续与行业、监管机构以及合作伙伴密切合作，建立国防级治理机制以支持皇家海军、英国陆军和皇家空军的泛域交付计划，专注于六个领域（包括研发，测试与评估，运营、设备和市场分析，政策、法规和风险，数字、集成和安全标准，行业原则和商业敏捷性）以加速提升前线能力，为工业界提供更清晰的方向。[④]

该文件体现了英国国防部对无人系统未来发展的重视，旨在通过技术进步、政策支持和行业协作，构建一个灵活、创新、符合伦理的无人系统，以应对现代战场上的复杂威胁。

[①] Ministry of Defence, "Defence Drone Strategy: The UK's Approach to Defence Uncrewed Systems", 22 February 2024, https://assets.publishing.service.gov.uk/media/65d724022197 b201e57fa708/Defence_Drone_Strategy_-_the_UK_s_approach_to_Defence_Uncrewed_Systems.pdf.

[②] Ministry of Defence, "Defence Drone Strategy: The UK's Approach to Defence Uncrewed Systems", 22 February 2024, p. 4.

[③] Ministry of Defence, "Defence Drone Strategy: The UK's Approach to Defence Uncrewed Systems", 22 February 2024, pp. 7-9.

[④] Ministry of Defence, "Defence Drone Strategy: The UK's Approach to Defence Uncrewed Systems", 22 February 2024, p. 10.

（三）制裁战略:《威慑、扰乱和示范：英国在竞争激烈的世界中实施制裁》

2024 年 2 月 22 日，英国外交发展部发布了英国首个制裁战略《威慑、扰乱和示范：英国在竞争激烈的世界中实施制裁》。这一新战略阐述了政府将制裁作为外交和安全政策工具的方法，强调制裁政策的灵活性和前瞻性，标志着英国正式将其制裁政策系统化和战略化。[①] 英国的制裁政策围绕三个核心目标展开：威慑、扰乱、示范。[②] 战略突出了现代化制裁工具的重要性，特别是在全球数字化时代，英国承诺使用更多高效、精确的制裁措施，确保制裁的目标清晰、有效，最小化对无关方的影响。国家安全、人权、国际秩序与法治是英国未来实施制裁的优先领域。战略强调国际协调的重要性，并指出"当多个国家共同行动"以扩大影响并弥补漏洞时，制裁效果最好。[③] 该战略强调了英国政府加强制裁执行的承诺，并列出了一系列为实现这一目标而取得的进展，包括在政府范围内加大投资建立持久的制裁能力，成立贸易制裁实施办公室以及为英国执法机构调查和起诉最严重的制裁违规行为提供更多支持等。[④] 战略的第四节简要介绍了英国制裁制度中为保障正当程序权利而制定的措施。[⑤] 该战略的发布是英国制裁框架朝着透明化迈出的重要一步。

[①] The UK Government，"Deter，Disrupt and Demonstrate-UK Sanctions in a Contested World：UK Sanctions Strategy"，22 February 2024，https：//assets. publishing. service. gov. uk/media/65d720cd188d770011038890/Deter-disrupt-and-demonstrate-UK-sanctions-in-a-contested-world. pdf.

[②] The UK Government，"Deter，Disrupt and Demonstrate-UK Sanctions in a Contested World：UK Sanctions Strategy"，22 February 2024，p. 6.

[③] The UK Government，"Deter，Disrupt and Demonstrate-UK Sanctions in a Contested World：UK Sanctions Strategy"，22 February 2024，pp. 16-18.

[④] The UK Government，"Deter，Disrupt and Demonstrate-UK Sanctions in a Contested World：UK Sanctions Strategy"，22 February 2024，pp. 21-22，26.

[⑤] The UK Government，"Deter，Disrupt and Demonstrate-UK Sanctions in a Contested World：UK Sanctions Strategy"，22 February 2024，p. 19.

二 英国在欧洲的安全防务活动

2023~2024 年，英国在欧洲的安全防务活动主要包括在北约和联合远征力量内的合作，持续向乌克兰提供军事支持以及升级对俄罗斯的制裁。

（一）北约、联合远征力量和其他双边合作

英国积极支持北约的防务现代化和快速反应部队的部署，参与北约联合军事演习。在 2023 年 7 月召开的北约维尔纽斯峰会上，英国重申对北约集体防务的承诺，"继续全面确保集体防务不受任何威胁"，"进一步加强北约在所有领域的威慑和防御态势，包括加强前沿防务和北约迅速增援任何受到威胁的盟友的能力"，同意"加强北约的指挥和控制"，"提升北约综合防空反导系统的战备、准备和互操作性"以及"继续在北约数字转型的推动下开展多领域作战工作"，支持"在北约东翼部署更多强大的战斗准备部队"。① 随后，英国于 2023 年 7 月 12 日派遣 1500 名士兵参与在爱沙尼亚举行的"春季风暴演习"（Exercise Spring Strom）。② 2024 年 1 月，英国参与了北约"坚定捍卫者 2024"（Steadfast Defender 2024）演习。在这场冷战结束后北约最大规模、持续时间最长（近半年时间）的军事演习中，英国宣布派遣 20000 名来自皇家海军、英国陆军和皇家空军的军事人员参加演习，演习中部署并展示英国皇家空军最先进的战斗机和侦察机、皇家海军最先进的战舰和潜艇，以及陆军从后勤到装甲再到特种作战部队的全方位能力。③ 此

---

① NATO, "Vilnius Summit Communiqué", 11 July 2023, https：//www. nato. int/cps/en/natohq/official_texts_217320. htm.

② The UK Government, "1, 500 UK Troops Join Major NATO Exercise Amid Expanded UK Deployment to Estonia", 14 July 2023, https：//www. gov. uk/government/news/1500 - uk - troops-join-major-nato-exercise-amid-expanded-uk-deployment-to-estonia.

③ The UK Government, "The UK Announces 20000 British Forces to Boost NATO in Speech", 15 January 2024, https：//www. gov. uk/government/news/the - uk - announces - 20000 - british - forces-to-boost-nato-in-speech.

外，英国还意图在北约前沿威慑力量建设运用上发挥主导作用。2024 年 1
月，英国从德国手中接过北约高度戒备联合特遣部队的指挥权，并以此为契
机强化在欧洲地区的军事部署。获得北约高度戒备联合特遣部队的指挥权，
意味着英国在北约占据核心领导地位，英国将加强履行全球防务能力的承诺。

在联合远征力量框架内，英国也在应对多项挑战。2023 年 6 月，英国
和其他联合远征力量国家在年度峰会上达成一致，称"面临共同的挑战，
包括俄罗斯船只绘制关键海底和近海基础设施的地图"，认为俄罗斯"为可
能的破坏以及最坏情况下的破坏做好了准备"。① 2023 年 10 月发生"波罗的
海连接管道"（Baltic connector）破坏事件后，英国高度紧张，首相苏纳克
随即宣布下一年将会在北欧部署超过两万名英国士兵，以保证北欧的海下管
道安全。② 2023 年 11 月，联合远征力量十国共同决定激活使用联合远征力
量反应选项（JEF Response Option），英国随即派出了包括两艘护卫舰、两
艘海岸巡逻艇和皇家海军辅助舰队（Royal Fleet Auxiliary）登陆舰在内的舰
艇前往北欧巡航。③

英国与法国、波兰等欧洲盟友在安全防务领域的合作也在深化。英法两
国于 2023 年 3 月举行的英法峰会上达成有关安全防务领域的重要承诺，就
协调航母部署、开展印太地区合作及共同研发防务技术等达成共识。④ 英波

---

① The UK Government, "Joint Statement by Joint Expeditionary Force Ministers, June 2023", 13
June 2023, https：//www. gov. uk/government/news/joint – statement – by – joint – expeditionary –
force–ministers–june–2023.

② The UK Government, "PM Accelerates Military Support to Northern Europe Following Visit to
Sweden", 13 October 2023, https：//www. gov. uk/government/news/pm–accelerates–military–
support – to – northern – europe – following – visit – to – sweden#：~：text = That% 20acceleration%
20will%20include%20sending, Apache%2C%20Chinook%20and%20Wildcat%20helicopters.

③ The UK Government, "Royal Navy Task Force to Deploy with JEF Partners to Defend Undersea
Cables", 30 November 2023, https：//www. gov. uk/government/news/royal–navy–task–force–
to–deploy–with–jef–partners–to–defend–undersea–cables.

④ The UK Government, "UK and France Commit to Greater Defence Cooperation at Paris Summit", 10
March 2023, https：//www. gov. uk/government/news/uk – and – france – commit – to – greater –
defence–cooperation–at–paris–summit; Army Recognition, "UK and France Commit to Greater
Defence Cooperation at Paris Summit", 14 March 2023, https：//www. armyrecognition. com/news/
army–news/2023/uk–and–france–commit–to–greater–defence–cooperation–at–paris–summit.

于 2023 年 7 月 5 日公布了 "2030 年战略伙伴关系联合宣言"，双方承诺将进一步深化外交、安全和防务领域合作，就强化北约框架下的军事演习和威慑能力建设、加大对俄罗斯的防御力度和对乌克兰的支持力度等达成了一系列协议。① 此外，2023 年 10 月，英国向科索沃增派了 200 名士兵，以缓解 2023 年 9 月底科索沃警察引发争端所造成的紧张局势。②

英国虽不再参与欧盟共同安全和防务政策（CSDP），但依然维持与欧盟的安全联系，特别是在多边合作渠道、情报共享、反恐行动和打击有组织犯罪等领域。2024 年 2 月 2 日，首次英国-欧盟反恐对话在布鲁塞尔举行，此次对话探讨了恐怖主义威胁评估、预防和应对的战略方针、分享最佳做法和专业知识、与其他第三国和多边论坛的合作，旨在加强英国与欧盟在反恐方面的合作。③

（二）对乌克兰持续提供军事支持

2023～2024 年间，英国继续向乌克兰提供大量军事支持。对乌援助包括提供先进武器，对乌士兵进行培训和后勤支持。

在对乌军事援助方面，英国政府承诺提供更多的财政资源，用于乌克

---

① 全称为《英波就外交、安全和防务政策的 2030 年战略伙伴关系联合宣言》，参见 The UK Government，"UK-Poland 2030 Strategic Partnership Joint Declaration on Foreign Policy，Security and Defence"，6 July 2023，https：//www.gov.uk/government/publications/uk-poland-2030-strategic-partnership-joint-declaration-on-foreign-policy-security-and-defence/624441e3-7f06-4f18-88fc-ca2ca4f1036b。

② 此举响应了北约指挥总部（SACEUR）的号召。参见 The UK Government，"Defence Secretary Deploys UK Forces to Kosovo for NATO Peacekeeping Mission"，1 October 2023，https：//www.gov.uk/government/news/defence-secretary-deploys-uk-forces-to-kosovo-for-nato-peacekeeping-mission。

③ The UK Government，"The First UK-EU Counter-Terrorism Dialogue in Brussels"，2 February 2024，https：//www.gov.uk/government/news/the-first-uk-eu-counter-terrorism-dialogue-in-brussels. 斯塔默政府上台后，国防大臣约翰·希利希望将"英国-欧盟防务协议"作为"量身定制的关系"，其中可能包括英国作为第三方参与欧盟共同安全和防务政策（CSDP）框架下的军事和民事任务，并加强在非法移民、边境管制和恐怖主义等"内部"安全问题上的合作，参见 RUSI，"What Can the New Government's Proposed UK-EU Security Pact Achieve?"，8 July 2024，https：//www.rusi.org/explore-our-research/publications/commentary/what-can-new-governments-proposed-uk-eu-security-pact-achieve。

兰采购急需的军事装备，为乌克兰的军事行动提供了坚实的后盾。英国政府多次承诺并宣布对乌军事援助计划。截至 2024 年 9 月 24 日，英国已向乌克兰提供了总额为 128 亿英镑的支持，其中 78 亿英镑用于军事援助，包括 2024/2025 年度提供 30 亿英镑的军事援助。援助资金涵盖了"对乌克兰的广泛军事支持"，包括快速采购、赠送设备、发展国际能力联盟和培训支持。①

此外，英国还积极推动 G7、北约和欧盟成员国继续向乌克兰提供援助，协调国际军事援助的分配，确保乌克兰能够从多方获得综合性的支持。2023 年 6 月中旬，英国、美国、荷兰、丹麦宣布建立伙伴关系，并宣布建立一项重大基金用于采购数百套短程和中程防空系统，以解决乌克兰最紧迫的防空需求。②

在对乌人员培训方面，2023 年 11 月，英国实现了至该年底通过 Operation Interflex 计划为乌克兰培训 3 万名人员的最初目标，下一阶段目标是到 2024 年中期再培训 1 万名人员。③ 到 2024 年中，已有超过 4.5 万名人员接受了培训。英国国防部证实，该计划将延续到 2025 年底。④ 此外，

---

① House of Commons, "Detailed Timeline of UK Military Assistance to Ukraine (February 2022 - Present)", 24 September 2024, https: //researchbriefings. files. parliament. uk/documents/ CBP-9914/CBP-9914. pdf, pp. 2-3.

② House of Commons, "Detailed Timeline of UK Military Assistance to Ukraine (February 2022 - Present)", 24 September 2024, p. 13; The UK Government, "UK Joins International Partners in Delivering Air Defence Equipment to Ukraine", 15 June 2023, https: //www. gov. uk/ government/news/uk-joins-international-partners-in-delivering-air-defence-equipment-to- ukraine.

③ The UK Government, "Defence Secretary Ben Wallace Visits Armed Forces of Ukraine as Training Programme Starts Across the UK", 9 July 2022, https: //www. gov. uk/government/news/ defence-secretary-ben-wallace-visits-armed-forces-of-ukraine-as-training-programme-starts- across-the-uk; The UK Government, "30000 Ukrainian Recruits Trained in Largest UK Military Training Effort since Second World War", 10 November 2023, https: //www. gov. uk/ government/news/30000-ukrainian-recruits-trained-in-largest-uk-military-training-effort- since-second-world-war.

④ House of Commons, "Detailed Timeline of UK Military Assistance to Ukraine (February 2022 - Present)", 24 September 2024, pp. 21-22.

英国蓝皮书

英国还与荷兰、冰岛联合提供战斗医疗训练，①并于 2023 年 10 月宣布了一项新的培训方案，以帮助乌克兰保护其关键国家基础设施。②

（三）升级对俄制裁

2023~2024 年，英国对俄罗斯的经济制裁延续了自俄乌冲突爆发以来的一系列严厉措施。英国三次宣布对俄罗斯实施新的制裁措施，对俄制裁的重点包括能源领域、金融机构、技术与国防相关产品以及黄金贸易，旨在削弱俄罗斯的经济基础，打击其对外军事能力以及限制其获得先进技术和金融资源，通过限制俄罗斯能源产品的进口、冻结俄罗斯资产以及对俄罗斯寡头和高官实施更多制裁，进一步削弱俄罗斯的经济能力。截至 2024 年 9 月 26 日，英国对俄罗斯 1707 名个人和 339 个实体实施了制裁。③ 29 家俄罗斯银行和 131 名寡头及其家庭成员受到了英国的制裁，总净资产超过了 1470 亿英镑；超过 200 亿英镑的英俄双边贸易受到全面或部分限制；俄罗斯在英国总价值为 227 亿英镑的资产被冻结。④

三 英国在中东地区的安全防务活动

在过去一年中，英国在中东地区主要参与了打击胡赛武装，支持以色列并开展对加沙的人道主义救援行动，以及升级了对伊朗的制裁。

---

① The UK Government, "Army Delivers Combat Medical Course to Ukrainian Armed Forces", 24 June 2023, https://www.gov.uk/government/news/army-delivers-combat-medical-course-to-ukrainian-armed-forces.

② The UK Government, "British Army Trains Ukrainian Soldiers in Mine Disposal Skills", 25 September 2023, https://www.gov.uk/government/news/british-army-trains-ukrainian-soldiers-in-mine-disposal-skills; The UK Government, "Royal Engineers Lead Training Effort to Help Ukraine Defend Its Critical National Infrastructure", 22 October 2023, https://www.gov.uk/government/news/royal-engineers-lead-training-effort-to-help-ukraine-defend-its-critical-national-infrastructure.

③ His Majesty's Treasury, "Consolidated List of Financial Sanctions Targets in The UK", 26 September 2024, https://assets.publishing.service.gov.uk/media/66f52c7b30536cb92748275d/Russia.pdf.

④ UK Parliament, "Ukraine: Reconstruction", 12 March 2024, https://questions-statements.parliament.uk/written-questions/detail/2024-03-12/HL3193.

（一）红海危机

红海危机发生后，2024年1月11日至5月30日，美国和英国对胡塞武装进行了五次联合海空打击，以回应胡塞武装持续对航运的袭击。[①] 1月23日，英国首相苏纳克为英国在红海问题上提出了四条优先事项：（1）通过外交努力支持缓和局势；（2）对胡塞武装实施武器禁运；（3）实施新制裁；（4）继续向也门提供援助并支持冲突的政治解决。[②] 此外，英国还对哈马斯和其他相关组织实施了新的制裁。[③]

（二）英国在新一轮巴以冲突爆发后的行动

英国在巴以冲突中，对以色列和加沙实行了两重政策。一是对以色列的支持政策。2023年10月，新一轮巴以冲突爆发后，英国声援以色列并向以提供军事援助。10月8日，英国首相苏纳克称"英国'毫不含糊地'与以色列站在一起"。[④]

---

① The UK Government，"Air Strikes Against Houthi Military Targets in Yemen：11 January 2024"，12 January 2024，https：//www.gov.uk/government/news/air-strikes-against-houthi-military-targets-in-yemen；The UK Government，"Statement on Air Strikes Against Houthi Military Targets in Yemen：22 January 2024"，22 January 2024，https：//www.gov.uk/government/news/statement-on-air-strikes-against-houthi-military-targets-in-yemen；The UK Government，"Statement on Air Strikes Against Houthi Military Targets in Yemen：3 February 2024"，3 February 2024，https：//www.gov.uk/government/news/statement-on-air-strikes-against-houthi-military-targets-in-yemen-3-february-2024；The UK Government，"Statement on Air Strikes Against Houthi Military Targets in Yemen：24 February 2024"，24 February 2024，https：//www.gov.uk/government/news/statement-on-air-strikes-against-houthi-military-targets-in-yemen--2；The UK Government，"Statement on Air Strikes Against Houthi Military Targets in Yemen：30 May 2024"，30 May 2024，https：//www.gov.uk/government/news/statement-on-air-strikes-against-houthi-military-targets-in-yemen-30-may-2024.

② The UK Parliament，"Action Against Houthi Maritime Attacks"，23 January 2024，https：//hansard.parliament.uk/commons/2024-01-23/debates/3C0E2A80-1A3B-4823-AB0E-27490DF1B3B0/ActionAgainstHouthiMaritimeAttacks.

③ The UK Parliament，"Israel-Hamas Conflict：UK Response October 2023 to July 2024"，11 September 2024，pp.51-52，https：//researchbriefings.files.parliament.uk/documents/CBP-9874/CBP-9874.pdf.

④ "Britain's Sunak Says London'Unequivocally'Stands with Israel"，Reuters，8 October 2023，https：//www.reuters.com/world/britains-sunak-says-london-unequivocally-stands-with-israel-2023-10-08/.

英国还对巴勒斯坦激进组织哈马斯发出了"毫不含糊的谴责"，① 并向地中海东部部署了英国武装部队人员和军事武器以支持以色列。英国下令在地中海东部部署军事资产，包括海上巡逻和侦察机，以支持以色列、加强地区稳定并防止局势升级。皇家海军特遣队前往地中海东部，作为支持人道主义努力的应急措施。10 月 13 日，英国出台了"军事一揽子计划"，派遣包括 P-8海上巡逻机、侦察机、两艘皇家海军辅助舰（RFA Lyme Bay 和 RFA Argus）、三架梅林直升机和一个皇家海军陆战队连队前往地中海东部，为以色列及其地区合作伙伴提供切实支持，并提供威慑和保证。② 10 月 18 日，英国针对一项联合国安理会决议投弃权票（该决议呼吁"人道主义暂停"），允许人道主义援助进入加沙。③ 10 月 19 日，英国首相苏纳克抵达特拉维夫进行为期两天的访问，以"表达对以色列人民的声援"。④ 12 月 2 日，英国国防部宣布将开始对加沙进行侦察飞行，"以支持正在进行的人质救援活动"。⑤

　　二是对加沙难民的人道主义救援政策。2024 年初，皇家舰队辅助舰莱姆湾号（RFA Lyme Bay）向加沙难民运送了 80 吨的毛毯。2023 年 10 月底，

① Vernon, Hayden, "UK, US and Allies Offer Israel 'Steadfast Support' in Joint Statement", *The Guardian*, 9 October 2023, https://www.theguardian.com/world/2023/oct/09/uk-us-and-allies-offer-israel-steadfast-support-in-joint-statement.

② The UK Government, "Prime Minister Deploys UK Military to Eastern Mediterranean to Support Israel", 13 October 2023, https://www.gov.uk/government/news/prime-minister-deploys-uk-military-to-eastern-mediterranean-to-support-israel; Dan Sabbagh, "UK to Send Navy Ships and Spy Planes to Support Israel", *The Guardian*, 12 October 2023, https://www.theguardian.com/world/2023/oct/12/uk-to-send-navy-ships-and-spy-planes-to-support-israel; Andrew Chuter, "Britain Sends Spy Planes, Ships to Mediterranean amid Israel-Hamas War", Defense News, 13 October 2023, https://www.defensenews.com/global/europe/2023/10/13/britain-sends-spy-planes-ships-to-mediterranean-amid-israel-hamas-war/.

③ "Israel-Gaza Crisis: US Vetoes Security Council Resolution", UN News, 18 October 2023, https://news.un.org/en/story/2023/10/1142507.

④ Stephen Castle, "Sunak Visits Israel in Display of British Support", *The New York Times*, 19 October 2023, https://www.nytimes.com/2023/10/19/world/middleeast/rishi-sunak-israel-visit-uk.html.

⑤ Hayden Vernon, "UK Surveillance Aircraft to Search for Hamas Hostage Sites in Gaza", *The Guardian*, 2 December 2023, https://www.theguardian.com/world/2023/dec/02/uk-surveillance-aircraft-to-search-for-hamas-hostage-sites-in-israel-and-gaza.

英国派遣皇家空军 C-17 运输机前往埃及，运送人道主义救援物资。2023 年 11 月初，英国皇家空军向加沙地区投放了滤水装置等设备。

（三）制裁伊朗

过去一年，英国及其盟友伙伴对伊朗实施了多轮制裁。2023 年 7 月，英国媒体透露英国政府正在酝酿一项针对伊朗的新制裁制度，以便针对伊朗无人机及零部件出口实施新的制裁计划。[①] 2023 年 12 月 14 日，英国政府正式宣布出台《2023 年伊朗（制裁）条例》［Iran（Sanctions）Regulations 2023］，以取代《2019 年伊朗（制裁）（人权）（欧盟退出）条例》。英国政府宣称，新制裁机制的目的是"阻止伊朗政府或伊朗政府支持的武装团体对英国或任何其他国家进行敌对活动，并鼓励伊朗政府遵守国际人权法并尊重人权"。[②]

2024 年 4 月 18 日，英国和美国以防止中东局势大幅升级为由对伊朗实施了新一轮制裁。英国外交发展部对 7 名个人和 6 家实体实施了旅行禁令和资产冻结，其中包括参与无人机和导弹计划的实体。英国和美国还宣布了一系列制裁措施，以加强对伊朗无人机和导弹工业中关键参与者的打击。[③]

四 英国在印太地区的安全防务活动

随着英国在印太地区的活动日渐频繁，英国在安全防务方面发挥作用也

---

① "Britain to Target Iranian Decision Makers with New Sanctions Regime", Reuters, 7 July 2023, https：//www. reuters. com/world/uk/britain－target－iranian－decision－makers－with－new－sanctions-regime-2023-07-06/.

② The UK Government, "UK Sanctions Relating to Iran", 15 December 2023, https：//www. gov. uk/government/collections/uk－sanctions－relating－to－iran; The UK Government, "The Iran（Sanctions）Regulations 2023", 14 December 2023, https：//www. legislation. gov. uk/uksi/2023/1314/regulation/4.

③ The UK Government, "UK and US Sanction Leading Iranian Military Figures and Entities Following the Attack on Israel", 18 April 2024, https：//www. gov. uk/government/news/the-uk-and-us-sanction-leading-iranian-military-figures-and-entities-following-the-attack-on-israel.

愈发积极。英国持续同英美澳三方安全伙伴关系协定成员（澳大利亚）、北约东扩成员国（日本、韩国）、五国联防成员（马来西亚、新加坡、新西兰、澳大利亚）等国家发展防务关系，以"平衡"中国在该区域的影响力。

（一）英美澳三方安全伙伴关系

英美澳持续从两方面推进三方安全伙伴关系。一方面是推动与澳大利亚的核潜艇技术合作。2023年10月初，美澳两国的海军军官前往英国核动力潜艇参观并就潜艇的使用和维护深入交流。① 2024年3月，澳大利亚宣布将会选择英国的BAE公司建造本国的SSN-AUKUS核动力潜艇。② 另一方面则是推进三方安全伙伴关系协定的"第二阶段"，即高科技阶段。2023年12月，三国宣布将会进入三方安全伙伴关系的下一阶段，即在高科技领域进行全方位合作。这主要包括在量子计算机、网络能力、反潜和深海能力等领域强化三方的共同合作。③

（二）作为北约东扩成员国的日、韩

英国与日本进一步强化双边安全合作。2023年12月，日英意三国共同签署合约，成立针对"全球空战计划"（Global Combat Air Programme，GCAP）六代战机开发专属国际合作组织，专门负责推进三国于2022年底宣布的GCAP。④ 同时，英国国防大臣夏普斯宣布，将会在2025年派遣伊丽莎白女

---

① The UK Government, "AUKUS Personnel Collaborate on UK Submarines for Future Security", 6 October 2023, https：//www. gov. uk/government/news/aukus-personnel-collaborate-on-uk-submarines-for-future-security.

② The UK Government, "AUKUS Defence Ministers Joint Statement：April 2024", 8 April 2024, https：//www. gov. uk/government/publications/aukus-defence-ministers-joint-statement-april-2024/aukus-defence-ministers-joint-statement-april-2024.

③ The UK Government, "UK Powers up Partnership with US and Australia to Strengthen Security", 2 December 2023, https：//www. gov. uk/government/news/uk-powers-up-partnership-with-us-and-australia-to-strengthen-security.

④ The UK Parliament, "Global Combat Air Programme Treaty", 18 December 2023, https：//hansard. parliament. uk/commons/2023－12－18/debates/774DA45D－51D9－42C7－A050－5C5C9F5CADCD/GlobalCombatAirProgrammeTreaty.

王号航母战斗群访问日本。①

2023 年 11 月初，英韩两国在尹锡悦访问英国期间签订了《唐宁街协定》。② 该协定提出将会签订新的双边防务合作协定，建立新的英韩防长和外长 "2+2" 会谈，在防务装备发展和研发等方面加强合作。③ 双方还签订了英韩 "战略网络伙伴关系" 协定，在侦查和威慑网络威胁等方面合作。④ 2023 年 11 月初，英韩还举行了临津战士（Imjin Warrior）演习。在 2000 多人参与的演习中，英国共派出了 120 名左右的陆军。⑤

（三）五国联防成员

英国持续同五国联防安排（FPDA）成员国新加坡、马来西亚、澳大利亚、新西兰保持紧密的军事合作。2023 年 10 月下旬，英国与马来西亚、新西兰、新加坡、澳大利亚在东南亚地区举行名为 "五国共同"（Bersama Lima 或 Together Five）的大型联合军事演习。英国皇家海军台风式战斗机、皇家海军陆战队成员均参加了在马来西亚举行的为期三周的联合演习。⑥

---

① The UK Government, "UK Carrier Strike Group to Visit Japan in 2025", 14 December 2023, https：//www. gov. uk/government/news/uk-carrier-strike-group-to-visit-japan-in-2025.

② The UK Government, "PM Meeting with President Yoon Suk Yeol of the Republic of Korea：22 November 2023", 22 November 2023, https：//www. gov. uk/government/news/pm - meeting - with-president-yoon-suk-yeol-of-the-republic-of-korea-22-november-2023.

③ The UK Government, "The Downing Street Accord：A United Kingdom-Republic of Korea Global Strategic Partnership", 22 November 2023, https：//assets. publishing. service. gov. uk/media/655e58f602e2e1000d433691/November_2023_-_The_Downing_Street_Accord__A_United_Kingdom-Republic_of_Korea_Global_Strategic_Partnership. pdf.

④ The UK Government, "Republic of Korea-UK Strategic Cyber Partnership", 23 November 2023, https：//www. gov. uk/government/publications/uk - republic - of - korea - strategic - cyber - partnership/republic-of-korea-uk-strategic-cyber-partnership.

⑤ Ministry of Defence, "UK and South Korea Strengthen Ties with Joint Military Exercise", 3 November 2023, https：//www. army. mod. uk/news/uk - and - south - korea - strengthen - ties - with - joint - military - exercise/#：~：text = This% 20joint% 20military% 20exercise% 20aims, event%20in%20British%20military%20history.

⑥ The UK Government, "Major Military Exercise Strengthens UK Ties in Southeast Asia", 20 October 2023, https：//www. gov. uk/government/news/major - military - exercise - strengthens - uk-ties-in-southeast-asia.

此外，英国积极参与由美国海军太平洋舰队主导的"环太平洋-2024"多国海上联合演习，旨在加强多国海军之间的合作、提升海上战术和战略水平，并展示各国联合应对全球海上安全威胁的能力。英国皇家空军派出两架P-8A 海上巡逻机参加演习。[①]

五　英国的防务经济与研发

2023～2024 年，英国军费开支显著增长。2023/2024 财政年度，英国防务预算增加 30 亿英镑，主要用于加强武器生产、支持乌克兰以及现代化武装力量，英国国防开支总额增长至 542 亿英镑。[②] 2024/2025 年度防务预算预计将达到 517 亿英镑，加上财政部储备金，总支出将达到 571 亿英镑。[③]

2024 年 4 月下旬，英国首相苏纳克在访问波兰期间宣布，英国计划到2030 年前，将防务开支增加至 870 亿英镑（约合 1093 亿美元），达到国内生产总值的 2.5%。英国的防务开支将在 2025 财年增加 30 亿英镑，并在未来几年保持逐年增长趋势。英国军方将在未来 6 年内获得 750 亿英镑的额外拨款，以保持北约第二（仅次于美国）、欧洲第一的防务支出国地位。[④]

在高调宣布增加国防开支的同时，英国进一步细化推动军事现代化的具

---

① Royal Air Force, "Firsts for RAF Poseidon Line Squadron on Indo-Pacific Exercise", 26 July 2024, https：//www. raf. mod. uk/news/articles/firsts - for - raf - poseidon - line - squadron - on - indo-pacific-exercise/; George Allison, "British Maritime Patrol Aircraft in Pacific Milestone", *UK Defence Journal*, 30 July 2024, https：//ukdefencejournal. org. uk/british-maritime-patrol- aircraft- in - pacific - milestone/#：~：text = The% 20exercise% 2C% 20held% 20at% 20Joint% 20Base%20Pearl, world%20for%20the%20longest%20duration%20to%20date.

② The UK Parliament, "UK Defence Spending", 3 May 2024, https：//researchbriefings. files. parliament. uk/documents/CBP-8175/CBP-8175. pdf, p. 6.

③ The UK Government, "Defending Britain: Leading in a More Dangerous World Our Pledge: Committing to 2.5% of GDP in 2030", https：//assets. publishing. service. gov. uk/media/ 671b5d4e1898d9be93f75dc8/2024-04-23_Defending_Britain_-_FINAL. pdf.

④ "UK to Spend 2.5% of GDP on Defence by 2030, Says Sunak", Reuters, 24 April 2024, https：//www. reuters. com/world/europe/uks-sunak-announce-uplift-military-support-ukraine- 2024-04-22/.

体举措。① 一是加速国防创新。苏纳克表示，将通过设立国防创新局来推动英国军队的现代化建设。据悉，国防创新局负责管理用于研发领域的大规模投资，旨在整合分散的国防创新资源，促进军事研究和发展。英国政府承诺将国防预算的5%用于研发项目。国防创新局未来将牵头负责定向能武器、高超音速导弹等新型武器系统的研制及网络空间等领域的新兴技术研发。在第一批项目中，国防创新局计划在2027年前将"龙火"激光武器系统集成到海军舰艇上。二是加速装备更新。美国"防务新闻"网站报道称，英国将同步推动多个领域的国防现代化建设，英国陆军将加快列装"阿贾克斯"步兵战车、"挑战者-3"主战坦克、"拳击手"装甲车、"机动火力平台"火炮项目，英国空军继续采购F-35B战斗机，英国海军采购新型护卫舰等。英国将尽快提高国内军工产能，使其达到战时状态。同时，英国政府将对采购和开发制度进行大规模改革，以加快提高战备能力。其中，英国政府将投入100亿英镑用于弹药的扩大生产，以提高弹药储备量。三是加速战法革新。英军将主要加大对无人作战和太空作战的研发投入力度。无人作战方面，英军积累了大量与无人系统相关的训练和战法，提出无人系统必须具备一定抗干扰能力，以在复杂战场环境中进行导航和通信。太空作战方面，英国在《国防太空战略》中明确了太空军事化的具体举措，即一方面通过发展太空能力，保护英国在太空领域的国家利益；另一方面扩大和深化国际合作，加强与"五眼联盟"、北约其他成员国的双边和多边合作，形成全球太空合作伙伴网络。

结　语

整体而言，2023~2024年，英国防务安全政策在应对全球地缘政治挑战方面经历了显著变化。在欧洲，英国不断深化与北约、联合远征力量和其他

---

① 《英国高调宣布增加国防开支》，新华网，2024年5月9日，http：//www.news.cn/mil/2024-05/09/c_1212360268.htm。

欧洲盟友的安全防务合作，积极参与对乌克兰的军事援助，特别是对乌提供了先进武器系统和防空设备，并且升级了对俄罗斯的制裁。在中东地区，英国积极参与打击胡塞武装，坚定支持以色列并同时向加沙难民提供人道主义救援，并且加大了对伊朗的制裁力度。在印太地区，英国与澳大利亚和美国通过三方安全伙伴关系协定深化国防合作，加强核潜艇技术共享，并加强了和日本、韩国、五国联防成员国等的合作。

展望未来，英国防务政策的重点可能继续聚焦应对俄罗斯和中国。一方面，英国将强化与北约及欧盟的防务合作，通过更积极的部队部署来维护欧洲安全。另一方面，英国在印太地区的军事存在预计将进一步扩大，AUKUS 协议下的合作或将加深。此外，英国的国防工业政策可能会通过提高自主生产能力来减少对外国供应链的依赖，以应对全球供应链的脆弱性。

B.14
英国在乌克兰危机中的立场与动机

刘　晋*

摘　要： 苏纳克政府奉行约翰逊时代确定的"援乌制俄"立场，2023年7月至2024年6月继续在乌克兰危机中扮演援乌"急先锋"和"带头者"角色，多次追加、扩大对乌军援与培训，与多国分别组成旨在持续向乌提供相应武装的空中、海上与无人机"能力联盟"。英国还是首个与乌克兰签订长期安全合作协议的国家。同时，英国继续积极推动北约强化在欧影响与扩员。在对俄政策上，英国持续进行舆论战并扩大了制裁规模，继续执行与俄能源、经贸脱钩政策。借助乌克兰危机成为欧洲意识形态领导者，强化对欧政治与战略影响，提升对美战略分量以及满足国内若干政治诉求是英国坚持上述立场与政策的主要动机。2024年7月工党政府上台后的表态和一系列动向表明，工党认同保守党政府在这场危机中执行的政策，英国将坚持现行立场。

关键词： 乌克兰危机　军事援助　制裁　英欧关系　英美关系

在苏纳克执政期间，乌克兰危机持续延宕看不到结束前景。与此同时，英国政局动荡，历经三届保守党政府，其积极介入危机的态度仍未出现任何变化。在2023年7月至2024年6月这一年中，苏纳克政府继续奉行约翰逊时代确定的"援乌制俄"立场，同时积极推动北约强化在欧洲大陆的存在与影响。该立场也得到时为主要反对党工党的支持。2024年7月，工党取

---

* 刘晋，博士，中国国际问题研究院欧洲研究所副研究员，主要研究领域为海洋战略、欧洲安全及英国对外政策。

代保守党成为执政党，随即宣布英国在乌克兰危机上的立场"不会变化"，并迅速采取了一系列与此表态相符的举措。在此背景下，梳理总结保守党政府在乌克兰危机中的政策立场，尤其是近一年来的最新动向与行为方式，并分析英国该立场背后的持久性动机，就成为研判工党政府未来政策走向的重要课题。

一　扩大对乌克兰的军事援助

乌克兰危机升级为冲突以来，英国不仅在政治与外交上大力支持乌克兰，还向其提供了大批军事援助，包括反坦克导弹、装甲车、榴弹炮、多管火箭、防空导弹、救援直升机、坦克、巡航导弹等各类轻重装备及配套设备。根据英国议会的统计，从 2022 年 2 月到 2024 年 6 月，英国共承诺向乌克兰提供 127 亿英镑援助，其中军事援助总计 76 亿英镑，占其援助总额的 60%。英国对乌克兰军事援助的具体落实计划是 2022/2023 年度、2023/2024 年度各 23 亿英镑，2024/2025 年度 30 亿英镑。[①] 就承诺军援总额而言，在向乌克兰提供军事援助的国家中，在 2023 年下半年德国大幅扩大援助规模之前，英国曾长期位居第二，仅次于美国。

英国在军援乌克兰中扮演的"急先锋"和"带头者"角色尤为引人注目。例如，就向乌克兰提供主战坦克而言，截至 2024 年 6 月底，波兰位居第一，提供了各种类型的坦克 324 辆，英国位居第九，仅提供了 14 辆"挑战者 II 号"坦克，数量上甚至不及斯洛文尼亚。[②] 然而，英国是第一个宣布要向乌克兰提供主战坦克的国家，比美国还要早，这与欧陆大国尤其是德国在这个问题上的犹豫迟疑形成了对比，尽管后者此后实际提供的坦克数量接

---

① Claire Mills, *Detailed Timeline of UK Military Assistance to Ukraine*, House of Commons Library Research Briefing, 8 July 2024, pp. 1−2.

② Christoph Trebesch, Daniel Cherepinskiy, Giuseppe Irto and Taro Nishikara, "Ukraine Support Tracker", Kiel Institute for the World Economy, 6 August 2024, https：//www.ifw−kiel.de/topics/war−against−ukraine/ukraine−support−tracker/? cookieLevel＝not−set.

近英国的 5 倍。出于内部分歧或对冲突升级的担忧，美、德等国在是否向乌克兰提供远程导弹方面同样迟疑不决。美国迟至 2024 年 4 月才证实已向乌克兰秘密运送"陆军战术导弹"，德国则一再拒绝提供"金牛座"导弹，而英国早在 2023 年 5 月就公开向乌克兰提供了"风暴阴影"巡航导弹，再次成为首个向其提供远程打击能力的国家。此外，尽管并不拥有乌克兰所要求的 F-16 战机，英国也积极协同法国、荷兰等国组成"空中力量能力联盟"，帮助乌克兰获取该型战机。

自 2023 年 7 月以来，苏纳克政府不仅持续兑现对乌援助承诺，还多次追加、扩大对乌军援规模。在 2023 年 7 月 12 日的北约峰会上，英国政府宣布向乌克兰提供超过 70 辆作战与后勤车辆，数千发"挑战者 II 号"坦克弹药及相应配套支援维护设备。2023 年 12 月，英国确认再向乌克兰提供 200 枚防空导弹。2024 年 2 月，英国宣布追加 200 枚"硫磺石"反坦克导弹并拨出 2.45 亿英镑用于补充乌克兰炮弹储备。同时，英国还计划向乌克兰提供 1 万架军用无人机。2024 年 4 月 23 日，苏纳克访问波兰期间宣布了冲突爆发以来英国对乌克兰最大的一笔军援计划，包括用于确保加速交付军备的 5 亿英镑，超过 1600 枚防空导弹、400 辆军车、60 艘小艇以及近 400 万发轻武器弹药。[①]

除军备援助之外，英国还向乌军提供大规模培训支持。目前，英国领导了一个培训乌克兰士兵的多国项目，名为"Interflex 行动"。该项目启动于 2022 年 6 月，其前身是英国 2015 年至 2022 年 2 月在乌克兰本土进行的"轨道行动"（Operation Orbital）。俄乌冲突爆发前夕，英国出于卷入冲突的担忧取消了"轨道行动"，转而以在英国境内进行的"Interflex 行动"取而代之。"Interflex 行动"最初目标是在 2023 年底之前向 3 万名乌克兰士兵提供前线作战技能、基本医疗、巡逻战术及武装冲突法等方面的培训，是英国自二战以来最大规模的本土培训计划。自 2023 年以来，该项目内容不断扩展，

---

① UK Prime Minister's Office, "PM to Announce Largest-Ever Military Aid Package to Ukraine on Visit to Poland", 23 April 2024, https：//www.gov.uk/government/news/pm－to－announce－largest－ever－military－aid－package－to－ukraine－on－visit－to－poland.

已经涵盖飞行员的基本飞行培训、海军陆战队的两栖作战培训、工程兵的扫雷培训甚至军队牧师的相关培训。2023 年 11 月，该项目完成培训 3 万名乌克兰士兵的初始目标，并计划在 2024 年再培训 1 万名士兵。① 截至 2024 年 6 月底，共有北欧四国、波罗的海三国、荷兰、罗马尼亚、新西兰、澳大利亚、科索沃派出教官参与该项目。除该项目之外，英国还联合冰岛、荷兰向乌克兰士兵提供作战医疗培训。2023 年 10 月，英国陆军还推出新培训计划，向乌克兰能源、水利、交通、学术等领域专业人士提供保护关键国民基础设施的培训课程。

英国还是冲突爆发以来首个与乌克兰签订长期安全协议的国家。英国支持乌克兰加入北约，英国领导人在不同场合反复表示"乌克兰的未来在北约"。然而，受制于仍在进行的冲突以及北约成员之间的分歧，短期内乌克兰加入北约并不具备现实性。一直呼吁北约给出明确时间表的泽连斯基也清楚地认识到这一点。② 在此背景下，作为对乌克兰寻求长期安全保障的替代回应，英国及七国集团（G7）转而支持向乌克兰提供双边安全保证。2023 年 7 月，G7 在维尔纽斯北约峰会上达成了"支持乌克兰的联合宣言"，承诺各国将在双边基础上同乌克兰进行"具体而长期的安全合作"。③ 2024 年 1 月 12 日，苏纳克访乌并率先与其签订了为期十年的《安全合作协议》。该协议以英乌 2016 年签订的《防务合作谅解备忘录》和 2020 年签订的《政治、自由贸易及战略伙伴关系》为基础，旨在两国之间发展"不可动摇的百年伙伴关系"。协议主要包括两大核心内容，一是正式确定英国将继续向乌克兰提供各类军事援助并助其改革防务体系、加强军力建设；二是规定英

① UK Ministry of Defence, "30000 Ukrainian Recruits Trained in Largest UK Military Training Effort Since Second World War", 10 November 2023, https：//www. gov. uk/government/news/30000-ukrainian-recruits-trained-in-largest-uk-military-training-effort-since-second-world-war.

② "Ukraine's Zelenskiy: NATO Membership 'Impossible' Until Russia War Ends", Reuters, 2 June 2023, https：//www. reuters. com/world/europe/ukraines－zelenskiy－nato－membership－impossible-until-russia-war-ends-2023-06-02/.

③ UK Prime Minister's Office, "G7 Joint Declaration of Support for Ukraine", 12 July 2023, https：//www. gov. uk/government/publications/g7-joint-declaration-of-support-for-ukraine-12-july-2023.

国在乌克兰未来受到俄罗斯攻击时迅速与其磋商并持续提供安全协助。此外，该协议还要求英国支持乌克兰重建、政治经济改革及其未来加入欧盟及北约。①

二　继续与俄罗斯对抗

乌克兰危机发酵初期，时任约翰逊政府曾试图接触俄乌双方，扮演"斡旋者"角色，但最终失败。此后，英国转而采取了与俄罗斯强硬对抗的立场，主要表现为政治反对、经济制裁及脱钩三个方面。苏纳克政府继承并贯彻了这一激进立场。到 2024 年 7 月保守党政府下台时，英俄关系强硬对抗的局面未有改变。

首先，继续对俄罗斯进行舆论战和法律战。苏纳克政府将乌克兰危机列为对外政策中的优先议题，在国内通过政府声明、议会演讲、报刊文章等各渠道谴责俄罗斯，对外则在双边交往及包括联合国、经合组织、欧安组织等多边平台或场合表达相应立场，积极推动北约将俄罗斯界定为欧洲安全的"头号威胁"。英国驻欧安组织代表的行为方式堪称典型，几乎在每一次发言、每一个引人注目的时间节点，都要谴责俄罗斯或呼吁其撤军。英国政府还通过披露情报的方式揭发俄方行动。② 此外，英国还积极支持乌克兰追究俄方法律责任。2023 年 12 月 10 日，英国宣布追加拨款，一是用于支持乌克兰培训检察官，二是扩建波兰的"战争罪文献中心"，其目的在于收集"证词"并提高乌方利用开源情报追究俄方责任并起诉相关个体的能力。③

---

① UK Prime Minister's Office, "UK‐Ukraine Agreement on Security Co‐operation", 12 January 2024, https：//www.gov.uk/government/publications/uk‐ukraine‐agreement‐on‐security‐co‐operation.

② UK Foreign, Commonwealth & Development Office (FCDO), "Intelligence Shows Russia May Target Black Sea Civilian Shipping", 4 October 2023, https：//www.gov.uk/government/news/intelligence‐shows‐russia‐may‐target‐black‐sea‐civilian‐shipping.

③ UK FCDO, "UK Announces Further Support for Ukraine's Efforts to Bring War Criminals to Justice", 10 December 2023, https：//www.gov.uk/government/news/uk‐announces‐further‐support‐for‐ukraines‐efforts‐to‐bring‐war‐criminals‐to‐justice.

其次，持续扩大对俄罗斯的制裁。乌克兰危机升级以来，英国协同美欧，在外交、金融、能源、经济、贸易等诸多领域对俄发起史无前例的多轮大规模制裁，意在打击俄经济，削弱其融资能力。然而，受危机、制裁及俄方反制影响，欧洲能源与粮食价格一度飙升，通货膨胀率屡次刷新历史水平，人民生活成本上涨，经济民生问题颇为严峻。包括英国在内的不少欧洲国家接连发生罢工和游行示威活动。保守党支持率2022年下半年以来在民调上持续落后于工党，并最终在2024年7月的大选中遭遇历史性失败，英国的经济社会形势是一大因素。然而，无论是保守党自身、工党还是英国民众，都不认为英国在乌克兰危机中推行的政策与其经济社会形势之间存在直接联系。工党和多数民众认为这主要是保守党治理能力的问题，他们仍然支持保守党政府在乌克兰危机中推行的政策。①

因此，苏纳克政府仍有底气持续扩大对俄罗斯的制裁。英国政府网站上的公开信息显示，2023年7月至2024年6月，英国政府共9次宣布对俄罗斯及相关第三方行为体实施制裁，涉及个人及实体超过200个。这些制裁措施主要试图达成三大目标：一是打击俄罗斯的金融机构，限制其黄金、钻石、石油、军火、电子等领域贸易及相关运输渠道，进一步削弱其筹集资金和装备的能力；二是打击、限制第三方行为体，慑止它们帮助俄罗斯规避欧美制裁或为其提供资金、装备；三是就俄罗斯在乌克兰的某些具体行动制裁俄方官员和实体，表达英方的反对态度。根据英国政府与议会的统计，截至2024年6月，英国在两年多时间里共在其"俄罗斯制裁体制"下对1707名个人及334个实体实施了制裁，其中包括29家银行（占俄方银行业的90%）及130名"寡头"及家庭成员，据称这些人的净资产规模达到了

① David Landsman, "Why Is Britain So Strongly Behind Ukraine? Does It Matter?", British Foreign Policy Group, 14 February 2023, https：//bfpg. co. uk/2023/02/why－is－britain－so－strongly－behind－ukraine/；Matthew Smith, "One Year on, How High Is Support for Ukraine in Britain?", YouGov, 24 February 2023, https：//yougov. co. uk/international/articles/45287－one－year－how－high－support－ukraine.

1470亿英镑。① 此外，英国政府还支持G7利用俄方冻结资产利息为乌克兰举债提供支持。

最后，继续推进与俄罗斯的经贸脱钩。通过制裁、大幅减少进出口，英俄之间在贸易与能源领域几乎处于脱钩状态。根据英国政府2024年6月的统计，英俄之间本就规模不大的双边贸易已全部或部分处于制裁之下，英国自俄进口下降了99%，对俄出口则下降了73%。② 在能源领域，英国宣布从2023年开始禁止进口俄罗斯石油及液化天然气，但这种脱钩因各种漏洞和中转而无法完全实现。例如，2024年3月，媒体披露苏纳克政府2023年与和俄罗斯相关的企业签订了为期4年、高达80亿英镑的天然气供应合同。有工党议员因此批评苏纳克政府"疯狂和虚伪"。③

三 强化北约的影响与存在

北约被重新激活并得到强化是乌克兰危机的一大战略后果。在冷战结束、欧洲关注点转移至非传统安全议题背景下，北约的行事效率、发展方向甚至存在合法性都曾遭到质疑。特朗普在第一次任美国总统期间多次发表"北约过时论"。④ 因为担忧美国的安全承诺，对美国自行其是、北约内部缺乏战略协调极为不满，法国总统马克龙也曾公开批评"北约正在经历脑死亡"。⑤ 北

---

① Claire Mills, "Sanctions Against Russia", House of Commons Library Research Briefing, 17 July 2024, pp. 8-9.

② UK Prime Minister's Office, "New UK Sanctions to Crack Down on Putin's War Machine", 13 June 2024, https://www.gov.uk/government/news/new-uk-sanctions-to-crack-down-on-putins-war-machine.

③ Charlie Cooper, "UK Strikes Energy Deal with Firm Linked to Putin's Gas Exports", Politico, 18 March 2024, https://www.politico.eu/article/uk-government-embraces-8b-energy-deal-with-firm-linked-to-russian-gas-imports/.

④ Shayna Freisleben, "A Guide to Trump's Past Comments About NATO", CBS News, 10 April 2017, https://www.cbsnews.com/news/trump-nato-past-comments/.

⑤ "Emmanuel Macron Warns Europe: NATO is Becoming Brain-Dead", The Economist, 7 November 2019, https://www.economist.com/europe/2019/11/07/emmanuel-macron-warns-europe-nato-is-becoming-brain-dead.

约在欧洲安全中的影响力一度处于不断下降的态势。然而，乌克兰危机将传统地缘政治冲突问题重新摆在欧洲面前，这让以应对传统安全威胁为主要功能的北约迎来了生机。

英国在北约强化影响与存在的过程中发挥了重要作用，主要表现在两个方面。一是积极推动北约在欧洲东翼强化部署。俄乌冲突爆发以来，英国向东欧增派战机、舰艇与军事人员，积极推动北约在欧洲东翼强化部署、新建战斗营。英国还积极贡献军力，参与了北约所有旨在威慑俄罗斯、加强互操作性的军演。例如，2024 年 1~5 月，英国派出包括航母、F-35B 战机、潜艇、坦克、装甲车、火炮在内的各类尖端平台，参与了冷战以来北约在北欧及东欧最大规模的军事演习。此次演习中，英国派出了 2 万名士兵，成为欧洲国家中派兵规模最大的国家。[①] 为推动北约强化军事存在与部署，英国不仅自身增加国防投入，宣布 2030 年前将其国防开支占 GDP 比重进一步提高至 2.5%，还号召欧洲各国兑现 2%的下限目标并加大对国防工业的投入力度。

二是积极推动北约扩员。俄乌冲突爆发后，芬兰、瑞典两国民意出现重大转变，推动两国政府放弃传统中立政策，不顾俄方反对寻求加入北约。在此期间，英国率先与两国签订双边安全协议，承诺在两国入约过渡期为其提供所谓"安全保证"，积极支持两国入约和北约扩员。英国还参与幕后协调，劝说两国满足土耳其关切，扫除入约最大障碍。芬兰、瑞典最终先后于 2023 年 4 月和 2024 年 3 月加入北约，北约由此实现了又一次重大扩员。此外，英国在与乌克兰的双边安全协议中也明确支持乌方未来加入北约。

四　英国的主要动机

英国之所以在乌克兰问题上态度强硬，坚持激进的"援乌制俄"立场，根本在于脱欧背景下，这场危机能够同时在意识形态、政治与战略等领域满

---

① UK Ministry of Defence, "The UK Announces 20000 British Forces to Boost NATO", 15 January 2024, https://www.gov.uk/government/news/the-uk-announces-20000-british-forces-to-boost-nato-in-speech.

足其扩大对欧洲影响、提升对美国战略分量等重要诉求。此外，危机还能在特定领域满足其若干国内政治诉求。对英国来说，乌克兰的"危机"可以说是其提升国际影响力的"机遇"。

首先，塑造"道德领导者"形象。俄乌冲突爆发后，各种错综复杂的事件借助现代全球网络和大众媒体传遍各国，许多欧洲人深受震撼和刺激。在一些政治家和主流舆论引导下，震惊、悲观、愤怒的情绪迅速席卷欧洲，"援乌制俄"一度在许多欧洲国家成为不容违背的政治正确。时至今日，这种状况并未出现根本性变化。在民意与国内本就颇强的反俄情绪作用下，英国试图借助危机和激进政策占据"道义高点"，掌握反俄叙事主动权，成为欧洲意识形态"领导者"。

其次，强化对欧政治与战略影响。英国对欧洲大陆的政治影响力随其脱欧而下降，但危机为其恢复甚至强化这种影响提供了机会。2023 年 7 月以来，英国通过"援乌制俄"协调、签订防务合作协定、巩固或新建各种双多边合作机制，进一步强化了其在欧洲大陆，尤其是在东欧、波罗的海与北欧国家的政治与战略影响力。东欧方面，英国与波兰的防务安全关系进一步加强。2023 年 7 月 5 日，两国签订了《2030 年战略伙伴关系联合声明》，确定了双边防务安全、乌克兰问题、欧洲安全等一系列事务上的合作安排。[①]
2023 年 11 月 7 日，两国防务企业签订"有史以来的最大商业协议"，加强双边防务产业与技术合作，为波兰提供新一代防空体系。波罗的海国家方面，2023 年 7 月 12 日，英国与爱沙尼亚发布了《国防部长联合声明》，进一步就英国在爱沙尼亚维持军事存在、领导北约战斗群、加强一体化及提升互操作能力等方面加强合作协调。2023 年 12 月 13 日，英国、乌克兰及爱沙尼亚签署《合作备忘录》，加强三边电子政务及数字化合作。2024 年 2 月 15 日，英国与拉脱维亚宣布共同领导一个向乌克兰提供大批无人机的"能力联盟"。北欧国家方面，除继续加强"联合远征军"多边框架下的合作，

---

① UK Ministry of Defence, "UK and Poland Strengthen Foreign Policy, Security and Defence Cooperation", 5 July 2023, https://www.gov.uk/government/news/uk-and-poland-strengthen-foreign-policy-security-and-defence-cooperation.

英国还先后于 2023 年 10 月 13 日和 2024 年 5 月 20 日分别与瑞典和芬兰签署《战略伙伴关系协议》，进一步加强了与这两个国家的双边防务安全关系。2023 年 12 月，英国还与挪威共同发起"海上能力联盟"，意图通过提供舰艇和长期培训，增强乌克兰的海上作战能力。由于无论是制裁、援助还是乌克兰重建规划都需要加强协调，英国与欧盟机构的关系相对而言也更加紧密和多层。①

再次，提升对美战略分量。未来美国战略重心东移至印太的大方向不会出现重大变化，无论如何都需要欧洲在乌克兰问题上承担更多"责任"。通过强硬立场引领欧洲成为英国提升其在美国对外战略中的地位、加强英美关系的重要政治手段。自 2023 年以来，英美关系在协调对俄乌政策的背景下得到加强。2023 年 6 月 8 日，苏纳克访美，两国达成《21 世纪英美经济伙伴关系大西洋宣言》，加强在经济、技术、商业、贸易、国防等领域合作。这是英美之间达成的首个此类伙伴关系。② 2023 年 7 月 10 日，拜登在出席北约峰会前访问英国，两国宣布了在继续支持乌克兰及北约扩员等方面的共同目标。2023 年 7 月和 2024 年 5 月，英美先后举行两次战略制裁对话，加强了制裁及出口管制方面的协调。

最后，满足国内政治诉求。对乌克兰的援助带来的政府订单、由此新增的就业岗位以及参与乌克兰重建的广阔前景，均对英国的军工、金融、交通等行业以及争取相关地区的选民支持具有积极意义。③ 无论是短命的特拉斯政府还是苏纳克政府，都有通过介入危机转移内部矛盾、发展特定行业、拉拢选民的动力。

---

① House of Lords European Affairs Committee, "The Ukraine Effect: The Impact of Russia's Invasion of Ukraine on the UK-EU Relationship", 31 January 2024, https://committees.parliament.uk/publications/43134/documents/214562/default.

② UK Prime Minister's Office, "UK and US Launch First-of-Its Kind Economic Partnership", 8 June 2023, https://www.gov.uk/government/news/uk-and-us-launch-first-of-its-kind-economic-partnership.

③ UK Ministry of Defence, "North-West Plays Critical Role in Ukraine's Fight for Freedom", 11 January 2024, https://www.gov.uk/government/news/north-west-plays-critical-role-in-ukraines-fight-for-freedom.

结　语

保守党政府奉行的激进"援乌制俄"政策得到时为主要反对党工党的支持。俄乌冲突爆发之初，有工党议员甚至建议政府取消"印太倾斜"战略，集中资源应对乌克兰危机。进入 2024 年，工党高层着眼于议会大选也更愿意就此明确表态。2024 年 1 月 19 日，时任工党影子外交大臣拉米说，工党如执政将延续援乌政策并支持其加入北约。5 月 13 日，拉米与时任工党影子国防大臣希利联合访问乌克兰并再次表态将继续支持乌克兰。[①]

2024 年 7 月 4 日，工党赢得大选成为执政党。7 月 5 日斯塔默上任首日便与泽连斯基通话，郑重表明英国援乌立场"不会变化"。他还在数日后的华盛顿北约峰会上表示"乌克兰胜利之外的选项难以想象""英国将和北约盟友一道加快向乌克兰提供援助"。[②] 斯塔默还指示新任国防大臣希利上任便赴乌克兰访问。希利访乌期间宣布英国将向其提供包括火炮、25 万发弹药和近百枚"硫磺石"反坦克导弹在内的新一轮援助。拉米就任外交大臣后发表文章，宣布英国将贯彻"北约优先"的对外战略并继续将乌克兰危机作为突出事项，拉米还立即访问德国、波兰与瑞典，着眼于进一步强化与欧陆国家的关系。7 月 18 日，工党政府邀请泽连斯基访英参与欧洲政治共同体峰会并参与英国内阁会议。泽连斯基成为工党执政后首位访问唐宁街及 27 年来首位向英国内阁发表讲话的外国领导人。[③]

---

① Anastasiia Malenko, "UK's Labour Pledges 'Ironclad' Commitment to Ukraine During Kyiv Visit", Reuters, 14 May 2024, https://www.reuters.com/world/uk/uks－labour－pledges－ironclad－commitment－ukraine－during－kyiv－visit－2024－05－13/.

② UK Prime Minister's Office, "PM's Remarks at the NATO Summit Press Conference", 12 July 2024, https://www.gov.uk/government/speeches/pms－remarks－at－the－nato－summit－press－conference－11－july－2024.

③ UK Prime Minister's Office, "Prime Minister to Host President Zelenskyy at Downing Street as UK Spearheads Crack Down on Russia's 'Shadow Fleet'", 18 July 2024, https://www.gov.uk/government/news/prime－minister－to－host－president－zelenskyy－at－downing－street－as－uk－spearheads－crack－down－on－russias－shadow－fleet.

英国蓝皮书

工党上台后的一系列行动表明，工党认可保守党政府在乌克兰危机中奉行的立场与政策，工党在竞选期间涉及乌克兰的表态严肃认真，并非权宜之策，乌克兰问题仍将是英国政府的"核心议程"。工党在议会中取得巨大优势，如无重大意外将长期执政并在乌克兰危机最终结束前继续贯彻现行立场。

258

B.15
英国2023年印太战略
发展新动向与新特点

王　鹏*

摘　要： 自"全球英国"战略推出以来，英国持续关注并扩大其在印太地区的影响。2023年，英国的印太战略取得了显著进展，相较2022年出现了重要的新动向和新特点。本文从英国印太战略的背景入手，分析其在2023年的具体表现，包括加强与印太国家的双边和多边合作、军事和安全部署、深化经济和贸易关系等内容，并与2022年进行比较，探讨英国在应对地缘政治变化和全球化新格局中的新角色与新特点。随着全球局势的变化，特别是中美竞争的加剧以及俄乌冲突的持续，以及2023年末中东战火的燃起，英国对印太地区的关注度进一步提升。印太地区作为全球经济增长的核心区域和全球大国矛盾的交汇点，其地缘政治局势复杂多变。英国强化在该区域的战略介入，既是对其"全球英国"战略的政策实践，也是对全球权力与财富重心东移这一历史趋势的认知和反应。

关键词： 英国对外战略　英国防务　印太战略

自2016年脱欧公投以来，英国积极寻求重塑其全球角色，印太地区遂成为其外交和国防政策的重要支点。印太地区作为全球经济增长的核心区域和全球大国矛盾的交汇点，其地缘政治局势复杂多变。英国强化在该区域的

---

* 王鹏，华中科技大学国家治理研究院研究员，主要研究领域为中英关系、英国印太战略与中国周边安全。

战略介入，既是对其"全球英国"战略的政策实践，也是对全球权力与财富重心东移这一历史趋势的认知和反应。2022 年，英国正式成为印太战略的参与者，发布了相关政策文件，表明通过多边及双边合作增强在印太地区存在的决心。进入 2023 年，随着全球局势的变化，特别是中美竞争的加剧以及俄乌冲突的持续，以及 2023 年末中东战火的燃起，英国对印太地区的关注度进一步提升。鉴于此，本文聚焦 2023 年英国印太战略的新动向和新特点，并对其未来走向做出研判。

一 英国印太战略的新动向

近年来，英国对印太地区的重视程度显著增强，尤其是在脱欧之后。面对全球政治格局的变化，英国寻求通过多边与双边外交、军事合作、贸易关系等途径，重新确立自己在全球的地位，尤其是在该地区构建影响力。2023 年，英国政府进一步推进了印太战略，这不仅体现在与日本、澳大利亚、印度等主要国家的双边关系上，还包括对中国南海、太平洋岛屿国家等敏感地区的军事部署。与此同时，英国积极寻求加入区域贸易协定，如《全面与进步跨太平洋伙伴关系协定》（CPTPP），深化与该地区国家的经济和技术合作。这些举措表明，英国在后脱欧时代加大了对印太地区的战略投资力度，力图通过全方位的外交与安全合作重塑其全球影响力。

（一）加强与印太国家的战略与经济双边合作

英国在 2023 年通过深化与印太国家的双边合作，展示了其在印太地区的积极战略布局，尤其是在应对区域安全挑战和促进经济发展方面取得了显著进展。通过与日本、澳大利亚和印度等国的合作，英国不仅强化了自身在这一重要地区的存在，还通过多边机制与合作伙伴共同维护所谓"自由开放的印太"理念，彰显其全球战略的转型方向。

1.英国-日本战略伙伴关系：签署《互惠准入协定》、深化技术与经济合作

2023 年 1 月，英国与日本签署了《互惠准入协定》（Reciprocal Access

Agreement，RAA）。这一协定的达成标志着两国防务合作迈出了历史性的一步。根据协定，英日两国军队将能够在对方领土上进行部署和联合演习，为应对区域安全"威胁"提供了新的框架。①

2023 年，日英两国通过多次联合演习，显著扩大了军事合作，其中最著名的演习之一是 11 月举行的"警惕群岛 23"（Vigilant Isles 23）演习。这是新签署的《互惠准入协定》于 2023 年 10 月生效后的首次联合演习。此次演习标志着英日防务关系进一步深化，特别是在 2023 年 5 月签署了旨在加强军事合作以应对印太地区"安全挑战"的《广岛协议》之后。两国还计划进一步扩大联合演习与合作，承诺在未来几年部署规模更大、能力更强的部队。②

除了防务合作，英日两国在 2023 年的经济与技术合作也有显著进展。特别是在尖端科技、半导体和绿色能源领域，英日的合作进一步深化。英国积极推动与日本的贸易与投资关系，通过新技术合作框架和自由贸易协定的谈判，为两国企业提供了更多的市场机会和更大的技术创新空间。例如，2023 年，英国与日本进一步强化绿色技术合作，加速共同开发下一代清洁能源技术，尤其是在氢能和电池技术方面。英日两国政府声称，这些合作项目不仅在推动两国经济发展方面具有重大意义，还将有助于减少全球碳排放，为全球气候治理做出贡献。③

2023 年英国对日本的出口总额达到 150 亿英镑，比 2022 年增长了 10%。而日本对英国的投资则集中在汽车制造和高科技领域，特别是电动汽车和半导体产业。日企如丰田、日产等公司，均在英国建立了新型的研发中

---

① "UK-Japan Defence Agreement 2023," House of Commons Library, 13 January 2023, https：//commonslibrary. parliament. uk/research-briefings/cbp-9704/.

② The UK Government，"PM to Agree Historic UK-Japan Accord Ahead of G7"，17 May 2023，https：//www. gov. uk/government/news/pm-to-agree-historic-uk-japan-accord-ahead-of-g7.

③ The UK Government，"UK-Japan Renewable Energy Partnership：Joint Statement（Statement from the UK government and the Ministry of Economy, Trade and Industry, Japan）"，Department for Energy Security and Net Zero，18 May 2023，https：//www. gov. uk/government/publications/uk-japan-renewable-energy-partnership-joint-statement.

心，以便将最新的电动汽车技术引入欧洲市场，这进一步巩固了英日两国在全球供应链中的重要地位。

2. 英国-澳大利亚：升级 AUKUS、转让核潜艇技术、强化军事演习

自 2021 年签署英美澳三方安全协议（AUKUS）以来，英国与澳大利亚的防务合作逐渐深入。2023 年，双方在核潜艇技术转让方面取得了重大进展，标志着 AUKUS 的实质性推进。英国不仅向澳大利亚提供了最新一代核动力潜艇的技术支持，还在澳大利亚本土建立了军事基地共享机制，以增强双方在印太地区的军事部署能力。

核潜艇技术转让是 AUKUS 合作的核心内容之一。这项合作不仅为澳大利亚提供了全球最先进的核潜艇技术，还使其得以在印太地区拥有更强的海上威慑力。核动力潜艇的技术优势在于它们能够长时间潜航，极大地提升了澳大利亚的海上防御能力。根据协议，英国和美国共同帮助澳大利亚研发和建造新一代核潜艇，预计首艘潜艇将在 21 世纪 30 年代服役。有分析认为，这一项目的成功实施将显著改变澳大利亚在印太地区的战略态势，使其能够更有效地应对"潜在对手的海上扩张"。①

AUKUS 不仅在技术合作上取得了显著进展，在军事演习和多边防务合作方面也有新的动作。AUKUS 还促使英国和澳大利亚在情报共享、网络安全和反恐领域加强合作。2023 年，三国签署了一项新协议，旨在加强在网络空间的合作，特别是针对日益严重的网络攻击威胁。英国和澳大利亚希望能通过这一合作机制更及时地共享情报信息，从而提高应对区域内网络威胁的能力。

3. 与印度的全面战略合作：自由贸易协定与防务合作深化

自 2022 年宣布建立"全面战略伙伴关系"以来，英国与印度在多个领域的合作持续扩展。特别是在 2023 年，英印自由贸易协定谈判取得了实质性进展。根据英国政府的估算，自贸协定一旦签署，将使英印双边贸易额在

---

① William James and David Brunnstrom, "US, UK, Australia Consider Japan's Cooperation in AUKUS Security Pact", Reuters, 9 April 2024, https：//www.reuters.com/world/us－uk－australia-considering-cooperation-with-japan-aukus-pact-2024-04-08/.

未来5年内提升30%以上，达到500亿英镑。[①] 自由贸易协定不仅包括商品和服务的自由贸易，还涵盖了投资、知识产权保护、数字贸易等关键领域。英国希望通过这一协定进一步打开印度这一全球增长最快的大型经济体市场，特别是在金融服务、科技和教育领域。与此同时，印度也希望通过这一协定进一步增加其在欧洲的市场份额，特别是在汽车制造和信息技术外包行业。[②]

防务合作也是英印关系的重要组成部分。2023年，英国和印度在海上安全和反恐领域的合作取得了显著进展。两国海军在印度洋联合开展了一系列演习，以提升在该地区的海上防务能力。这些演习不仅演练了传统的海上作战技能，还特别针对海上恐怖主义和海盗活动日益猖獗的局面进行了应急演练。印度洋作为全球贸易的重要通道，尤其是石油运输的关键路线，其安全对印度和英国的经济都至关重要。英国与印度谋求通过这些演习展示应对共同安全威胁的决心，从而进一步巩固两国在这一重要海域的战略合作关系。[③]

（二）加强对印太地区的军事和安全部署

2023年，英国通过一系列政策、行动和合作，进一步强化其在印太地区的军事存在，并通过多边合作来提升本国在该地区的安全影响力。英国声称，其相关部署旨在应对印太地区不断变化的地缘政治环境。英国在行动上策应美国首倡的所谓"航行自由行动"（Freedom of Navigation Operations，FONOPS）以及所谓"对全球贸易通道的保障"。

---

① "With Elections Behind Them, the U. K. and India Resume Trade Talks", 17 July 2024, https：//worldview. stratfor. com/article/elections-behind-them-uk-and-india-resume-trade-talks.

② The International Institute for Strategic Studies (IISS), "India's Defence-Industrial Partnership with the UK", November 2023, https：//www. iiss. org/en/publications/strategic-comments/2023/indias-defence-industrial-partnership-with-the-uk/.

③ The International Institute for Strategic Studies (IISS), "Next Steps for UK-India Defence and Technology Cooperation", 16 September 2024, https：//www. iiss. org/online-analysis/online-analysis/2024/09/next-steps-for-uk-india-defence-and-technology-cooperation/.

1."永久存在"军事策略的强化

早在 2021 年,英国皇家海军便宣布要在全球关键地区,尤其是印太地区维持永久性的军事存在。至 2023 年,这一策略得到了进一步落实,英国海军和其他军种扩大了对印太地区的军事部署。这一举措不仅是为了应对该地区日益复杂的安全挑战,同时还谋求彰显英国在全球事务中的重要角色,尤其是作为美国及其盟友的重要合作伙伴。[①]

英国皇家海军在 2023 年与美国、日本和澳大利亚等国多次联合进行军事演习。英国声称,其所参与的多国联合军演不仅提升了各国之间的军事合作水平,也通过军事威慑力维持了该地区的稳定。但必须指出的是,英国此举同样也从外部给亚太地区的和平稳定带来新的不确定性。[②]

2.太平洋岛屿国家的军事援助计划

2023 年,英国与斐济、巴布亚新几内亚等太平洋岛国签署了新的安全援助协议。这些协议包括提供军事设备、培训及技术支持,旨在帮助这些国家提升海上安全能力。例如,英国为斐济海军提供了先进的巡逻船,并为其军官提供了在英国皇家海军学院的专业培训。这些援助不仅帮助这些国家增强了防卫能力,也提升了英国在这一地区的政治影响力。[③]

此外,英国还加强了与澳大利亚和新西兰的协调合作。2023 年,英国、澳大利亚和新西兰共同发起了一项旨在提升太平洋岛国防务能力的联合计划。这一计划涵盖了从海上巡逻到人员培训的多个方面,目标是应对该地区日益复杂的安全挑战。英国试图通过强化与澳大利亚、新西兰的合作,彰显英联邦国家之间的紧密联系,尤其是对该地区国家表明它们在共同应对地区安全威胁方面的"团结一致"。

---

① Shingo Nagata, "From Global Britain to Atlantic-Pacific: The United Kingdom's Indo-Pacific Policy under the Integrated Review Refresh 2023", Air University, 31 July 2023, https://www.airuniversity.af.edu/JIPA/Display/Article/3475495/.

② The UK Government, "UK Shows Commitment to Indo-Pacific Following Major Exercises", 9 August 2024, https://www.gov.uk/government/news/uk-shows-commitment-to-indo-pacific-following-major-exercises.

③ The UK Government, "Fiji and the UK," https://www.gov.uk/world/fiji/news.

3. 多边安全合作的深化

英国在印太地区的军事部署并不仅限于双边或三边合作；它还积极参与印太地区的多边安全机制，以更广泛的方式维护该地区的安全。2021 年，英国成为《全面与进步跨太平洋伙伴关系协定》（CPTPP）的对话成员，这一经济合作框架也为英国在印太地区的安全参与提供了基础。2023 年，英国加强了与东南亚国家联盟（ASEAN）等多边组织的安全合作，尤其是在打击海盗、打击恐怖主义和应对自然灾害等非传统安全领域。

此外，英国还通过北约与印太地区的主要盟友开展更深层次的合作。尽管北约的主要责任领域在北大西洋，但近年来其在印太地区的参与力度已经大幅增加，尤其是与澳大利亚、日本、韩国等国的相关军事和安全合作。①

（三）深化经济和贸易关系

2023 年，英国在印太地区的经济和贸易战略取得了显著进展，尤其是在自由贸易协定和科技合作方面。自脱欧以来，英国便试图通过重塑其全球贸易网络提升自身的国际影响力。在这一过程中，印太地区作为全球增长最快的经济区之一，成为英国政策的重点区域。具体政策行动包括如下几个方面。

1. 加入 CPTPP：重塑全球贸易网络

2023 年 3 月 31 日，英国正式加入《全面与进步跨太平洋伙伴关系协定》（Comprehensive and Progressive Agreement for Trans-Pacific Partnership, CPTPP），成为首个加入该协定的非太平洋国家。这一举措标志着英国脱欧后在全球贸易中寻找新增长点的战略取得重要进展。CPTPP 由 11 个成员国组成，涵盖了加拿大、澳大利亚、新西兰、日本、新加坡等全球重要经济体，总 GDP 占全球 GDP 的 13% 左右，约为 10.5 万亿美元。加入这一协定的意义不仅在于市场准入的扩大，还在于英国可以参与这一全球最具影响力

---

① The House of Commons Defence Committee, "UK Defence and the Indo-Pacific：Eleventh Report of Session 2022 - 23 Report", 17 October 2023, https：//s3. documentcloud. org/documents/24079917/ukdefenceandtheindopacific. pdf.

的区域贸易协定的规则制定和谈判。①

英国加入 CPTPP 的决定体现了其试图摆脱对欧盟市场依赖的战略取向。在 CPTPP 成员国中，有很多是英国非传统的主要贸易伙伴。例如，2022年，英国与 CPTPP 成员国的双边贸易总额为 1100 亿英镑，占英国全球贸易总量的 8%左右。通过 CPTPP，英国可以进一步扩大其对这些经济体的出口，并且通过降低关税壁垒、加强市场准入来提升其商品和服务的竞争力。英国政府的预测显示，加入 CPTPP 有望为英国带来每年约 12 亿英镑的经济增长，尤其是在汽车制造、食品、金融服务等关键行业。

英国在加入 CPTPP 后，最先与日本展开了多项双边经济合作。2023 年5 月，英国与日本签署了一系列新的贸易与投资协议，包括在汽车零部件制造和高端食品出口方面的合作。以汽车制造业为例，CPTPP 的关税减免政策使英国能够向日本出口更多的汽车零部件，预计未来几年该领域的贸易额将显著增长。此外，在食品和饮料行业，英国的奶酪、牛肉和威士忌在日本市场的销售也有望增加，关税削减将帮助这些产品更具价格竞争力。

此外，加入 CPTPP 也让英国得以在区域内的规则制定中发挥更大作用。例如，CPTPP 成员国在数字经济、知识产权保护以及供应链管理等新兴领域的标准设置上具有全球影响力。通过参与这些规则的制定，英国不仅能确保其国内企业在全球竞争中的地位，还能在未来的国际谈判中拥有更大的话语权。②

2. 促进科技和数字经济合作：面向未来的战略布局

2023 年，英国在印太地区的科技合作也取得了显著进展。印太地区不仅是全球贸易的枢纽，也是全球科技创新的前沿阵地。作为一个致力于在后脱欧时代重塑经济定位的国家，英国意识到提升在科技创新和数字经济领域

---

① The UK Government, "UK Trade in Numbers", 18 September 2024, https：//www. gov. uk/government/statistics/uk-trade-in-numbers/uk-trade-in-numbers-web-version.

② The UK Government, "The UK and the Comprehensive and Progressive Agreement for Trans-Pacific Partnership（CPTPP）", 20 May 2024, https：//www. gov. uk/government/collections/the－uk-and-the-comprehensive-and-progressive-agreement-for-trans-pacific-partnershipcptpp.

的竞争力至关重要。

在数字经济领域，英国与新加坡签署的数字经济伙伴关系协议（Digital Economy Partnership Agreement，DEPA）是一个具有标志性意义的合作。该协议旨在通过促进两国在金融科技、数字贸易和网络安全领域的合作，进一步推动两国经济的数字化转型。东南亚地区是全球数字经济增长最为迅速的区域之一，预计到2025年，东南亚数字经济的总值将达到3600亿美元。通过DEPA，英国不仅可以获得东南亚庞大的数字市场，还可以在这一地区推动制定有利于英国企业的数字经济规则。因此，DEPA的合作框架为英国提供了巨大的市场准入机会。例如，在金融科技领域，新加坡拥有全球领先的金融科技创新环境，而英国则以伦敦为核心，拥有全球领先的金融服务产业。通过两国的合作，英国的金融科技公司更容易进入东南亚市场，特别是在跨境支付、区块链技术和网络安全等领域。这一合作也进一步增强了伦敦作为全球金融科技中心的地位。①

除了新加坡，韩国也是英国在科技创新领域的重要合作伙伴。2023年，英国与韩国达成了多个关于5G和人工智能技术的合作协议。5G技术作为新一代通信技术，具有大规模推动各行业数字化转型的潜力，而人工智能则是未来科技创新的核心领域之一。在5G技术方面，韩国是全球领先的国家之一，其通信基础设施和技术研发能力居全球前列。英国通过与韩国的合作，可以加速国内5G网络的建设，并在5G技术应用方面获取更多经验。例如，英国电信公司BT与韩国三星电子在2023年共同启动了5G网络优化项目，通过这一合作，英国将在提高5G网络覆盖率和稳定性方面取得重要进展。此外，英国也计划通过5G技术推动农业、制造业等传统产业的数字化转型，从而增强其国际竞争力。

综上可见，在印太战略框架下，2023年英国的多元化全球战略在政治、安全和经济等多领域持续推进。通过加入CPTPP，英国成功地在脱欧后建

---

① The UK-Singapore Digital Economy Agreement（UKSDEA），Government of Singapore MTI，https：//www.mti.gov.sg/Trade/Digital-Economy-Agreements/UKSDEA.

立了一个新的全球贸易网络，并在全球经济版图上拓展了新的市场。这一举措不仅帮助英国减少了对欧洲市场的依赖，也使其在全球贸易规则制定中获得了更大话语权。此外，通过与印太地区国家，特别是新加坡和韩国，在科技创新和数字经济领域的合作，英国确保了其在新兴技术领域的竞争力。

二 英国印太战略的新特点

英国在 2022 年初步形成了其印太战略，然而，2023 年英国在这一地区的战略布局和实际行动表现出更为明显的变化。相比 2022 年仍处于探索和布局阶段，2023 年可以被视为英国印太战略转型和深化的关键一年。通过以下几个方面的变化和趋势，可以看到英国在军事、外交和经济领域的转向和加强。

（一）从战略布局到实际行动

2022 年，英国的印太战略主要停留在政策宣示和高层外交访问的层面。例如，2022 年《竞争时代的全球英国：安全、国防、发展和外交政策综合评估》白皮书首次提出了英国在印太地区的愿景，强调英国将在这一重要区域承担更多的安全责任并加强与盟国的合作。然而，这些宣示仍主要局限于战略层面的愿景表述，缺乏相应的具体行动。2022 年，英国的主要外交活动也主要集中于通过高层次政府访问和政策文件传递其对印太地区的重视。①

2023 年，英国开始将上述战略宣示转化为实际行动。例如，英国不仅增加了对印太国家的防务和安全援助，还通过实际的军事和经济合作措施增强在该地区的存在感。例如，英国通过外交、经济和军事手段加强了对印太

---

① The UK Government, "Global Britain in a Competitive Age: The Integrated Review of Security, Defence, Development and Foreign Policy", 16 March 2021, https://www.gov.uk/government/publications/global-britain - in - a - competitive - age - the - integrated - review - of - security - defence-development-and-foreign-policy.

盟友的支持，积极参与亚太地区的安全事务并提升了其军事存在。英国政府还发布了新的政策文件，特别是在 2023 年《综合评估更新报告》中，明确提出英国将通过更大力度的军事部署和经济参与在印太地区发挥更重要的作用。①

作为 2023 年印太战略的一部分，英国也加大了与区域内重要国家如日本、印度的合作力度。英国与日本的关系在防务、技术和贸易上进一步深化，特别是两国在《互惠准入协定》框架下进行了多次联合军事演习。这些演习不仅涵盖了海上和空中防务合作，还将其拓展至网络安全和人工智能领域的合作。同样，英国与印度的自由贸易协定谈判也在 2023 年取得了显著进展。这种双边和多边的合作行动标志着英国在印太地区由战略宣示过渡到实际行动的显著转变。

（二）军事存在的增强和多样化

2022 年，英国的军事存在更多体现为象征性的行动。例如，英国派遣了由航母"伊丽莎白女王"号率领的航母战斗群到亚太地区巡航，这是自 20 世纪以来英国最大规模的海上部署。然而，这一行动更多是为了展示英国的战略转向，实际影响有限。这类象征性的行动在 2022 年占据了英国印太军事部署的主要部分，旨在表明其对该地区安全事务的关注。

2023 年，英国的军事存在则变得更加多样化，尤其是在中国南海和印度洋等关键海域的巡逻和联合演习增加。英国与日本、美国、澳大利亚等国进行了多次联合军演，这些演习不仅限于展示军事力量，还包含了实质性的防务合作，目标是应对区域内潜在的安全威胁。特别是在中国南海区域，英国皇家海军的舰艇频繁出没，参与区域内的海上巡逻任务，进一步提升了英国在印太地区的战略威慑力。

2023 年，英国还通过与印太地区多个国家的防务合作扩大了其军事影

---

① The UK Government, "Integrated Review Refresh 2023: Responding to a More Contested and Volatile World", 13 March 2023, https://www.gov.uk/government/publications/integrated-review-refresh-2023-responding-to-a-more-contested-and-volatile-world.

响力。英国不仅通过双边协定与日本、澳大利亚等国加强了合作，还在五国联防安排（Five Power Defence Arrangements，FPDA）下与新加坡、马来西亚、澳大利亚、新西兰等国进行更紧密的联合军事行动。特别是在2023年的FPDA海上演习中，英国展示了其对东南亚安全的承诺。这种多边军事合作不仅增强了英国在该地区的军事存在，还展示了其愿意在应对非传统安全威胁（如网络安全、恐怖主义等）方面承担更多的责任。①

（三）经济外交的重点转移

2022年，英国的经济外交主要集中于与大国的双边自由贸易协定谈判。例如，与印度的自由贸易协定谈判在2022年取得了一定进展，双方希望通过此举进一步加深经济联系。然而，这种双边谈判进展缓慢，英国的经济外交似乎未能使其有效地进入该地区的多边贸易体系。

2023年，英国的经济外交重点发生了显著变化，更多地参与区域多边经贸机制。最为显著的进展是英国成功敲定CPTPP谈判，成为该协定的首个欧洲成员国。这一成就标志着英国在全球贸易网络中的角色从依赖双边关系转向参与区域经济一体化进程。通过加入CPTPP，英国将不仅获得与日本、澳大利亚、加拿大等国的贸易便利，还得以在一个快速增长的经济区内提升自身的经济影响力。

2023年，英国还加强了对东南亚和太平洋岛国的经济外交，特别是加强了与东盟（ASEAN）的合作。2022年，英国与东盟的合作更多地体现在防务和安全领域；2023年，这种合作则扩展到了经济和贸易领域。英国在2023年成为东盟的"对话伙伴"，进一步提升了其在该区域的经济外交地位。通过这种合作，英国不仅希望扩大在东南亚的市场份额，还希望在快速发展的区域中获得更大的经济回报。

同时，英国对太平洋岛国的投资在2023年也有所增加，特别是在基础

---

① Australian Government Defence, "Five Power Defence Arrangement Exercise Concludes", 14 May 2023, https：//www.defence.gov.au/news-events/releases/2023-05-14/five-power-defence-arrangement-exercise-concludes.

设施建设和可再生能源领域。例如，英国通过其"全球英国投资计划"（Global Britain Investment Fund，GBIF）在斐济、瓦努阿图等国家投资建设可再生能源项目，推动这些岛国的可持续发展。这种经济投入不仅提升了英国在当地的经济影响力，还帮助其塑造了负责任的大国形象。①

三 英国印太战略的地区影响及其限制

英国在过去几十年中逐渐转向亚太地区，尤其是近年来在"全球英国"（Global Britain）战略框架下，加速推动其印太战略。这一战略是英国脱欧后全球外交政策转型的重要组成部分，标志着英国希望在全球事务中保持活跃，并重塑其作为世界大国的角色。印太地区涵盖了全球多个重要经济体，具有重要的战略和经济意义。尽管英国试图通过加强与印太国家的安全和经济合作扩大其全球影响力，但这一战略也面临一系列挑战，尤其是资源分配、区域平衡以及地缘政治局势等方面的限制。

（一）影响

1. 域外地缘势力介入，加剧地区紧张局势

随着英国宣布其印太战略并逐渐增加在该地区的军事和外交活动，域外势力的介入对印太地区的地缘政治局势产生了深远影响。印太地区的主要国家如中国、印度、日本和澳大利亚，长期以来一直在区域事务中扮演重要角色，而外部大国的介入往往会加剧这些国家之间的竞争和不信任。英国作为一个外部力量，企图在该地区增强存在，必然会引起某些国家的警觉，并可能导致该地区安全局势的紧张。

2021年，英国首次向印太地区派遣航母打击群，以展示其在该地区的军事存在。这支航母打击群由当时英国最新的航母"伊丽莎白女王"号领

---

① The UK Parliament，"Global Britain Investment Fund：Yorkshire and the Humber"，15 November 2023，https：//questions - statements. parliament. uk/written - questions/detail/2023 - 11 - 15/2096/.

衔，带领一支包括美国和荷兰舰艇在内的多国编队，前往东亚和东南亚进行军事演习。这一举动被广泛解读为英国在脱欧后重新布局全球战略的标志性行动，并且展示了其希望在印太地区扮演更重要的角色。然而，这一行动也引发了中国和其他区域国家的反应。中国国防部对此表示严重关切，认为英国的这一举动有可能破坏区域和平与稳定。

此外，英国加入美国主导的英美澳三方安全协议（AUKUS），进一步加剧了该地区的军事紧张局势。2021年9月，英国与美国、澳大利亚共同宣布成立AUKUS，并为澳大利亚提供核潜艇技术支持。这一协议引发了中国的强烈反应，称其为"不负责任的举动"，并警告这一协议可能引发区域军备竞赛。①

总的来说，英国的军事介入以及与美国、澳大利亚、日本等国的战略合作，进一步加剧了印太地区的地缘政治紧张局势。尤其是在南海问题、台湾问题等敏感议题上，英国的战略倾斜和军事行动被中国视为对其核心利益的直接挑战。这不仅加剧了中英两国的紧张关系，也为未来该地区可能发生的冲突埋下了隐患。

2. 对中国国家安全、周边安全构成新的潜在威胁

英国的印太战略不仅在地缘政治层面加剧了该地区的紧张局势，而且对中国的国家安全构成了新的潜在威胁。作为世界第二大经济体和印太地区的主要军事力量，中国长期以来密切关注该地区的安全局势。随着英国不断加强在该地区的军事存在，并与美国和澳大利亚等国展开密切合作，中国感受到的战略压力日益增大。

首先，英国在印太地区的军事存在，尤其是与美国和澳大利亚的合作，直接增加了中国的战略压力。AUKUS的签署使澳大利亚具备了未来可能拥有核潜艇的能力。英国与日本、印度等国的防务合作，也使中国面临来自东

---

① 刘晋：《英国海军在印太地区的战略调整：目标与实质》，《中国海洋大学学报》（社会科学版）2023年第6期，第10~20页。

海和印度洋的双重压力。①

其次，英国的外交和经济举措也可能影响中国在该地区的经济和外交布局。英国积极寻求与印度、日本、澳大利亚等国建立更紧密的经济和贸易合作关系，并在该地区推动其自由贸易议程。英国的介入可能使该地区的经济格局更加复杂，增加中国在区域经济合作中的难度。

（二）限制

尽管英国的印太战略取得了一些进展，尤其是在外交和军事合作上显示了其希望重塑全球角色的决心，但这一战略也面临着一系列的限制因素。这些限制因素不仅源自英国自身的资源和能力，还与印太地区复杂的地缘政治局势密切相关。

1. 资源分配的限制

英国在全球范围内的战略布局，尤其是在印太地区的扩展，面临着资源分配的重大挑战。近年来，英国的国防预算虽然有所增加，但仍然相对有限，无法支撑其同时深入介入欧洲和印太两大地区。自 2022 年俄乌冲突爆发以来，英国在欧洲的安全承诺变得更加重要，尤其是在北约框架下，英国承担了大量的欧洲防务责任。因此，尽管英国希望在印太地区保持较强的军事存在，但其国防资源和外交能力的有限性使其难以同时在两大区域发挥重要影响力。

根据英国政府《2023 年综合评估更新报告》，英国的国防预算虽然增加至约 500 亿英镑，但在面对欧洲和印太双重战略任务时，仍然显得不足。俄乌冲突的持续使英国不得不将大量资源投入欧洲防务，例如加强对波罗的海国家的军事支持、扩大对乌克兰的援助等。与此同时，印太地区的军事行动则显得相对次要，这使英国难以在该地区维持长期的军事部署。

此外，英国的外交资源也面临类似的压力。随着脱欧后的经济调整，英

---

① 徐金金、沈燡纯：《英国"印太战略"的动因、进展及其对中国的影响》，《荆楚学刊》2023 年第 5 期，第 31~37 页。

国的外交预算有所削减，这影响了其在全球范围内的外交行动力。在印太地区，英国需要应对多个外交课题，包括与印度、日本、澳大利亚等国的合作，但其资源有限，难以在各个领域都发挥最大影响力。这种资源分配的限制不仅削弱了英国的全球影响力，也影响了其在印太地区的长远部署和战略实施。①

2. 区域国家的复杂平衡

英国在印太地区的战略还面临着区域国家之间利益错综复杂的挑战。尽管英国在该地区有多个战略合作伙伴，尤其是印度、日本、澳大利亚等国，但这些国家的利益和立场并不完全一致。如何在推进与这些国家的合作时，不损害各自的独立外交政策，并保持区域稳定，是英国在外交上面临的一大难题。

首先，印度是英国在印太地区的重要合作伙伴，但两国在许多战略问题上仍存在分歧。印度虽然与美国、澳大利亚、日本在安全领域有着密切的合作，但其在全球外交上依然保持相对独立的立场，尤其在与中国的关系上，印度更倾向于维持一定的外交平衡。因此，英国若在印太地区过于强硬地对抗中国，可能会损害其与印度的战略合作。

其次，日本和澳大利亚虽然与英国在军事安全上有较为紧密的合作，但在经济上对中国的依赖程度较高。日本是中国的重要贸易伙伴，而澳大利亚则依赖中国的矿产和农产品市场。因此，这些国家的对华政策相对谨慎，不愿过度激化与中国的冲突。英国如何在加强与这些国家安全合作的同时，避免过度介入该地区的地缘政治冲突，是其外交政策中的一大难题。②

总的来说，英国在印太地区的战略实施面临诸多复杂的挑战。虽然英国在安全和外交合作上取得了一定进展，但其资源的有限性以及区域国家之间

---

① 胡杰：《印太语境下英国海洋安全战略的新动向》，《边界与海洋研究》2023年第4期，第88~106页。

② 熊雨荷：《英国介入"印太"地区的政策（2016~2021）》，《战略决策研究》2023年第2期，第62~80页。

的利益矛盾，使其难以在该地区发挥持久而有效的影响力。如何平衡欧洲与印太战略、如何与区域国家维持稳定的合作关系，将是英国未来在印太地区需要解决的关键问题。

结　语

2016年脱欧公投后，英国提出"全球英国"战略，旨在重塑其全球地位。印太地区成为这一战略的核心，特别是考虑到该地区的经济增长和日益复杂的地缘政治局势。2023年，英国进一步加大了对印太地区的关注，推动了一系列外交、军事和经济举措，试图通过深化与该地区主要国家的合作，提升其全球影响力。

英国通过加强与印太国家的双边合作展示了其在该地区的战略投入。与日本的合作显著深化，2023年1月签署的《互惠准入协定》使英日两国军队能够在对方领土上部署和进行联合演习。这一协定不仅反映了英国对东亚安全局势的关注，还体现了英日两国在应对中国军事扩展方面的共同利益。2023年，英国与日本共同举行了多次军事演习，包括"锋刃-23"演习，展示了其在海上和空中防务方面的协同作战能力。[①]

与此同时，英国通过AUKUS协议进一步强化了与澳大利亚的防务合作，特别是在核潜艇技术转让方面取得了实质性进展。2023年，英国与澳大利亚加强了联合军事演习，并推动建立共享的军事基地，进一步增强了两国在印太地区的军事部署。此外，AUKUS还促进了英国与澳大利亚在情报共享和网络安全领域的合作。

英印关系也在2023年取得了突破。英国与印度的自由贸易协定谈判取得了显著进展。这一协定将显著提升两国间的贸易额，特别是在金融服务、科技和汽车制造等领域。与此同时，英国与印度在海上安全和反恐领域的合

---

① 王传剑、黄诗敬：《"印太转向"下英国的南海政策：解析与评估》，《东南亚研究》2022年第5期，第79~105页。

作也在加深，双方海军在印度洋联合开展了一系列演习，进一步提升了该地区的海上防御能力。

除了双边合作，英国还通过多边机制增强了在印太地区的参与。2023年，英国皇家海军的"伊丽莎白女王"号航母再次前往中国南海执行任务，展示了英国在所谓"维护该地区航行自由"方面的坚定立场。英国还积极参与了"环太平洋军事演习"，通过展示其军事能力，向区域内的潜在威胁发出明确信号。

在经济领域，英国通过谈判确定加入 CPTPP 取得了重要进展。作为首个非太平洋国家加入该协定，英国不仅扩大了与日本、澳大利亚、新西兰等国的贸易合作，还在区域规则制定中获得了更大话语权。2023年，英国与日本进一步深化了在汽车零部件制造和绿色技术领域的合作，增加了两国之间的贸易额。此外，英国与新加坡通过签署数字经济伙伴关系协议进一步加强在金融科技和数字贸易领域的合作，确保了英国在全球数字经济中的竞争力。

尽管英国在印太地区的战略取得了显著进展，但其面临的挑战不容忽视。首先，资源分配的限制是英国在印太地区持续发挥作用的主要障碍。俄乌冲突爆发后，英国对欧洲的防务承诺增加，削弱了其在印太地区的军事部署能力。尽管英国的国防预算有所增加，但有限的资源使其难以在全球多个地区同时维持强大的军事存在。其次，区域国家的复杂平衡也对英国的印太战略带来了挑战。印度、日本和澳大利亚等国家在对华政策上立场不一，日本和澳大利亚在经济上对中国存在较高依赖，而印度则在外交上保持相对独立。英国需要在深化与这些国家合作的同时，避免激化与中国的冲突，以免影响其与区域国家的长期合作关系。

总之，英国在印太地区的战略推进体现了其对全球权力重心东移的认知。通过与印太国家在防务、经济和技术等领域的合作，英国希望在该地区保持长期的战略影响力。然而，资源有限和区域平衡的挑战意味着英国未来仍需不断调整和优化在印太地区的战略，以应对日益复杂的地缘政治局势。

附录一
统计资料

孙稼宝　王展鹏*

表1　英国内阁成员名单

英国首相、首席财政大臣、文官大臣、联盟大臣	基尔·斯塔默 Keir Starmer	英国副首相，住房、社区和地方政府大臣	安杰拉·雷纳 Angela Rayner
财政大臣	蕾切尔·里夫斯 Rachel Reeves	外交、联邦和发展事务大臣	詹姆斯·克莱弗利 James Cleverly
内政大臣	伊薇特·库珀 Yvette Cooper	能源安全与净零排放大臣	爱德·米利班德 Ed Miliband
外交、联邦和发展事务大臣	戴维·拉米 David Lammy	兰卡斯特公爵郡大臣	帕特·麦克法登 Pat McFadden
司法大臣、大法官	沙巴纳·马哈茂德 Shabana Mahmood	卫生和社会福利大臣	韦斯·斯特里廷 Wes Streeting
商务与贸易大臣、贸易委员会主席	乔纳森·雷诺兹 Jonathan Reynolds	就业和养老金大臣	利兹·肯德尔 Liz Kendall
国防大臣	约翰·希利 John Healey	交通大臣	路易丝·黑格 Louise Haigh
科学、创新和技术大臣	彼得·凯尔 Peter Kyle	北爱尔兰事务大臣	希拉里·本 Hilary Benn
苏格兰事务大臣	伊恩·默里 Ian Murray	教育大臣、妇女和平等事务大臣	布里奇特·菲利普森 Bridget Phillipson

---

* 孙稼宝，北京外国语大学英语学院英国研究中心博士生，主要研究领域为英国政治；王展鹏，博士，北京外国语大学英语学院英国研究中心、爱尔兰研究中心教授，主要研究领域为英国政治与外交、爱尔兰研究、欧洲一体化。

续表

文化、媒体和体育大臣	丽莎·南迪 Lisa Nandy	掌玺大臣、上议院领袖	安吉拉·史密斯女男爵 Baroness Smith of Basildon
威尔士事务大臣	乔·史蒂文斯 Jo Stevens	环境、食品和乡村事务大臣	史蒂夫·里德 Steve Reed
枢密院议长、下议院领袖	露西·鲍威尔 Lucy Powell		

资料来源：根据英国政府网（https：//www.gov.uk/government/ministers）发布的名单编译，15 August 2023。

表2 英国国内生产总值（GDP）增长率（2022年至2024年第二季度）

单位：%

时间段	2022年全年	2023年全年	2023年第一季度	2023年第二季度	2023年第三季度	2023年第四季度	2024年第一季度	2024年第二季度
对比期	比上一年	比上一年	比上一季度	比上一季度	比上一季度	比上一季度	比上一季度	比上一季度
增长率	4.3	0.1	0.3	0.2	0.2	-0.2	0.3	0.9

资料来源：Office for National Statistics, *Economy*, *Gross Domestic Product*（*GDP*），15 August 2024，https：//www.ons.gov.uk/economy/grossdomesticproductgdp/timeseries/ihyr/pn2；https：//www.ons.gov.uk/economy/grossdomesticproductgdp/timeseries/ihyp/pn2。

表3 2024~2025财政年度英国政府公共支出预算

单位：10亿英镑，%

序号	项目	金额	占总支出百分比
1	健康和社会福利	179.6	14.64
2	教育	84.9	6.92
3	国防	32.8	2.67
4	其他公共服务	132.9	10.84
5	投资	66.6	5.43
6	国家养老金	138.1	11.26
7	统一福利金	89.1	7.27

序号	项目	金额	占总支出百分比
8	其他福利	87.9	7.17
9	债务利息	89.0	7.26
10	其他	325.5	26.54
	预计总支出	1226.4	100

注：总支出百分比小数点保留至第二位，第三位四舍五入，总和等于100%。

资料来源：Office for Budget Responsibility，"A Brief Guide to the UK Public Finances"，25 April 2024，https：//obr.uk/forecasts-in-depth/brief-guides-and-explainers/public-finances/。

表4　2024~2025财政年度英国政府公共收入预算

单位：10亿英镑，%

序号	项目	金额	占总收入百分比
1	所得税	470.8	41.34
2	增值税	175.6	15.42
3	公司税	101.3	8.89
4	市政税	46.9	4.12
5	商业税	32.1	2.82
6	燃料税	24.7	2.17
7	资本税	40.5	3.56
8	其他税种	124.0	10.89
9	其他收入	123.0	10.80
	预计总收入	1138.9	100

注：总支出百分比小数点保留至第二位，第三位四舍五入，总和略高于100%。

资料来源：Office for Budget Responsibility，"A Brief Guide to the UK Public Finances"，25 April 2024，https：//obr.uk/forecasts-in-depth/brief-guides-and-explainers/public-finances/。

表5　英国国际贸易收支平衡［2021年第二季度（4~6月）至2024年第二季度（4~6月）］

单位：10亿英镑

时间段	货物贸易（贵金属除外）	总贸易平衡	总贸易平衡（贵金属除外）	服务贸易
2021年第二季度	-35.2	8.2	6.7	41.9
2021年第三季度	-45.5	-10.8	-8.1	37.4

续表

时间段	货物贸易（贵金属除外）	总贸易平衡	总贸易平衡（贵金属除外）	服务贸易
2021 年第四季度	−44.2	−0.7	−4.5	39.8
2022 年第一季度	−60.6	−33.4	−26.2	34.3
2022 年第二季度	−59.3	−27.6	−25.9	33.4
2022 年第三季度	−62.5	−7.6	−21.1	41.3
2022 年第四季度	−57.8	1.8	−16.6	41.1
2023 年第一季度	−56.3	−10.0	−16.2	40.1
2023 年第二季度	−52.0	−9.3	−13.6	38.5
2023 年第三季度	−47.0	−6.7	−8.7	38.4
2023 年第四季度	−49.0	−7.4	−12.5	36.5
2024 年第一季度	−44.6	−3.3	−6.2	38.5
2024 年第二季度	−52.4	−18.8	−13.3	39.1

注：现行价格，季节性调整。

资料来源：Office for National Statistics，"Figure 8：The Trade in Goods and Services Deficit，Excluding Precious Metals，Widened in Quarter 2 2024，Caused by Increased Imports of Goods，UK Trade Balances，Current Prices，Seasonally Adjusted，Quarterly，Quarter 2 （Apr to June） 2021 to Quarter 2 （Apr to June） 2024"，in "8. Quarterly Total Trade Balances"，*UK Trade：June 2024*，15 August 2024，https：//www.ons.gov.uk/economy/nationalaccounts/balanceofpayments/bulletins/uktrade/june2024。

表6　英国进出口货物（贵金属除外）贸易收支（2021年6月至2024年6月）

单位：10 亿英镑

时间段	对欧盟出口	对非欧盟出口	从欧盟进口	从非欧盟进口
2021 年 6 月	13.7	13.9	20.5	20.2
2021 年 7 月	13.5	13.6	20.5	21.1
2021 年 8 月	12.8	12.9	20.2	19.7
2021 年 9 月	13.1	13.2	20.9	22.2
2021 年 10 月	13.8	14.3	20.3	22.0
2021 年 11 月	14.3	14.2	20.9	23.3
2021 年 12 月	15.9	15.4	21.0	24.5
2022 年 1 月	12.0	14.9	23.3	25.0
2022 年 2 月	15.4	14.6	23.1	25.1
2022 年 3 月	16.4	15.1	24.8	27.8
2022 年 4 月	16.4	15.7	25.6	26.6
2022 年 5 月	17.0	18.1	27.0	26.9

续表

时间段	对欧盟出口	对非欧盟出口	从欧盟进口	从非欧盟进口
2022 年 6 月	16.4	15.9	25.3	27.4
2022 年 7 月	17.6	16.9	26.2	27.4
2022 年 8 月	17.8	18.2	26.1	31.8
2022 年 9 月	16.6	17.5	24.0	31.6
2022 年 10 月	16.8	16.6	26.0	24.7
2022 年 11 月	16.4	17.7	27.3	25.8
2022 年 12 月	17.0	16.4	28.3	26.5
2023 年 1 月	15.7	16.2	26.1	24.9
2023 年 2 月	15.6	16.3	26.6	23.8
2023 年 3 月	15.4	16.0	27.7	22.5
2023 年 4 月	15.7	16.3	25.9	22.3
2023 年 5 月	15.2	16.6	27.1	24.0
2023 年 6 月	15.1	16.8	27.8	20.5
2023 年 7 月	15.5	16.4	26.7	20.9
2023 年 8 月	15.8	15.7	26.4	21.7
2023 年 9 月	15.0	15.2	24.9	20.0
2023 年 10 月	15.2	16.2	27.2	22.0
2023 年 11 月	15.6	15.3	26.7	20.9
2023 年 12 月	15.0	15.3	25.7	19.2
2024 年 1 月	14.8	15.5	25.8	20.0
2024 年 2 月	14.4	16.1	25.4	19.9
2024 年 3 月	14.8	15.6	24.9	19.8
2024 年 4 月	14.6	15.9	27.1	21.7
2024 年 5 月	14.2	15.6	24.8	21.5
2024 年 6 月	15.6	16.5	26.9	22.7

注：季节性调整。

资料来源：Office for National Statistics，"Figure 1：Imports from and Exports to both EU and non-EU Countries Increased in June 2024"，in *UK Trade Statistics*，15 August 2024，https：//www. ons. gov. uk/economy/nationalaccounts/balanceofpayments/bulletins/uktrade/june2024。

表 7 英国 2023 年前 10 大贸易伙伴（货物贸易与服务贸易、出口额与进口额之和）

单位：10 亿英镑，%

排名	国家	贸易额	占贸易总额比重
1	美国	310.8	17.6
2	德国	149.9	8.5

续表

排名	国家	贸易额	占贸易总额比重
3	荷兰	118.6	6.7
4	法国	105.3	6.0
5	中国	90.2	5.1
6	爱尔兰	89.3	5.1
7	西班牙	64.1	3.6
8	比利时	57.8	3.3
9	意大利	50.9	2.9
10	瑞士	50.8	2.9

资料来源：Office for National Statistics, *UK Trade*, *Quarterly Trade in Goods and Services Tables*: *January to March 2024*, 26 July 2024, https：//www.ons.gov.uk/file? uri＝/economy/nationalaccounts/balanceofpayments/datasets/uktotaltradeallcountriesseasonallyadjusted/januarytomarch2024/tradequarterlyq124seasonallyadjusted.xlsx。

表8　英国2023年前10大出口市场（货物贸易与服务贸易之和）

单位：10亿英镑，%

排名	国家	出口额	占出口额比重
1	美国	191.5	22.1
2	德国	60.8	7.0
3	爱尔兰	57.4	6.6
4	荷兰	53.6	6.2
5	法国	45.0	5.2
6	中国	31.5	3.6
7	瑞士	31.2	3.6
8	比利时	25.9	3.0
9	西班牙	19.9	2.3
10	意大利	18.5	2.1

资料来源：Office for National Statistics, *UK Trade*, *Quarterly Trade in Goods and Services Tables*: *January to March 2024*, 26 July 2024, https：//www.ons.gov.uk/file? uri＝/economy/nationalaccounts/balanceofpayments/datasets/uktotaltradeallcountriesseasonallyadjusted/januarytomarch2024/tradequarterlyq124seasonallyadjusted.xlsx。

表9 英国2023年前10大进口市场（货物贸易与服务贸易之和）

单位：10亿英镑，%

排名	国家	进口额	占进口额比重
1	美国	119.4	13.3
2	德国	89.2	9.9
3	荷兰	65.1	7.2
4	法国	60.2	6.7
5	中国	58.8	6.5
6	西班牙	44.2	4.9
7	意大利	32.4	3.6
8	爱尔兰	32.0	3.6
9	比利时	31.9	3.6
10	挪威	30.2	3.4

资料来源：Office for National Statistics，*UK Trade*，*Quarterly Trade in Goods and Services Tables*：*January to March 2024*，26 July 2024，https：//www. ons. gov. uk/file? uri =/economy/nationalaccounts/balanceofpayments/datasets/uktotaltradeallcountriesseasonallyadjusted/januarytomarch2024/tradequarterlyq124seasonallyadjusted. xlsx。

表10 英国2023年前10大货物出口市场

单位：10亿英镑，%

排名	国家	货物出口额	占总货物出口额比重
1	美国	61.8	15.6
2	德国	33.9	8.6
3	荷兰	31.0	7.8
4	爱尔兰	28.2	7.1
5	法国	24.5	6.2
6	中国	21.4	5.4
7	比利时	17.7	4.5
8	瑞士	12.9	3.3
9	意大利	10.4	2.6
10	西班牙	9.9	2.5

资料来源：Office for National Statistics，*UK Trade*：*June 2024*，15 August 2024，https：//www. ons. gov. uk/economy/nationalaccounts/balanceofpayments/bulletins/uktrade/june2024。

表 11 英国 2023 年前 10 大货物进口市场

单位：10 亿英镑，%

排名	国家	货物进口额	占总货物进口额比重
1	德国	73.8	12.7
2	美国	57.8	9.9
3	中国	55.8	9.6
4	荷兰	53.4	9.2
5	法国	40.7	7.0
6	比利时	29.2	5.0
7	挪威	27.3	4.7
8	意大利	23.5	4.0
9	西班牙	19.7	3.4
10	爱尔兰	19.6	3.4

资料来源：Office for National Statistics，*UK Trade*：*June 2024*，15 August 2024，https：//www. ons. gov. uk/economy/nationalaccounts/balanceofpayments/bulletins/uktrade/june2024。

表 12 英国 2023 年前 10 大服务出口市场

单位：10 亿英镑，%

排名	国家（地区）	服务出口额	占总服务出口额比重
1	美国	129.7	27.6
2	爱尔兰	29.2	6.2
3	德国	26.9	5.7
4	荷兰	22.6	4.8
5	法国	20.5	4.4
6	瑞士	18.3	3.9
7	卢森堡	11.5	2.4
8	中国	10.1	2.1
9	西班牙	10.0	2.1
10	印度	9.7	2.1

资料来源：Office for National Statistics，*UK Trade*，*Quarterly Trade in Goods and Services Tables*：*January to March 2024*，26 July 2024，https：//www. ons. gov. uk/file？uri＝/economy/nationalaccounts/balanceofpayments/datasets/uktotaltradeallcountriesseasonallyadjusted/januarytomarch2024/tradequarterlyq124seasonallyadjusted. xlsx。

表 13 英国 2023 年前 10 大服务进口市场

单位：10 亿英镑，%

排名	国家	服务进口额	占总服务进口额比重
1	美国	61.6	19.5
2	西班牙	24.5	7.7
3	法国	19.5	6.2
4	德国	15.3	4.8
5	印度	13.5	4.3
6	爱尔兰	12.4	3.9
7	荷兰	11.7	3.7
8	瑞士	10.3	3.3
9	意大利	8.9	2.8
10	瑞典	6.8	2.1

资料来源：Office for National Statistics, *UK Trade, Quarterly Trade in Goods and Services Tables: January to March 2024*, 26 July 2024, https://www.ons.gov.uk/file? uri =/economy/nationalaccounts/balanceofpayments/datasets/uktotaltradeallcountriesseasonallyadjusted/januarytomarch2024/tradequarterlyq124seasonallyadjusted.xlsx。

表 14 英国 2023 年前 10 大出口货物类别

单位：10 亿英镑，%

排名	货物类别	出口额	占总货物出口额比重
1	汽车	36.5	9.2
2	机械发电机(中级)	34.4	8.7
3	医药产品	26.1	6.6
4	原油	20.6	5.2
5	贵金属	17.7	4.5
6	成品油	13.2	3.3
7	飞机	11.8	3.0
8	科学仪器(资本设备)	11.7	3.0
9	饮料和烟草	11.3	2.9
10	有色金属	11.1	2.8

资料来源：Office for National Statistics, *UK Trade: June 2024*, 15 August 2024, https://www.ons.gov.uk/economy/nationalaccounts/balanceofpayments/bulletins/uktrade/june2024。

表 15　英国 2023 年前 10 大进口货物类别

单位：10 亿英镑，%

排名	货物类别	进口额	占总货物进口额比重
1	汽车	40.2	6.9
2	成品油	28.2	4.9
3	原油	26.6	4.6
4	机械发电机（中级）	26.4	4.5
5	医药产品	25.4	4.4
6	天然气	21.2	3.7
7	各种电气产品（中级）	21.2	3.7
8	电信和声音设备（资本设备）	16.9	2.9
9	服装	15.7	2.7
10	其他制造品（消费者）	14.3	2.5

资料来源：Office for National Statistics, *UK Trade*：*June 2024*, 15 August 2024, https：//www. ons. gov. uk/economy/nationalaccounts/balanceofpayments/bulletins/uktrade/june2024。

表 16　英国 2023 年前 5 大出口服务类别

单位：10 亿英镑，%

排名	服务类别	出口额	占总服务出口额比重
1	其他商业服务	184.8	39.3
2	金融服务	77.1	16.4
3	旅游服务	59.5	12.7
4	电信、计算机和信息服务	40.0	8.5
5	交通服务	30.7	6.5

资料来源：Office for National Statistics, *UK Trade*：*June 2024*, 15 August 2024, https：//www. ons. gov. uk/economy/nationalaccounts/balanceofpayments/bulletins/uktrade/june2024。

表 17　英国 2023 年前 5 大进口服务类别

单位：10 亿英镑，%

排名	服务类别	进口额	占总服务进口额比重
1	其他商业服务	112.5	35.5
2	旅游服务	88.8	28.0

续表

排名	服务类别	进口额	占总服务进口额比重（%）
3	交通服务	33.9	10.7
4	金融服务	17.2	5.4
5	知识产权服务	16.9	5.4

资料来源：Office for National Statistics，*UK Trade：June 2024*，15 August 2024，https：//www. ons. gov. uk/economy/nationalaccounts/balanceofpayments/bulletins/uktrade/june2024。

表18 CPIH、CPI 和 OOH 指数及年、月变化率（2023 年 7 月至 2024 年 7 月）

单位：%

时间	CPIH 指数（2015 年 =100）	CPIH 年变化率	CPIH 月变化率	CPI 指数（2015 年 =100）	CPI 年变化率	CPI 月变化率	OOH 指数（2015 年 =100）	OOH 年变化率
2023 年 7 月	129.0	6.4	−0.3	130.9	6.8	−0.4	118.6	4.5
2023 年 8 月	129.4	6.3	0.4	131.3	6.7	0.3	119.2	4.8
2023 年 9 月	130.1	6.3	0.5	132.0	6.7	0.5	119.8	5.0
2023 年 10 月	130.2	4.7	0.1	132.0	4.6	0.0	120.6	5.4
2023 年 11 月	130.0	4.2	−0.1	131.7	3.9	−0.2	121.1	5.3
2023 年 12 月	130.5	4.2	0.4	132.2	4.0	0.4	121.6	5.3
2024 年 1 月	130.0	4.2	−0.4	131.5	4.0	−0.6	122.1	5.4
2024 年 2 月	130.8	3.8	0.6	132.3	3.4	0.6	123.2	6.0
2024 年 3 月	131.6	3.8	0.6	133.0	3.2	0.6	123.9	6.3
2024 年 4 月	132.2	3.0	0.5	133.5	2.3	0.3	124.6	6.6
2024 年 5 月	132.7	2.8	0.4	133.9	2.0	0.3	125.3	6.7
2024 年 6 月	133.0	2.8	0.2	134.1	2.0	0.1	126.1	6.8
2024 年 7 月	132.9	3.1	0.0	133.8	2.2	−0.2	126.9	7.0

注：CPIH（Consumer Prices Index including owner occupiers' housing costs）：含业主住房费用之消费者价格指数/家庭消费价格指数；CPI（Consumer Prices Index）：消费价格指数；OOH（Owner Occupiers' Housing costs）：业主住房费用。

资料来源：Office for National Statistics，"Table 1：CPIH, OOH Component and CPI Index Values, and Annual and Monthly Rates, UK July 2023 to July 2024"，in "2. Consumer Price Inflation Rates"，*Consumer Price Inflation，UK：July 2024*，14 August 2024，https：//www. ons. gov. uk/download/table? format =xlsx&uri =/economy/inflationandpriceindices/bulletins/consumerpriceinflation/july2024/140a25f2. json。

表19　消费类产品对家庭消费价格指数（CPIH）年变化贡献率（2024年6～7月）

单位：%

消费类产品	2024年6~7月	消费类产品	2024年6~7月
食物和非酒精饮料	-0.01	交通	-0.06
烟酒	0.00	通信	0.03
服装和鞋类	0.02	娱乐和文化	-0.03
住房和家政服务	0.43	教育	0.00
业主住房费用	0.04	餐饮和住宿	-0.15
家具和家用产品	0.00	其他商品和服务	0.05
保健	-0.01		

资料来源：Office for National Statistics，"Figure 7：Upward Contributions to the Change in Annual CPIH Inflation from Four Divisions，with Offsetting Downward Contributions from Five Divisions-Contributions to Change in the Annual Consumer Prices Index Including Owner Occupiers' Housing Costs（CPIH）Inflation Rate，UK，Between June and July 2024"，in "4. Latest Movements in CPIH Inflation"，*Consumer Price Inflation，UK：July 2024*，14 August 2024，https：//www. ons. gov. uk/generator? uri =/economy/inflationandpriceindices/bulletins/consumerpriceinflation/july2024/be814025&format＝xls。

表20　个人所得税和税阶

单位：%

税阶	应纳税收入	税率
个税起征线	至12570英镑	0
基本税率	12571~50270英镑	20
较高税率	50271~125140英镑	40
附加税率	125140英镑以上	45

资料来源：英国政府官网，6 April 2024，https：//www. gov. uk/income-tax-rates。

表21　英国16岁及以上人口失业率（2019年第一季度至2024年第二季度）

单位：%

季度	失业率	季度	失业率
2019年第一季度	3.9	2020年第二季度	4.2
2019年第二季度	4.0	2020年第三季度	5.0
2019年第三季度	3.9	2020年第四季度	5.3
2019年第四季度	3.9	2021年第一季度	5.1
2020年第一季度	4.1	2021年第二季度	4.8

续表

季度	失业率	季度	失业率
2021 年第三季度	4.4	2023 年第一季度	4.0
2021 年第四季度	4.2	2023 年第二季度	4.2
2022 年第一季度	3.9	2023 年第三季度	4.1
2022 年第二季度	3.9	2023 年第四季度	3.8
2022 年第三季度	3.8	2024 年第一季度	4.3
2022 年第四季度	3.9	2024 年第二季度	4.2

资料来源：Office for National Statistics, "Unemployment Rate (Aged 16 and over, Seasonally Adjusted)", in *Unemployment Rate (Aged 16 and over, Seasonally Adjusted)*：%, 13 August 2024, https：//www.ons.gov.uk/generator? format = xls&uri =/employmentandlabourmarket/peoplenotinwork/unemployment/timeseries/mgsx/lms。

表 22 2012~2023 年税前周收入中位数

单位：英镑

年份	全职工作	兼职工作	年份	全职工作	兼职工作
2012	506.1	155.2	2018	568.3	187.3
2013	517.4	159.8	2019	585.2	196.9
2014	518.3	161.0	2020	585.7	202.0
2015	527.1	166.5	2021	609.8	214.9
2016	538.6	177.1	2022	641.8	228.3
2017	550.0	182.0	2023	681.7	240.9

资料来源：Office for National Statistics, "Figure 1：Median Weekly Earnings for Full-time Employees was £682 in April 2023-Gross Median Weekly Earnings by Employment Type, UK, April 2012 to 2023", in *Employee Earnings in the UK*：2023, 11 November 2023, https：//www.ons.gov.uk/generator? uri =/employmentandlabourmarket/peopleinwork/earningsandworkinghours/bulletins/annualsurveyofhoursandearnings/2023/4a2a1db3&format=xls。

表 23 各行业全职工作税前周收入年增长率

单位：%

	2021~2022 年增长率
其他服务活动	7.7
艺术、娱乐和文娱活动	5.9
卫生和社会工作活动	5.4
教育	4.6

续表

	2021~2022 年增长率
公共行政和国防;强制性社会保障	3.7
管理和保障服务活动	4.6
专业科学和技术活动	4.6
房地产活动	7.0
金融和保险活动	4.6
信息和通信	5.3
住宿和餐饮活动	7.3
运输和储存	4.7
批发和零售贸易;机动车辆与摩托车修理	8.6
建筑业	4.5
供水;污水处理及废物处理活动	5.5
电力、燃气、蒸汽和空调供应	0.9
制造业	7.7
采矿业	0.5
农业、渔业和林业	6.6

资料来源：Office for National Statistics，"Figure 7：Weekly Full-time Earnings Increased Across All Sector-level Industries in April 2023 Compared with April 2022－Growth in Gross Weekly Full-time Earnings by Industry, UK, for 2022 to 2023"，in *Employee Earnings in the UK：2023*，11 November 2023，https：//www. ons. gov. uk/generator？uri＝/employmentandlabourmarket/peopleinwork/earningsandworking hours/bulletins/annualsurveyofhoursandearnings/2023/856876c9&format＝xls。

表 24　全职税前周收入中位数年变化

单位：%

年份	公共部门	私人部门	年份	公共部门	私人部门
2013~2014	1	0.7	2018~2019	3.2	4.1
2014~2015	1.9	1.4	2019~2020	2.5	-0.8
2015~2016	0.7	3.4	2020~2021	2.5	3.6
2016~2017	1	2.7	2021~2022	4.9	6.3
2017~2018	2.2	3.3	2022~2023	3.7	7.7

资料来源：Office for National Statistics，"Figure 5：In April 2023，Annual Percentage Growth in Gross Median Weekly Earnings for Full-time Employees was 7.7% in the Private Sector and 3.7% in the Public Sector-Percentage Change in Average Gross Median Weekly Earnings for Full-time Employees in the Public and Private Sector, UK, April 2004 to 2023"，in *Employee Earnings in the UK：2023*，11 November 2023，https：//www. ons. gov. uk/generator？uri＝/employmentandlabourmarket/peopleinwork/earningsand workinghours/bulletins/annualsurveyofhoursandearnings/2023/2976ba19&format＝xls。

表 25　英国房价波动情况（2020 年 12 月至 2023 年 12 月）

单位：英镑

时间	英格兰	威尔士	苏格兰	北爱尔兰
2020 年 12 月	264971	181274	162375	147475
2021 年 1 月	266588	181118	164940	149084
2021 年 2 月	267192	179554	161847	149084
2021 年 3 月	270627	184807	167913	149084
2021 年 4 月	267500	182377	161814	154323
2021 年 5 月	267295	185654	168589	154323
2021 年 6 月	284252	196221	172341	154323
2021 年 7 月	267745	187050	175659	159098
2021 年 8 月	276457	192019	178076	159098
2021 年 9 月	286832	198146	178865	159098
2021 年 10 月	279281	200151	179557	159073
2021 年 11 月	284149	199006	181578	159073
2021 年 12 月	285784	201586	177057	159073
2022 年 1 月	290016	204946	183157	163877
2022 年 2 月	290774	202482	178491	163877
2022 年 3 月	292146	204321	179517	163877
2022 年 4 月	294755	208620	183527	169296
2022 年 5 月	298596	209599	186533	169296
2022 年 6 月	300843	212290	189370	169296
2022 年 7 月	306655	215929	191657	175793
2022 年 8 月	309565	216854	192043	175793
2022 年 9 月	311059	220878	190685	175793
2022 年 10 月	310376	220775	190934	175124
2022 年 11 月	310660	218135	189851	175124
2022 年 12 月	308721	219374	184245	175124
2023 年 1 月	305306	214236	182742	171689
2023 年 2 月	303504	212728	179312	171689
2023 年 3 月	299035	210643	181112	171689
2023 年 4 月	299329	206889	183442	173917
2023 年 5 月	299196	210378	188429	173917
2023 年 6 月	301947	211195	186876	173917
2023 年 7 月	304387	213980	189522	179179

续表

时间	英格兰	威尔士	苏格兰	北爱尔兰
2023 年 8 月	307482	215505	193673	179179
2023 年 9 月	306036	215248	190320	179179
2023 年 10 月	305864	214494	190170	177611
2023 年 11 月	301457	211817	191988	177611
2023 年 12 月	302164	213816	190341	177611

资料来源：Office for National Statistics，"Figure 3：England House Prices Remain the Highest in the UK-Average House Price by Country，UK，January 2005 to December 2023"，in *UK House Price Index*：*December* 2023，14 February 2024，https：//www. ons. gov. uk/generator？ uri＝/economy/inflationandpriceindices/bulletins/housepriceindex/december2023/5d6c4ac7&format＝xls。

表 26　英国（预算责任办公室）主要经济数据测算

单位：与上年同期百分比（除特别说明外）

年份	产值		测算				
	2022	2023	2024	2025	2026	2027	2028
GDP 增速	4.3	0.3	0.8	1.9	2.0	1.8	1.7
人均 GDP 增速	3.4	-0.7	-0.1	1.2	1.5	1.3	1.2
潜在产出增速		1.5	1.6	1.7	1.6	1.6	1.6
GDP 主要构成							
家庭消费	5	0.5	0.7	2	2.1	2	1.9
一般政府消费	2.3	0.7	4.2	1.8	1.5	1.5	1.6
总固定投资	8	1.8	-4.5	0.4	2	1.8	1.2
企业投资	9.6	4.8	-5.1	1.4	2.5	2	1.2
一般政府投资	0.9	5.9	-1.5	-2.4	-2	-2	-3
私人住房投资	9.5	-6.5	-5.3	0.2	3.5	3.7	3.5
库存变化	1	-0.9	0.2	0	0	0	0
出口	9	-0.5	-1.1	0.5	0.6	0.6	0.7
进口	14.6	-1.4	-0.7	-0.2	0.2	0.6	0.8
消费者物价指数	9.1	7.3	2.2	1.5	1.6	1.9	2
就业人数（百万）	32.9	33.1	33.2	33.5	33.8	34.1	34.3
失业率(%)	3.9	4.1	4.4	4.4	4.2	4.2	4.1
每小时生产率	0.4	0.2	0.3	0.8	1.1	1.1	1.2

资料来源：HM Treasury，"Table 1. 2：Overview of the OBR's Economic Forecast"，in *Spring Budget 2024*，6 March 2024，https：//www. gov. uk/government/publications/spring－budget－2024/spring－budget-2024-html#economic-and-fiscal-outlook。

表27　英国2022年各地区人口

地区	2011年中人口数	2022年中人口数	2011年中年龄中位数（岁）	2022年中年龄中位数（岁）	2011年中人口密度（每平方公里人口）	2022年中人口密度（每平方公里人口）
英国全境	63285000	67596000	39.6	40.7	261	279
英格兰	53107000	57106000	39.4	40.5	408	438
威尔士	3064000	3132000	41.5	42.9	148	151
北爱尔兰	1814000	1911000	37.4	40.0	134	141
苏格兰	5300000	5448000	41.3	43.0	68	70

资料来源：Office for National Statistics，"Table 1：Population of the UK and Its Constituent Countries，mid-2022 and mid-2011"，in "2. Population of UK at mid-2022"，*Population Estimates for the UK，England，Wales，Scotland，and Northern Ireland：mid-2022*，26 March 2024，https：//www.ons.gov.uk/download/table? format = xlsx&uri =/peoplepopulationandcommunity/populationandmigration/populationestimates/bulletins/annualmidyearpopulationestimates/mid2022/5e7ef8f7.json。

表28　移入英国长期移民数量（2012~2023年）

单位：人

年份	非欧盟	欧盟	英国国民	总数
2012	230000	334000	79000	643000
2013	234000	402000	76000	713000
2014	241000	457000	81000	778000
2015	238000	481000	78000	797000
2016	237000	465000	70000	772000
2017	257000	411000	84000	752000
2018	330000	421000	74000	825000
2019	368000	349000	71000	788000
2020	294000	316000	52000	662000
2021	611000	172000	108000	891000
2022	1053000	116000	88000	1257000
2023	1031000	126000	61000	1218000

注：2023年为预测值。

资料来源：Office for National Statistics，"Figure 1：Following a Period of Growth since 2021，the Provisional Estimate for Total Immigration for the Year Ending（YE）December 2023 was Broadly Similar to the YE December 2022-Number of non-EU，EU，and British Nationals Immigrating Long-term to the UK，Between the YE June 2012 and the YE December 2023"，in *Long-term International Migration，Provisional：Year Ending December 2023*，23 May 2024，https：//www.ons.gov.uk/peoplepopulationandcommunity/populationandmigration/internationalmigration/bulletins/longterminternationalmigrationprovisional/yearendingdecember2023。

表29　英国长期移民来源国（非欧盟）（2019～2023年）

单位：人

来源国籍	2019年	2020年	2021年	2022年	2023年	2023年排名
印度	72000	76000	152000	268000	250000	1
尼日利亚	14000	16000	48000	121000	141000	2
中国	51000	28000	87000	97000	90000	3
巴基斯坦	21000	18000	33000	50000	83000	4
津巴布韦	2000	2000	4000	19000	36000	5
加纳	5000	3000	7000	13000	35000	6
孟加拉国	6000	7000	13000	23000	33000	7
美国	15000	12000	18000	19000	21000	8
斯里兰卡	3000	2000	5000	14000	21000	9
英国国民(海外)	1000	2000	25000	32000	19000	10

资料来源：Office for National Statistics，"Table 1：The Number of Indian，Nigerian and Pakistani Nationals Arriving in the UK has Seen the Largest Increase since 2019-Number of non-EU Nationals Arriving in the UK Long-term by Nationality for the Top 10 Highest Contributors in Year Ending（YE）December 2023，Between YE December 2019 and YE December 2023"，in *Travel Trends：2023*，17 May 2024，https：//www.ons.gov.uk/download/table? format = xlsx&uri =/peoplepopulationandcommunity/populationand migration/internationalmigration/bulletins/longterminternationalmigrationprovisional/yearendingdecember2023/8a605970.json。

表30　海外居民入境英国目的调查（2013～2023年）

单位：千人

年份	度假	商务	探亲访友	其他
2013	12973	8114	9558	2922
2014	13929	8496	10023	2888
2015	14173	8983	10573	3063
2016	14719	9399	11843	3167
2017	16596	8996	12249	3240
2018	16337	8789	12328	2829
2019	16905	8670	12427	2855
2020	4362	2469	3447	823
2021	1175	1222	3456	530
2022	12092	5149	11781	2223
2023	15883	6476	12848	2753

资料来源：Office for National Statistics，"Figure 3：Holidays were the Most Frequent Reason for Visiting the UK in 2023-Overseas Visits to the UK，2013 to 2023"，in *Travel Trends：2023*，17 May 2024，https：//www.ons.gov.uk/generator? uri =/peoplepopulationandcommunity/leisureandtourism/articles/traveltrends/2023/8dcf2795&format = xls。

表 31　英国居民出国目的调查（2013~2023 年）

单位：千人

年份	度假	商务	探亲访友	其他
2013	43104	8639	15325	1891
2014	45044	8719	16582	1858
2015	48547	9041	18008	2022
2016	50848	8762	19733	2415
2017	54433	8802	21846	2161
2018	57346	9299	22142	1784
2019	58668	8979	23523	1916
2020	14183	2335	6859	449
2021	8874	1381	8215	672
2022	45622	4820	18976	1533
2023	55529	6265	22484	1928

资料来源：Office for National Statistics，"Figure 8：Holidays were the Most Frequent Reason for Visits Abroad in 2023-UK Residents Visits Abroad by Purpose，2013 to 2023"，in *Travel Trends：2023*，17 May 2024，https：//www.ons.gov.uk/generator？uri =/peoplepopulationandcommunity/leisureandtourism/articles/traveltrends/2023/942256c0&format=xls。

附录二
英国大事记（2023年7月1日～
2024年6月30日）

陆准 王展鹏 *

2023年

7月

2日 英国苏格兰北部的奥克尼群岛的区议会领导人詹姆斯·斯托坎告诉英国广播公司，他已发起动议，探寻奥克尼的"北欧联结"，同时寻求"替代治理模式"。

3日 英国气象局发布的数据显示，英国刚刚经历有记录以来最热的6月。

英国火车司机工会的16家铁路公司开始为期6天的"加班禁令"。

8日 英国首相里希·苏纳克在采访中谈到俄乌冲突时表示，英国"不鼓励"使用集束炸弹。

9日 美国总统乔·拜登抵达英国，并于次日分别会晤英国首相苏纳克、英国国王查尔斯三世。

＊ 陆准，北京外国语大学英语学院博士生，主要研究领域为英国政治；王展鹏，博士，北京外国语大学英语学院英国研究中心、爱尔兰研究中心教授，主要研究领域为英国政治与外交、爱尔兰研究、欧洲一体化。

13 日 英国财政大臣杰里米·亨特宣布，南约克郡将成为英国首个"投资区"。

英格兰地区的初级医生开始为期5天的罢工，这是英国国家医疗体系持续时间最长的罢工。

16 日 爱丁堡艺术节嘉年华在爱丁堡市中心举行。

18 日 因允许英方将非法移民遣送至卢旺达等相关内容而备受争议的《非法移民法案》在议会通过。

19 日 英国国家统计局发布数据显示，英国6月消费者价格指数同比上涨7.9%。

20 日 英格兰地区的高级医生开始为期两天的罢工，这是近十年来该地区高级医生首次罢工。

21 日 英国议会议员补选结果出炉，最终工党、自由民主党、保守党各赢得1个议席。

25 日 英国1566家移动端应用程序开发商以苹果商店收费"不公"为由对美国苹果公司提起集体诉讼，索赔10亿美元。

31 日 英国政府宣布将向有意开采北海油气的企业发放100张开采许可证，这一决定遭到环保组织和在野党的广泛批评。

8月

1 日 英国全国建房互助会发布的数据显示，英国7月平均房价同比下跌3.8%，为金融危机结束后最大跌幅。

3 日 英格兰银行宣布将基准利率从5%上调至5.25%，这是2021年12月以来英国央行连续第14次加息。

8 日 北爱尔兰警方不慎在相关网站上泄露了所有1万多名员工的姓氏、名字首字母缩写、工作地点和部门等信息。

10 日 755名移民乘船从英吉利海峡偷渡，近5年穿越英吉利海峡的移民人数破10万。

12 日 一艘移民船只在从英吉利海峡偷渡时沉没，6人死亡，59人获救。

16 日 英国国家统计局发布的数据显示，英国 7 月消费者价格指数同比上涨 6.8%，环比下降 0.4%。

24 日 于泰国曼谷举行的 2023 年国际乒联代表大会上，英国伦敦获得 2026 年世界乒乓球锦标赛团体赛举办权。

25 日 大英博物馆馆长哈特维希·菲舍尔因藏品流失事件宣布辞职。

26 日 保守党议员娜丁·多里斯辞职。在辞职信中，她指责首相苏纳克"抛弃了保守主义的基本原则"。

28 日 英国空中交通管制系统发生技术故障，造成大量航班取消或延误，当天有 1500 多个航班被取消。

31 日 英国国防大臣本·华莱士请辞，时任能源安全与净零大臣格兰特·沙普斯被任命为国防大臣，原教育部政务次官克莱尔·科蒂尼奥接任能源安全与净零大臣。

9月

2 日 872 名移民乘 15 艘船从英吉利海峡偷渡到达英国东南部，为当年单日最高纪录。

3 日 英国财政大臣杰里米·亨特表示，政府将迅速采取行动解决"危房"学校问题。数日前，约 100 所学校因建筑安全隐患被关停。

5 日 作为欧洲最大地方政府的伯明翰市政委员会宣布破产。

7 日 英国政府表示将通过与欧盟达成的新协议重新加入欧盟"地平线欧洲"科学项目和"哥白尼"地球观测项目。

8 日 在英国女王伊丽莎白二世逝世一周年之际，海德公园和伦敦塔鸣放礼炮，英国国王查尔斯三世发表声明。

9 日 英国警方抓获了当周越狱出逃的一名涉恐怖主义罪名的前军人丹尼尔·阿贝德·哈利法。

13 日 英国国家统计局发布的数据显示，受天气和罢工等因素影响，英国 7 月经济缩水 0.5%。

17 日 英国工党党首基尔·斯塔默表示，如果工党在次年英国议会选举中获胜，将寻求与欧盟建立更紧密的贸易联系。

20 日　英国国家统计局公布数据显示，英国 8 月消费者价格指数同比上涨 6.7%。

英国国王查尔斯三世与王后卡米拉开始对法国进行国事访问。

首相苏纳克宣布将新汽油和柴油车销售禁令从 2030 年推迟到 2035 年，引发广泛批评。

21 日　正在法国访问的查尔斯三世在法国参议院发表演讲，呼吁英法加强友好关系。

英格兰银行宣布维持基准利率 5.25% 不变。

25 日　英国与美国华盛顿州签署贸易谅解备忘录。

27 日　格拉斯哥当局批准在英国建立首间供吸毒者在受监管情况下吸食可卡因等非法毒品的"安全吸毒室"。

10月

1 日　首相苏纳克表示，英国政府暂无计划向乌克兰派遣军事教官。

2 日　英国气象局证实，刚刚过去的 9 月为史上最热的 9 月。

9 日　首相苏纳克主持"眼镜蛇"紧急会议，承诺为以色列提供支持。

12 日　英国国家统计局发布的数据显示，英国经济 8 月增长 0.2%。

13 日　英国开始在以色列的撤侨行动。

14 日　英国街头出现大量支持巴勒斯坦的抗议示威人群；英国广播公司总部大门被喷上红油漆，亲巴勒斯坦组织宣称对这一事件负责。

19 日　首相苏纳克抵达以色列，并与以色列总理内塔尼亚胡会晤。苏纳克表示将与以色列"坚定地站在一起"。

首相苏纳克前往沙特阿拉伯，与沙特王储穆罕默德·本·萨勒曼会晤。

20 日　首相苏纳克抵达埃及，会见埃及总统塞西、巴勒斯坦领导人阿巴斯。

24 日　移民事务国务大臣罗伯特·詹里克表示，英国政府将于次年 1 月前停止使用 50 间酒店安置移民。

26日　首相苏纳克在英国皇家学会就应对人工智能的有关风险发表演讲，并宣布将成立人工智能安全研究所。

英国政府发表公告宣布《在线安全法案》已获批正式成为法律。

31日　国王查尔斯三世抵达肯尼亚开展为期4天的国事访问，并与肯尼亚总统鲁托会晤。

11月

1日　首届全球人工智能安全峰会在英国布莱切利园召开。美国、英国、欧盟、中国、印度等多方代表参会。

2日　英格兰银行宣布维持基准利率5.25%不变。

7日　英国国会开幕，国王查尔斯三世首次作为英国君主在开幕式上发表演讲。

13日　首相苏纳克宣布改组内阁。苏纳克当天解除布雷弗曼内政大臣职务，任命原外交大臣克莱弗利为内政大臣，前首相卡梅伦出任外交大臣。

14日　外交大臣卡梅伦宣布制裁哈马斯4名高级别领导人和2名资助者。

15日　英国国家统计局公布的数据显示，英国10月消费者价格指数同比涨幅降至4.6%，为两年来新低。

英国最高法院裁定英国政府提出的非法移民安置方案"卢旺达计划"不合法。

16日　外交大臣卡梅伦访问乌克兰，并与乌克兰总统泽连斯基会晤。

22日　英国财政大臣杰里米·亨特在议会公布秋季预算案。预算案包括将民众缴纳的国民保险税税率从12%降至10%，以及为企业投资提供税收减免等。

首相苏纳克与韩国总统尹锡悦在英国首相府签署《唐宁街协议》。

26日　约有10万人参与了在伦敦市区举行的反对反犹主义的抗议示威活动。

27日　正在英国访问的希腊总理米佐塔基斯与英国首相苏纳克的会晤

在最后时刻被取消。前一日，米佐塔基斯在接受采访时曾表示将在会晤中讨论有关大英博物馆归还希腊帕特农神庙大理石雕塑的问题。

29日 诺丁汉市政委员会宣布，该市已"事实性破产"，将停止法律规定的服务之外的所有支出。

12月

4日 内政大臣詹姆斯·克莱弗利宣布一项旨在减少合法移民数量的五点计划。

5日 内政大臣詹姆斯·克莱弗利与卢旺达外长樊尚·比鲁塔签署移民事务协议，寻求继续推动把非法移民遣送至卢旺达的计划。

6日 英国政府提出一项紧急立法草案，试图继续推动将非法入境者遣送至卢旺达的计划。移民事务国务大臣罗伯特·詹里克当天辞职。

13日 威尔士首席大臣马克·德雷克福德辞职。

14日 英格兰银行宣布维持基准利率5.25%不变。

16日 首相苏纳克在罗马与意大利总理乔治亚·梅洛尼、阿尔巴尼亚总理埃迪·拉马会晤，讨论非法移民问题。

21日 外交大臣卡梅伦访问埃及，与埃及总统塞西、埃及外长舒凯里会晤，呼吁在加沙地带达成停火并扩大人道主义援助。

24日 英国国防部发表声明称，英国皇家海军"特伦特"号巡逻舰将于本月晚些时候访问圭亚那，并在圣诞节后参加与圭亚那的联合演习。

25日 英国国王查尔斯三世发表圣诞致辞。

2024年

1月

1日 英国政府发布的数据显示，2023年有近3万名非法移民乘船穿越英吉利海峡偷渡到英国。

国防大臣格兰特·沙普斯发表文章称，英国军方已准备好应对胡塞武装在红海对货轮发动的攻击。

基于英国司法史上最大冤案"邮政局丑闻"改编的电视剧《贝茨先生诉邮局》在ITV播出，使"邮政局丑闻"重获关注，并产生一系列影响。

5日 英国气象局发布300多个洪水警报，包括首都伦敦在内的多地遭受洪水袭击。

6日 伦敦警方确认已开始对"邮政局丑闻"展开调查。

9日 迫于"邮政局丑闻"压力，曾于2012～2019年担任英国邮政首席执行官的保拉·文内尔斯表示将退还大英帝国司令勋章。此前，已有超百万人签名请愿，要求剥夺其勋章。

10日 首相苏纳克表示将通过立法紧急赔偿"邮政局丑闻"受害者。

12日 首相苏纳克访问乌克兰，并与乌克兰总统泽连斯基签署协议。根据协议，英国将继续向乌提供25亿英镑的军事援助。

美英两国空军打击也门胡塞武装多处目标。英国国防部说，4架英国战机使用制导炸弹对胡塞武装的两处设施进行了"精准打击"。

17日 将非法入境者遣送至卢旺达的"卢旺达计划"在英国下议院获得通过。

21日 风暴"伊莎"开始席卷英国，给英国多地带来大风和强降雨。

22日 美国和英国战机对也门首都萨那和其他省份发动了空袭。

英国政府表示，英国今后至少两年内仍将保留数以千计的欧盟法律。

26日 也门胡塞武装向一艘在亚丁湾航行的英国油轮发射了多枚导弹，油轮被击中后起火。

27日 美国和英国对也门红海城市荷台达实施了两波空袭。

31日 英国对从欧盟进口的食物、动物、植物开始实施新的报关程序及检疫控制规定。

2月

1日 英格兰银行宣布继续维持目前5.25%的基准利率不变。

3 日 北爱尔兰地方议会恢复正常运转，北爱尔兰地方政府由此结束长达两年的"停摆"。新芬党的米歇尔·奥尼尔被任命为北爱尔兰首席部长，民主统一党的埃玛·利特尔-彭杰利被任命为副首席部长。

4 日 美国和英国战机对也门北部的萨达等地发动了新一轮空袭。

5 日 白金汉宫发表声明称，国王查尔斯三世被诊断出患有癌症，并已开始接受治疗。

6 日 也门胡塞武装称向在红海行驶的美国船只"纳西亚之星"号和英国船只"晨潮"号各发射了数枚导弹。

13 日 美英两国对也门西部荷台达省图海塔地区发动了空袭。

15 日 英国国家统计局公布的数据显示，2023 年第四季度英国经济环比下降 0.3%。

也门胡塞武装称向在亚丁湾行驶的一艘英国商船发射了数枚导弹。

19 日 也门胡塞武装称向在亚丁湾航行的"鲁比马尔"号英国货轮发射了数枚导弹。

20 日 英国高等法院开始审理"维基揭秘"网站创始人朱利安·阿桑奇拒绝被引渡到美国的上诉案件。

22 日 也门胡塞武装向在亚丁湾行驶的英国货轮"艾兰德"号发射导弹，造成该船起火。

在俄乌冲突爆发两周年之际，英国宣布针对俄罗斯的超 50 项新制裁。

3月

6 日 财政大臣杰里米·亨特公布了 2024 年春季预算案。

13 日 英国国家统计局公布的数据显示，2024 年 1 月英国国内生产总值环比增长 0.2%。

17 日 美国和英国战机对也门西部荷台达省及其邻近的塔伊兹省实施了数次空袭。

20 日 英国威尔士执政党工党领袖沃恩·格辛成为威尔士第一位非洲裔首席部长。

21 日　英格兰银行宣布继续维持 5.25% 的基准利率不变。

26 日　英国高等法院宣布推迟裁决朱利安·阿桑奇拒绝被引渡到美国的上诉案。英国高等法院法官表示将给美国有关方面 3 周时间作出保证，包括如罪名成立，阿桑奇不会被判处死刑等。

4月

9 日　外交大臣卡梅伦表示英国政府将不会停止对以色列的武器输送。

11 日　英国维多利亚与艾尔伯特博物馆和大英博物馆向加纳归还 150 多年前被劫掠至英国的多件文物。

12 日　英国国家统计局发布的数据显示，英国经济 2 月增长 0.1%。

13 日　首相苏纳克发表声明，谴责伊朗对以色列的袭击，并表示英国将"稳定局势""防止局势进一步恶化"。

14 日　首相苏纳克证实，英国战斗机击落了从伊朗向以色列发射的数架无人机。

18 日　英国和美国政府分别发表声明，宣布对伊朗多名个人和多家实体实施制裁，以回应伊朗对以色列发动的袭击。

22 日　英国议会两院通过把非法入境者遣送至非洲国家卢旺达的"卢旺达计划"。

23 日　首相苏纳克抵达华沙，与波兰总理唐纳德·图斯克、北约秘书长延斯·斯托尔滕贝格会晤，并宣布为乌克兰提供价值 5 亿英镑的额外军事援助。

24 日　首相苏纳克与德国总理奥拉夫·朔尔茨在柏林会晤，宣布将加强国防合作。

25 日　苏格兰地方政府首席大臣胡穆扎·优素福宣布终止苏格兰民族党与苏格兰绿党的联合执政协议，引发绿党强烈不满。

26 日　英国王室宣布，正在接受癌症治疗的国王查尔斯三世将恢复参加公务活动。

29 日　苏格兰地方政府首席大臣优素福宣布将辞去首席大臣和苏格兰

民族党党首职务。

据《太阳报》报道，"卢旺达计划"的首名移民当夜乘机前往卢旺达。

5月

2日　外交大臣卡梅伦访问基辅，并与乌克兰总统泽连斯基会晤。

英国举行地方议会选举和多座城市的市长选举。

4日　伦敦市长选举结果揭晓，伦敦现任市长萨迪克汗连任。

6日　约翰·斯温尼当选苏格兰民族党党首。

7日　苏格兰地方议会投票确认，苏格兰民族党党首斯温尼出任苏格兰地方政府首席大臣。

8日　内政大臣克莱弗利宣布以"未申报身份的军事情报官员"为由，驱逐俄驻英大使馆一名武官。

9日　英格兰银行宣布维持基准利率5.25%不变。

10日　英国国家统计局公布的数据显示，2024年第一季度英国经济环比增长0.6%。

20日　英国高等法院作出裁决，"维基揭秘"网站创始人朱利安·阿桑奇可就引渡美国案继续在英国上诉。

英国污染血丑闻调查结果公布。英国曾有超30000人因接受被污染的血液产品而罹患艾滋病和丙型肝炎，超3000人因此死亡。首相苏纳克在结果公布后为英国历届政府的"失败"道歉，称这一天是英国的"国耻日"。

21日　英国财政部主计长约翰·格伦宣布了污染血丑闻的赔偿计划。

首相苏纳克在维也纳与奥地利总理卡尔·内哈默会晤，讨论非法移民问题。

22日　首相苏纳克宣布，英国将在2024年7月4日举行大选。

25日　英国政府发布的数据显示，2024年已有超1万人从法国穿越英吉利海峡偷渡至英国。

30日　英国议会下院正式解散，为拟于7月4日提前举行的议会选举作程序准备。

美国和英国战机对也门首都萨那等胡塞武装控制地区发动多次空袭。

6月

5日 威尔士议会就威尔士保守党发起的不信任案进行表决，威尔士首席大臣沃恩·格辛未能通过不信任投票。

6日 首相苏纳克在法国出席诺曼底登陆80周年纪念活动，但为准备竞选活动提前离场，引发舆论批评。

7日 美英两国战机对也门首都萨那和红海港口城市荷台达的多个目标进行了空袭。

11日 首相苏纳克发布保守党竞选纲领，纲领中包括削减国家保险、减少移民等政策。

13日 工党领袖基尔斯塔默发布工党竞选纲领，纲领强调要为工作者"创造财富"。

15日 英国伦敦举行皇家阅兵式，庆祝国王查尔斯三世的官方生日。

24日 "维基揭秘"网站创始人阿桑奇从英国监狱获释，飞往澳大利亚。据美国媒体报道，阿桑奇当天同意认罪。认罪后，阿桑奇无须前往美国服刑。

后　记

王展鹏[*]

本年度报告主要记述了保守党此轮执政周期最后一年的情况。在保守党执政的 14 年中，英国人记忆中有最深刻的两个事件：一是英国通过全民公投脱离欧盟带来的争议和分裂，在英国正式离开欧盟五年之后，多数民调显示在 2016 年公投中多数脱欧支持者已感到后悔，甚至主张英国重回欧盟；二是这一阶段英国政治的动荡与混乱，14 年间英国六易首相，大多数时间经济在衰退的边缘徘徊，生活成本危机下滞胀浮现，社会服务破败不堪。在这样的背景下，苏纳克执政最后一年提出的长期主义、务实主义口号已显得苍白无力，难以扭转选举颓势。在大多数选民并不看好工党解决国家治理难题能力的情况下，保守党治国的失败成就了工党选举的胜利。

斯塔默领导的工党能否如其在竞选期间所说的那样实现国家复兴的愿景面临重重制约。工党当选后就宣布英国的公共财政已接近破产的边缘，而保守党时期的经济滞胀仍未根本改善，民众的实际收入下降，斯塔默政府也面临政治丑闻的党内争论。而变乱交织的世界和特朗普重回白宫也加剧了工党政府的对外政策困境。

2024 年 8 月，英国突如其来的族群骚乱显示了英国潜在的社会分裂和认同危机。英国《新政治家》周刊在骚乱后发表的《"支离破碎的英国能复兴吗"?》一文中指出：斯塔默如果要实现国家复兴，就需要打击极右翼，同时要把那些感到被威斯敏斯特排斥和抛弃的人融入一个新的国家。

---

[*]　王展鹏，博士，北京外国语大学英语学院英国研究中心、爱尔兰研究中心教授，主要研究领域为英国政治与外交、爱尔兰研究、欧洲一体化。

英国媒体记者史蒂夫·理查兹（Steve Richards）在其新著《转折点：现代英国的危机与变革》一书中历数了二战后到特拉斯时期近 80 年间英国政治的起起伏伏、潮起潮落。在这 80 年中，1945 年艾德礼领导工党击败丘吉尔赢得大选，开启福利国家的变革，苏伊士运河危机、石油危机与英国病、撒切尔改革、第三条道路、脱欧都可以说是英国历史的转折点，工党赢得 2024 年大选对英国而言是不是一个关键的历史节点？该书的作者从过往的经验中得出的结论却是悲观的：在危机时刻英国的政客和媒体都宣称必须吸取教训，但危机一旦过去，政治机构的既有传统将不断强化自身的合法性，短暂的机构记忆和政治文化的保守性使英国在旧模式下不断重复着自己的历史。

本书是课题组完成的第十一本《英国发展报告》。国内外同行的热情关注、支持和无私帮助是我们克服诸多困难得以前行的动力。除北京外国语大学英国研究中心的师生外，来自中国社会科学院欧洲研究所、中国现代国际关系研究院、中国国际问题研究院、中国人民大学、中国政法大学、上海对外经贸大学、西交利物浦大学、温州大学、浙江外国语大学等高校和研究机构的专家学者承担了大量撰稿工作，他们的专业知识和投入使本报告成为国内英国研究学者合作的象征。马振岗大使、黄平研究员、冯仲平研究员继续担任编委会顾问；编委会的专家们在本书的选题和编写过程中给予了很多富有启发的指导和建议。中国社会科学院欧洲研究所刘绯研究员、北京外国语大学英国研究中心徐瑞珂副教授与我一起对稿件做了审读和编辑工作。

教育部国际司、教育部高校国别和区域研究工作秘书处、北京外国语大学的领导、科研处、区域与全球治理高等研究院、英语学院等单位的同行和同事对"英国蓝皮书"的立项与编写给予了许多热情的关心和帮助。特别是"英国蓝皮书"加入了北京外国语大学区域与全球治理高等研究院"区域和国别研究蓝皮书系列"，得到了学校"双一流"建设项目的资助和高研院多方面的支持。

英国研究中心博士生陆准、郭琳、杨玉进、祝君，硕士生林俊昊、谢家辉、杨慧、杨景文等承担了大量的资料收集、编务和统稿阶段体例、文字处理工作，在此一并致谢。

感谢社会科学文献出版社在本书出版过程中给予的支持和帮助。

2024 年 11 月 30 日

Abstract

In 2023 − 2024, the Sunak government attempted to promote pragmatic reforms in both domestic and foreign policies, but did not manage to reverse the downward trend of the Conservative Party, which entered its final stage of governance. In the UK general election in July 2024, the Conservative Party suffered the biggest defeat since its founding. The Labour Party, led by Keir Starmer, won a landslide victory, putting an end to its 14 years' of experience as the opposition party. This led to a new round of reshuffling within the political landscape of British parties. The Starmer government proposed ambitious reform plans. However, due to the complex nature of long-accumulated economic and social problems in the UK, the impact of its policy measures is unlikely to be seen in the short term.

At the domestic political level, the landscape in the UK has changed significantly. The Conservative government reported limited success in economic and social reforms while facing ongoing internal factional disputes. These have led to a continuous decline in public support and eventually resulted in the loss of its grip on power. In contrast, the Labour Party, under Starmer's leadership, has garnered broad public support with a more pragmatic policy agenda, emerging as the dominant force in Parliament after the 2024 British election. The Liberal Democrats have shown a clear recovery momentum, further solidifying their position as the third-largest party. Additionally, the rise of the Reform Party has reshaped the right-wing political landscape, attracting some support from Conservative voters. The Scottish National Party (SNP), affected by scandals and internal divisions, has become increasingly marginalized. Its goal of pursuing an independence referendum was forced to set aside. The state of competitive, multi-party landscape has returned in Scotland.

At the diplomatic and security level, the Sunak government has aimed to consolidate the international influence of the United Kingdom by deepening the special relationship with the United States, strengthening cooperation with the European Union, and advancing the "Indo-Pacific Tilt" strategy. However, its policy towards China has exhibited a clear tendency towards securitization and ideologization, which has brought many challenges to the stable development of Sino-British relations. Regarding global hotspot issues, the UK is highly aligned with the US, acting as a "vanguard to aid Ukraine" during the Russia-Ukraine conflict. Also, UK has actively expanded its military presence in the Middle East and the Indo-Pacific region. After the Labour government came to power in 2024, although it made adjustments to some specific policies, the strategic direction is expected to maintain the fundamental principles established by the Conservative government, with an emphasis on reinforcing the UK's international role within a broader framework of multilateral cooperation.

At the economic level, under both internal and external pressures, the UK shows evident signs of instability and vulnerability in this challenging context. The British economy fell into a "technical recession" for two consecutive quarters in the second half of 2023, and structural problems such as insufficient investment and stagnant productivity growth have not seen significant improvements. Although the Sunak government is dedicated to stabilizing inflation, it progressed little in solving the deep-seated economic and social problems in the UK. After taking office in July 2024, the Labor government launched a series of measures aimed at boosting the economy, including increasing public service spending and enhancing support for local development. However, the effectiveness of these policies remains to be seen. The British industrial policy in 2023−2024 exhibits a characteristic of "adjustment and continuity". The Sunak government has implemented several industrial development plans in key areas such as semiconductors, but the green transition has slowed down remarkably. The Starmer government, on the other hand, attempts to expand the scope of government intervention in terms of policy making, seeking a balance between technological innovation and industrial security. The field of artificial intelligence continues to be one of the cores of

British technology development. The support from the Labour government to the AI industry further tends to emphasize technical supervision and international cooperation, in order to ensure the balance between technological advancement and security.

At the socio-cultural level, the UK also faces multiple challenges that are difficult to ease in the short term. The National Health Service (NHS) has long struggled with issues of insufficient resources and inefficiency, resulting in the poor medical service quality that fails to meet public demand. The cost of living and immigration issues remain main focus of social tension, posing challenges to social stability. Moreover, the criminal justice system has been widely criticized for its shortage of police force and overcrowded prisons, which adds more weight to public discontent. In the cultural and educational sectors, the British film industry shows positive trends. The higher education system demonstrates strong innovation capability, with UK universities performing exceptionally well in global employability rankings. However, as restrictions on research security policies limitations on Sino-British academic collaboration have increased, the breadth and depth of the UK's international academic cooperation have been affected to a certain extent, which may have a potential negative impact on its international reputation.

(Translated by Zhang Junhan)

Keywords: UK Politics; UK Economy; UK Society; UK Diplomacy; Sino-UK Relations

Contents

I General Report

Abstract: Since the second half of 2023, the Sunak government has in fact become a "lame duck" administration. In terms of public policy, the Conservative government has been constrained by fiscal constraints and pressure from the right wing of the party. Thus, it has made limited progress in urgent economic and social issues, and has continuously compromised on issues such as climate change and immigration. On the economic front, the UK has maintained its sluggish growth, exhibiting characteristics of both vulnerability and resilience. In terms of foreign relations, facing a rapidly changing world, the UK finds itself in a reactive posture. Constrained by its own capabilities and the approaching general election, the initiative and enthusiasm of British diplomacy have decreased. In regard to Sino-British relations, there is an ongoing struggle between pragmatic and radical factions within the UK, complicating and hindering the advancement of the relationship between the two countries. In July 2024, the Labour Party pulled off a landslide victory in the general election. This brought new changes to the political landscape of the UK, and opened up space for adjustments in both domestic and foreign policies. However, the prospects for the Labour government's governance

remain grim, constrained by long-standing economic and social issues that the UK has accumulated over time.

Keywords: Domestic and Foreign Policies; Political Situation; Economic and Social Situation; General Election; Policy Adjustment

Ⅱ Reports on UK Trends

B.2 Trends in British Party Politics *Xia Tian / 049*

Abstract: After the 2024 general election, the landscape of British party politics has undergone significant changes. Over 14 years in power, the Conservative Party experienced a historic defeat and stepped down, leaving a host of unresolved issues. Labour's return to government has been marked by caution, with its policies and approach reflecting a degree of continuity with the preceding Conservative government. Meanwhile, the Liberal Democrats have reclaimed their position as the third-largest party in Parliament and are seeking to expand their influence. The rise of Reform UK, with its far-right populist rhetoric, threatens to disrupt the Conservative Party's traditional voter base, potentially reshaping the political right. Following the election, the Scottish National Party (SNP) has found itself increasingly marginalized, and its longstanding policy of advocating for Scotland's independence appears unsustainable. The SNP now faces the challenge of identifying a new flagship policy to regain voter support and prevent further decline.

Keywords: Conservative Party; Labour Party; Lib Dems; SNP; Party Politics

B.3 Trends in British Economy *Li Gang / 071*

Abstract: The combination of multiple factors such as Brexit, the COVID-19 pandemic and the Russia-Ukraine conflict have brought severe impacts on the

UK economy. In the third and fourth quarters of 2023, the UK economy declined consecutively, falling into a "technical recession". In 2024, the economic growth in the UK is still expected to be low. Structural problems such as insufficient investment, stagnation of labour productivity growth, deterioration of public services, uneven regional development, and widening gap between the rich and the poor are the unfavourable factors which will restrict the UK's medium-term economic growth. In response to the weak economic growth and structural problems, the Labour government has taken a variety of measures, including reduction of the central bank's base interest rate, reduction of income tax rates, increase of welfare spending, increase of public service spending, broadening of corporate financing channels, and extension of investment zone plans, which intend to stimulate consumption and investment growth, to improve the quality of public services, and to narrow regional development gaps.

Keywords: UK Economy; Economic Growth; Structural Problems; Labour Productivity

B.4　British Foreign Policy under the Leadership of Sunak

Xu Ruike, Wu Jinjin / 089

Abstract: From July 2023 to July 2024, the Sunak government, guided by the *Integrated Review Refresh 2023*, focused on enhancing the UK's global standing. The government solidified the special relationship with the US, maintaining a high level of strategic alignment with the US on key international issues, such as the Russia-Ukraine conflict and the crisis in the Middle East. This alignment bolstered the strategic coordination between the two countries. Additionally, the Sunak government actively sought to deepen cooperation with the European Union and its member states, thereby strengthening the UK's influence in European affairs. Simultaneously, the Sunak administration vigorously pursued a tilt towards the Indo-Pacific region, particularly in the realms of security and economics. This shift was exemplified by the strengthening of military

cooperation with countries like Japan and Australia, which expanded the UK's influence in the region. However, regarding its China policy, the Sunak government adopted an increasingly hardline stance that focused on security and ideological concerns. This approach led to a further deterioration in Sino-British relations during this period.

Keywords: Russian-Ukrainian Conflict; Indo-Pacific Tilt; UK－US Special Relationship; Windsor Framework; Sino-British Relations

Ⅲ Society and Culture

B.5 The Crisis in the British Criminal Justice System:

Crime and Punishment *Song Yunfeng* / 106

Abstract: Britain's criminal justice system is in crisis and urgently needs to address some long-standing issues. First, prisons are overcrowded and the conditions for rehabilitating prisoners have deteriorated. Second, there has been a long-term shortage of police force, resulting in inadequate efforts to combat crime and maintain public order. The third issue is improper judicial sentencing, which has led to an increase in repeat offences. These problems have existed for a long time, mainly due to the government's long-term insufficient investment in police force and prison reform. The understaffed police force is unable to cope with security and crime, while overcrowded prisons not only fail to achieve the goal of reforming criminals, but also become a breeding ground for repeated crimes. After the new Labour government came to power in July 2024, the public was full of expectations for the crisis response and corresponding reforms of the criminal justice system. However, even if the Labour government is willing to eradicate these problems, from solving the shortage of police force and prison guards, to alleviating prison overcrowding, to attaching importance to the probation and parole system and community sentence practice in order to reduce repeat crimes, it will require long-term and significant investment in funds and manpower. However, the sluggish economic growth in the UK means that the government is tight in its budget, so it is difficult to fundamentally solve these long-term problems in the short term.

Keywords: Criminal Justice System; Prisons; Police Force; Short-term Imprisonment; Probation and Parole

Abstract: Between 2023 and 2024, the UK higher education sector underwent significant innovation and transformation, particularly in the integration of artificial intelligence, development of interdisciplinary programmes, and enhancement of international research collaboration. UK universities have modernized teaching methods through AI-related master's courses and excelled in global employability rankings. Amid financial pressures and challenges in international recruitment, measures have been taken to maintain educational quality and enhance students' global competitiveness. The strategic plan released by Universities UK further clarifies the development goals of higher education, emphasizing its economic contributions and the international impact of research.

Keywords: AI in Education; Interdisciplinary Curriculum; International Research Collaboration; Higher Education Strategic Planning

Abstract: The UK film industry during 2023 −2024 continued to recover, though not strongly. In 2023, both the UK box office and cinema admission grew slightly. Supported by the success of UK-US co-productions, the box office share of the UK films (41%) remained high; the share of independent films (3.8%)

fell bleakly, although sharply rose to 11.2% in the first half of 2024. The UK films' global box office increased to $6.1 billion. The total UK production expenditure decreased substantially due to the strikes by Hollywood performers and writers. British films and talents won only 11% of key international awards. In the first half of 2024, the UK box office and cinema admission were fewer than that of the same period of 2023, yet production expenditure returned to the pre-pandemic level. The Top 20 Films continued to be monopolized by Hollywood blockbusters as well as UK-US co-productions. Barbie and Wonka were box office hits; The Zone of Interest and Poor Things were honoured with artistic awards.

Keywords: British Film Industry; Box Office; Awards; UK Image

B.8 Adjustment and Continuity of the UK Industrial Policy

Yang Jingwen, Wang Zhanpeng / 148

Abstract: In 2023 - 2024, the UK government under Rishi Sunak introduced a series of industrial policies focusing on critical industries such as semiconductors and life science. These policies outlined ambitious development goals in the most advanced, innovative sectors, slowing the pace of green transition. The high aspirations and alliance mindset reflect Britain's imperial nostalgia, whereas the relatively conservative and pragmatic aspects of the policies embody the Thatcherism. With the Labour Party's rise to power, Sunak's industrial policies face both adjustments and continuities. The Starmer government may introduce new industrial strategies on the basis of previous industrial policies, expand investment scales, strengthen government intervention, and sustain the trend towards securitization. However, the industrial policies implemented by the Conservative government in recent years have not achieved much. The effectiveness of the UK's future industrial policies will be influenced by both domestic political and economic trends and constrained by changes in the international environment.

Keywords: UK Industrial Policy; the Sunak Government; Critical Industries; Pragmatism; Thatcherism

B.9   New Developments of UK AI National Strategy

Lu Zhun, *Wang Zhanpeng* / 170

Abstract: In the past year, the British Artificial Intelligence (AI) industry held the leading position in the world. However, the UK still faces the increasing challenges in the shortage of AI talents, data and high-performing computing (HPC). Meanwhile, considering the AI competition around the globe these years has gradually shifted from a technology race to a regulatory one, the British government tried to play a leading role in the global AI regulation: not only did UK held the first AI Safety Summit in November 2023 but it also worked closely with its western partners in AI regulation. The 2024 general election brought some changes in AI industry. On the one hand, the Labour government cut the direct government funding in AI industry. On the other hand, it also encouraged investment from the private sectors, and paid heavy attention on utilizing the technology to spur growth. However, the shortages of talents, computing powers and funding etc. are still serious. Therefore, it is worthwhile paying attention to how the Labour government would strike the balance between using AI to empower the country's growth and regulating the technology.

Keywords: Artificial Intelligence; Technical Governance; Labour Party's Industrial Policy

B.10   The Evolution and Impact of the UK's Research Security

Governance   *Yang Yang* / 188

Abstract: In recent years, science and technology have emerged as crucial factors in geopolitics and geoeconomics. As the world's third-largest research power, the UK has swiftly established a new framework for research security governance to safeguard its military, economic, and national interests, significantly enhancing its capacity of research security governance. In this new framework, the UK's

intelligence and security agencies have assumed a leading role in research security governance. The four key tools are: Academic Technology Approval Scheme (ATAS), the "Trusted Research" initiative, the National Security and Investment Act, and allied coordination mechanisms. Risks to values such as academic freedom, cyber security, military capabilities, and economic competitiveness have become the focus of research security governance. Emerging critical technologies, such as artificial intelligence, are subject to heightened scrutiny and regulation. At present, the effects of this new framework are rapidly being transmitted to universities and other scientific research institutions and researchers, and have triggered a certain "chilling effect", resulting in a major impact on scientific research cooperation between the UK and non-allied countries such as China. Looking ahead, apart from non-sensitive fields addressing common human challenges such as climate change, the UK's scientific exchange and cooperation with China are expected to tighten further.

Keywords: Research Security; Trusted Research; National Security; China-UK Cooperation

Ⅳ Politics and Diplomacy

B.11 New Developments in UK Climate and Energy Policies

Zhang Qian / 202

Abstract: During the 2023−2024 period, against the backdrop of 2024 UK general election, climate and energy policies in the UK experienced significant fluctuations. In September 2023, former Prime Minister Rishi Sunak announced that his government would adopt a "new approach" to achieving the net-zero target, delaying or abandoning some key climate and energy measures, aiming to ease the economic burden on British households. This major policy shift shattered the cross-party consensus on net-zero in the UK, triggered widespread criticism and doubts. The Conservative party continued Sunak's passive and pragmatic climate and energy policies. In contrast, the Labour Party put forward more ambitious climate action goals, promising to reverse some of Sunak's regressive policies and setting "making the UK a clean energy superpower" as one of its five missions. After Keir Starmer took office as the UK Prime Minister, the new Labour government has placed clean energy policy at the core of its agenda, hoping to restore its leadership in global climate governance. However, the UK still faces constraints and challenges in implementing its climate and energy action plans and fulfilling international emission reduction commitments, including shortages of financial funds, weak economic growth, widening social divisions, and uncertainties in the international environment.

Keywords: Climate Policies; Energy Policies; Sunak Government; Starmer Government; Net Zero

Abstract: The past year has definitely been eventful for Scottish politics, with all major political forces undergoing changes and adjustments. The internal chaos within the Scottish National Party (SNP) has continued. After Humza Yousaf succeeded Nicola Sturgeon as First Minister, he not only failed to achieve a breakthrough on the landmark *Gender Recognition Reform (Scotland) Bill*, but also unexpectedly terminated cooperation with the Scottish Green Party. Yousaf resigned after his move causing the party to fall into crisis. Although John Swinney, Yousaf's successor, repositioned the party's stance, he was not decisive enough in dealing with some party members' misconducts, and suffered a huge defeat following a rushed general election campaign. In the meantime, the Scottish Labour Party seized the opportunity to return to dominance, the Scottish Liberal Democrats also delivered an impressive performance, and the Scottish Conservatives predictably continued to trail. Scotland's political landscape appears to be heading back to the state before SNP's rise.

Keywords: Scottish National Party; Scottish Labour Party; Scottish Conservatives; Scottish Liberal Democrats

 英国蓝皮书

B.13　The Development of British Security and Defence Policy

Zhang Biao, *Ren Yijing* / 229

Abstract: In response to global geopolitical challenges, the United Kingdom has made notable developments in security and defence activities. In Europe, the UK continues to deepen security and defence cooperation with NATO, the Joint Expeditionary Force, and other European allies, actively provides military assistance for Ukraine, and escalates sanctions against Russia. In the Middle East, the UK is actively involved in countering Houthi forces, firmly supporting Israel while providing humanitarian aid to refugees in Gaza Strip, and has increased sanctions against Iran. In the Indo-Pacific region, the UK has strengthened cooperation with Australia and the United States through the trilateral security partnership agreement AUKUS, strengthened the sharing of nuclear submarine technology and high technology, and has expanded collaboration with Japan, the Republic of Korea, and members of the Five Power Defence Arrangements. Overall, as the challenges faced by the UK have become multi-regional and multi-level, its security and defence activities are more robust than in previous years.

Keywords: UK Defence Policy; NATO; Israel-Palestinian Conflict; Indo-Pacific Tilt

B.14　The UK's Position in the Ukraine Crisis and its Drivers

Liu Jin / 247

Abstract: The Sunak government pursued the position of "assisting Ukraine to counter Russia" established during the Johnson's premiership. The UK therefore continued to be the "vanguard" and "leader" in supporting Ukraine from July 2023 to June 2024 by repeatedly increasing and expanding its military assistance and training to Ukraine. The UK also formed air, maritime and drone "capability coalitions" aimed at sustainably arming Ukraine accordingly with a number of other countries. The UK was also the first country to sign a long-term bilateral security agreement with Ukraine. At the same time, the UK continued to strengthen and promote NATO's influence in Europe actively. In terms of its policy towards Russia, the UK continued its war for opinions, expanded sanctions and continued to decouple from Russia in areas of energy, trade and commerce. The four main drivers for the UK's adherence to these positions and policies are: being the ideological leader in Europe through the Ukraine crisis; strengthening its political and strategic influence on Europe; increasing its strategic weight on USA's agenda; and satisfying a number of political demands within the country. The statements and a series of actions made by the Labour government after rising to power in July 2024 suggest that the Labour Party will not move away from the policies implemented by the Conservative government toward the crisis, and the UK will maintain its current stance.

Keywords: Ukraine Crisis; Military Assistance; Sanction; UK-Europe Relations; UK-US Relations

B.15 New Trends and Features of the UK's Indo-Pacific Strategy in 2023 *Wang Peng* / 259

Abstract: Since the launch of the UK's "Global Britain" strategy, Britain has been focusing on and expanding its impact in the Indo-Pacific region. In 2023, the British Indo-Pacific strategy has made significant progress, with new developments and new features of importance. This article will analyze its specific performance in the UK's Indo-Pacific strategy, including strengthening bilateral and multilateral cooperation in regional cooperation, military and security, economic and trade relations, and comparing with 2022 to discuss the new role and new point in the new pattern of geopolitical change and globalization. In 2023, as the global situation changed, especially the growing competition between the United States and China, the protracted war between Russia and Ukraine, and the complicated conflicts in the Middle East, Britain's attention to

the Indo-Pacific region was further improved. Given the fact that the Indo-Pacific region is playing an increasingly pivotal role in global economic growth and has become a major arena for big power competitions, the strengthened Indo-Pacific strategy of Britain is not only a part of is "Global Britain" strategy but also a response to the historical trend of global power and wealth shifting.

Keywords: British Foreign Policy; British Defence Policy; Indo-Pacific Strategy

权威报告·连续出版·独家资源

皮书数据库
ANNUAL REPORT(YEARBOOK)
DATABASE

分析解读当下中国发展变迁的高端智库平台

所获荣誉

- 2022年，入选技术赋能"新闻+"推荐案例
- 2020年，入选全国新闻出版深度融合发展创新案例
- 2019年，入选国家新闻出版署数字出版精品遴选推荐计划
- 2016年，入选"十三五"国家重点电子出版物出版规划骨干工程
- 2013年，荣获"中国出版政府奖·网络出版物奖"提名奖

皮书数据库

"社科数托邦"
微信公众号

成为用户

　　登录网址www.pishu.com.cn访问皮书数据库网站或下载皮书数据库APP，通过手机号码验证或邮箱验证即可成为皮书数据库用户。

用户福利

- 已注册用户购书后可免费获赠100元皮书数据库充值卡。刮开充值卡涂层获取充值密码，登录并进入"会员中心"—"在线充值"—"充值卡充值"，充值成功即可购买和查看数据库内容。
- 用户福利最终解释权归社会科学文献出版社所有。

数据库服务热线：010-59367265
数据库服务QQ：2475522410
数据库服务邮箱：database@ssap.cn
图书销售热线：010-59367070/7028
图书服务QQ：1265056568
图书服务邮箱：duzhe@ssap.cn

社会科学文献出版社 皮书系列
SOCIAL SCIENCES ACADEMIC PRESS (CHINA)

卡号：467235211258
密码：

基本子库 SUB DATABASE

中国社会发展数据库（下设 12 个专题子库）

紧扣人口、政治、外交、法律、教育、医疗卫生、资源环境等 12 个社会发展领域的前沿和热点，全面整合专业著作、智库报告、学术资讯、调研数据等类型资源，帮助用户追踪中国社会发展动态、研究社会发展战略与政策、了解社会热点问题、分析社会发展趋势。

中国经济发展数据库（下设 12 专题子库）

内容涵盖宏观经济、产业经济、工业经济、农业经济、财政金融、房地产经济、城市经济、商业贸易等 12 个重点经济领域，为把握经济运行态势、洞察经济发展规律、研判经济发展趋势、进行经济调控决策提供参考和依据。

中国行业发展数据库（下设 17 个专题子库）

以中国国民经济行业分类为依据，覆盖金融业、旅游业、交通运输业、能源矿产业、制造业等 100 多个行业，跟踪分析国民经济相关行业市场运行状况和政策导向，汇集行业发展前沿资讯，为投资、从业及各种经济决策提供理论支撑和实践指导。

中国区域发展数据库（下设 4 个专题子库）

对中国特定区域内的经济、社会、文化等领域现状与发展情况进行深度分析和预测，涉及省级行政区、城市群、城市、农村等不同维度，研究层级至县及县以下行政区，为学者研究地方经济社会宏观态势、经验模式、发展案例提供支撑，为地方政府决策提供参考。

中国文化传媒数据库（下设 18 个专题子库）

内容覆盖文化产业、新闻传播、电影娱乐、文学艺术、群众文化、图书情报等 18 个重点研究领域，聚焦文化传媒领域发展前沿、热点话题、行业实践，服务用户的教学科研、文化投资、企业规划等需要。

世界经济与国际关系数据库（下设 6 个专题子库）

整合世界经济、国际政治、世界文化与科技、全球性问题、国际组织与国际法、区域研究 6 大领域研究成果，对世界经济形势、国际形势进行连续性深度分析，对年度热点问题进行专题解读，为研判全球发展趋势提供事实和数据支持。

法律声明

"皮书系列"（含蓝皮书、绿皮书、黄皮书）之品牌由社会科学文献出版社最早使用并持续至今，现已被中国图书行业所熟知。"皮书系列"的相关商标已在国家商标管理部门商标局注册，包括但不限于LOGO（ ）、皮书、Pishu、经济蓝皮书、社会蓝皮书等。"皮书系列"图书的注册商标专用权及封面设计、版式设计的著作权均为社会科学文献出版社所有。未经社会科学文献出版社书面授权许可，任何使用与"皮书系列"图书注册商标、封面设计、版式设计相同或者近似的文字、图形或其组合的行为均系侵权行为。

经作者授权，本书的专有出版权及信息网络传播权等为社会科学文献出版社享有。未经社会科学文献出版社书面授权许可，任何就本书内容的复制、发行或以数字形式进行网络传播的行为均系侵权行为。

社会科学文献出版社将通过法律途径追究上述侵权行为的法律责任，维护自身合法权益。

欢迎社会各界人士对侵犯社会科学文献出版社上述权利的侵权行为进行举报。电话：010-59367121，电子邮箱：fawubu@ssap.cn。

社会科学文献出版社